KB117551

세대 공존의 기술

**세대 공존의 기술**

지은이 허두영
펴낸이 임상진
펴낸곳 (주)넥서스

초판 1쇄 발행 2019년 10월 28일
초판 2쇄 발행 2019년 10월 31일

출판신고 1992년 4월 3일 제311-2002-2호
10880 경기도 파주시 지목로 5 (신촌동)
Tel (02)330-5500 Fax (02)330-5555

ISBN 979-11-6165-798-1   03320

www.nexusbook.com

요즘 것들과 옛날 것들의

# 세대 공존의 기술

허두영 지음

세대 갈등을 세대 화합으로 바꾸는 명쾌한 해법

넥서스BIZ

교육 프로그램을 통해 만나는 수많은 조직의 책임자나 실무자들과 깊은 이야기를 나눈다. 공통으로 인간에 대한 근원적 이해 부족을 느끼게 된다. 이 책은 우리 안의 막막함과 답답함을 풀고 함께 미래로 나아가는 새 희망을 품는 마중물이 될 것이라고 확신한다!

**★LG인화원 고석진 책임**

한 조직의 중간 관리자인 당신과 소위 '인싸'라 불리는 요즘 것들 사이에 존재하는 다름을 이해하고, 더 나아가 따뜻한 가슴으로 소통하고 싶은 분들께 이 책을 적극 추천한다.

**★바이탈에어코리아 재무팀 김병만 팀장**

밀레니얼 세대를 이해하는 것이 선택이 아닌 필수가 되어버린 요즘, 우리 낀 세대는 그들과 성공적으로 공존하기 위해 다양한 노력을 하고 있다. 서점에 넘쳐나는 책들 속에서 보물찾기를 하듯, 뻔한 이야기가 아닌 제대로 된 길라잡이를 찾는 모든 세대들에게 이 책을 적극적으로 권하고 싶다.

**★한독 김은주 상무**

설마? 내가 꼰대? 이 책을 읽는 순간 그들에게 비친 우리의 모습은 어쩌면 이미 구닥다리 꼰대 팀장일 수도 있다는 사실이 그저 놀랍다. 요즘 것들로 대변되는 밀레니얼 세대를 제대로 이해하고 그들과 공존하면서 조직의 성장을 이루고자 하는 이 시대의 젊은 리더들에게 이 책을 꼭 추천하고 싶다.

**★효성캐피탈 남덕수 팀장**

이 책은 세대 공존을 위한 '빌드 업(Build-up)'의 기술을 담았다. "나 때는 말이야"라고 훈계하는 선배와 "왜 그래야 하죠"라며 따져 묻는 후배 사이에서 갈등을 경험해본 적이 있는 모든 분께 자신 있게 추천한다.

★한국토지주택공사 토지주택연구원 류동주 연구원

어떻게 하면 선배에게 인정받고, 후배를 잘 이해하는 선배가 될 수 있을까 고민했던 나에게 큰 지침이 된 책이다. 세대 간 진정한 소통을 원하는 분들께 꼭 추천하고 싶은 책이다!

★제일기획 비즈니스팀 류진화 대리

우리는 사람을 있는 그대로 받아들이는 것이 중요하다. 아직 나와 다른 삶을 살아온 타인을 받아들이는 것이 힘든 당신이라면, 조심스럽게 이 책을 추천한다. 변화에 도전하는 모든 분을 응원한다.

★롯데카드 브랜드커뮤니케이션팀 박시윤 대리

지금 조직은 유사 이래로 경험이 가장 다른 세대가 뒤섞여 살고 있다. 어쩌면 오해와 갈등은 당연할지도 모른다. 그럼 어떻게 하면 선후배 세대가 서로 효과적으로 소통할 수 있을까? 세대 전문가이자 소통 컨설턴트인 저자는 세대 간 소통의 노하우와 스킬을 친절하게 제시한다. 이 책을 열면 서로 다른 세대가 함께 살아가는 다양한 공존의 기술을 캐낼 수 있을 것이다.

★에몬스가구 경영기획본부 박준호 이사

다양한 세대가 공존하는 요즘 직장에서 세대 간 불편함을 느끼는 모든 사람에게 이 책은 친절한 소통 지침서가 될 것이다.

★광동제약 인사팀 백승익 대리

회사에서 좋은 상사를 만나는 '이변', 좋은 부하를 만나는 '기적' 같은 일이 한 번에 찾아온다면? 내 인생 최고의 팀원들, 일명 '내 인생 최애팀'은 항상 지금이라 생각한다. 다만 그들과 공존하는 방법을 몰라 서로 삐거덕거리다가 때론 넘어지고 넘어트리는 상황까지 이르게 된다. 박 부장이 나빠서가 아니고 하 대리가 틀려서도 아니다. 그냥 우리가 서로를 바라보는 시각이 달라서다. 그리고 서로를 대하는 스킬이 부족해서 공존하는 게 불편한 것이다. 온갖 갈등이 혼재한 지금의 대한민국! 이왕 이런 세대가 함께 살아가야 하는 거라면 이 책을 통해 자신이 직면한 세대 간 갈등의 실마리를 찾고 공존할 수 있는 실용적인 노하우를 배워보자.

**★한국국토정보공사 국토정보교육원 선우미란 과장**

40~50대 중년들은 하루하루 아슬아슬하게 걷는다. 꽉 막힌 꼰대, 말 통하는 어른 사이를 가르는 칼날 같은 담장 위를. 말 한마디, 행동 하나 잘못해서 휘청이면 집과 직장에서, 자녀와 후배들의 '꼰대' 낙인이 이마에 찍힌다. 이 불안한 외줄 타기를 잘 헤쳐나갈 묘책은 없을까? 꼰대와 신세대가 서로의 특징을 이해하고 함께 공존하는 방법은? 이 책은 다양한 분야, 오랜 경험을 통해 세대 문제를 고민해온 저자가 제안하는 세대 공존 지침서다. 서로의 별다름, 어려움을 이해하고 잘 섞여 맛난 직장, 가정을 만들어보자는 구체적인 레시피다.

**★KBS 손현철 다큐멘터리 프로듀서**

《요즘 것들》의 저자 허두영 작가는 20년 가까이 컨설팅을 해왔다. 컨설턴트답게 예리한 통찰력으로 요즘 뜨거운 이슈인 세대 간 갈등에 대해 정확하게 분석했다. 수많은 회사에서 요청하는 특강과 컨설팅 현장에서 겪은 폭넓은 실제 사례를 기반으로 한 처방전이 매우 실용적이다. 독자들의 눈높이에 맞춰 알기 쉽게 설명한 이 책을 우리나라 모든 직장인과 취준생들의 필독서로 자신 있게 추천한다.

**★포스코인재창조원 신현태 교수**

후배의 존경과 선배의 인정을 위해 오늘도 고군분투하며 조직의 허리 역할을 하는 30대 중반이 반드시 읽어야 할 책이다. 내가 젊은 꼰대인지 아닌지를 자문하고 성찰할 수 있는 절호의 기회가 될 것이다.

★신세계 I&C 교육서비스팀 **안주훈 담당**

허두영 작가는 내가 진행하는 경인방송 라디오 〈엄윤상이 만난 사람과 책〉에 출연하여 그의 저서 《첫 출근하는 딸에게》라는 책을 소개한 바 있다. 진지하면서도 재미있게 방송했다. 그의 문제의식은 세대 간 갈등과 화합에 있는 것으로 보인다. 내가 흥미롭게 읽은 《요즘 것들》이라는 그의 저서도 이 문제와 관련이 되어 있다. 우리 사회 곳곳에 갈등이 넘쳐나는 요즘, 허두영 작가의 세대 갈등 해법이 궁금했다. 이 책은 작가의 세대 갈등 해법이 한층 진화했음을 보여준다. 이다음에 나올 그의 책이 궁금해지는 것은 왜일까?

★법무법인드림 **엄윤상 대표변호사**

80년대생 조직문화 담당자에게 내려온 지니의 마법과도 같은 책! 풀 수 없을 것만 같았던 세대 간 이슈에 대해 다양한 관점을 갖게 하는 책이다. 다른 세대에 대한 상호 이해와 실질적인 소통과 화합의 실마리를 제공한다. 이 책은 세대 공존이 풀기 어려운 난제가 아니라 도전해볼 만한 가치가 있다는 용기를 갖게 해주었다.

★현대엠엔소프트 인사총무팀 **염혜윤 과장**

'요즘 것들'의 특징을 날카롭게 파헤친 전작이 이론 편이었다면, 이번 책은 실전 편이다. 내 옆에 앉아 있는 김 대리의 뇌 구조가 궁금했던 김 부장들은 이 책을 통해 "그럼 이제 뭘 어떻게 해야 하지?"에 대한 해답을 얻을 수 있다.

★동아일보 **염희진 기자**

대한민국 성장의 주역이었던 옛날 것들은 서서히 현장을 떠나고 있다. 요즘 것들로 채워져 가는 기업은 지금 4개 세대가 공존하면서 세대 교체의 몸살을 앓는 중이다. 한 시대가 부흥하기 위해서는 세대 간의 갈등 해소가 필수적이다. 하지만 세상에 완전한 갈등 해결 방법은 없다. 서로 다름을 이해하고 공존하는 기술을 익혀야 한다. 이 책은 빠르게 공존 기술을 익히는 데 도움을 주는 노하우를 얻을 수 있는 필독서다.

**★국민건강보험공단 인재개발원 이재용 팀장**

우아한형제들에 '일 잘하는 방법 11가지'가 있다면, 이 책에는 요즘 시대에 '세대 간 소통을 잘하는 5가지 방법'이 담겨 있다. 100% 공감되고 200% 바로 적용하고 싶다.

**★우아한형제들 전사교육팀 전성일**

회사 내 밀레니얼 세대가 점점 늘고 있지만, 그들과 일하는 것에 여전히 어려움을 느끼는 '아재'가 많다. 일방적인 이해에 대한 반발심도 커지면서 더 괴리가 생기는 듯하다. 세대 전문가 허두영 작가가 쓴 이 책은 선후배가 서로를 이해하는 성숙한 태도를 갖기 위해 기가 막힌 해법을 제시한 이 시대 최고의 세대 공존 기술서다. 세대 간의 갈등으로 고민하는 모든 조직에 필독서로 권하고 싶다.

**★한화시스템 ICT부문 정문미 차장**

꼰대이기를 거부하고 꼰대로 보일까 우려하는 기성세대, 그리고 회사의 다수 구성원이 되어 새로운 회사 문화를 만들어가는 밀레니얼 세대, 그들이 공존하고 더불어 살아가는 방법을 제시하는 '소통 지침서'와 같은 책이다.

**★한국전력공사 경남본부 정민수 부장**

설마 나도? 그동안 나는 아니라고 부정했지만 읽는 동안 나도 모르게 얼굴이 뜨거워졌다. 이 책은 나는 꼰대가 아니라고 생각하는 30대 직장인들을 위한 커뮤니케이션 가이드다.

**★GS리테일 편의점사업부 최기환 대리**

간호 조직의 관리자로서 신입 간호사의 어려움과 사직 의사를 이유로 면담하는 시간이 많다. 가장 두려운 시간이다. 그들 대부분은 힘든 업무보다 선후배 간 인식 차이로 인한 불협화음을 어려움의 이유로 든다. 이 책을 접하면서 나의 성찰 부족을 반성한다. 이 책에서 제시하는 명쾌한 해답, 세대 간 갈등을 넘는 공존의 비법이 위기에 직면한 우리 조직문화 개선에 큰 힘을 줄 것이다.

**★제주대병원 간호부 현희숙 과장**

조직에서 중간에 낀 X세대로서 "아직 옛날 것들로 취급받는 것은 아니잖아!"라고 생각한다. 하지만 막상 요즘 것들의 대화에 끼지 못하거나 그들과 소통하는 데 어려움이 있을 땐 "나도 벌써 옛날 것들이 되었나?"라고 생각할 때가 있다. 이 두 세대를 모두 이해하고 함께 가야 하는 입장에서 꼭 읽어봐야 할 책이다. 조직에서 소통하면서 함께 성과를 내고 공존하기 위해 어떻게 해야 할지, 구체적인 길잡이 같은 책이다. 모든 세대에게 적극적으로 추천한다.

**★LF 인재개발실 인재개발팀 홍기훈 팀장**

세대 간 화합에 대해 효과적인 길잡이를 제시해주던 허두영 작가가 다시 돌아왔다. '요즘 것들'과 공존하고 싶은 모든 '옛날 것들'에게 이 책은 필독서가 될 것이다.

**★CJ인재원 황영아 부장**

# 세대 갈등을 넘어 세대 공존으로

우리가 체감하는 세대 간 갈등은 줄어들기는커녕 점차 커지고 있다. 한국행정연구원의 〈2018년 사회통합 실태조사〉 결과를 보면 한국인들의 64%는 '세대 갈등'이 심각하다고 생각하고 있다. 또 국가미래연구원과 타파크로스의 빅데이터 분석에 따르면 주요 갈등 담론 중에서 세대 갈등의 언급 횟수가 갈수록 늘고 있음을 알 수 있다.[1] 역사적으로 유례없는 속도로 초고령 사회에 진입하고 있는 우리나라의 상황을 볼 때 세대 갈등은 향후 더 중요한 갈등 요소 중 하나가 될 것으로 보인다. 하지만 많은 사람이 무관심하거나 당연한 현상쯤으로 생각하고 있는 듯해 안타깝다.

2018년 주 52시간제 시행 이후 조직은 물론 개인도 적잖은 변화를 겪고 있다. 그 중심을 찬찬히 들여다보면 선후배 세대 간 몰이해와 불협화음이 생각보다 심각하다는 것을 알 수 있다. 예컨대 조직에는 아직도 선배 세대가 만들어놓은 제도, 시스템, 일하는 방식, 문화가 여전하다. 후배 세대가 적응하기에는 불편하기 그지없다. 세대 관점에서 실마리를 찾아볼 수도 있다. 어려서부터 컴퓨터와 인터넷, 스마트 기기로 대변되는 최신 기술을 접하며 자란 디지털 세대와 아날로그 감수성이 풍부한 선배 세대 간에 가치관과 의식의 차이가 크기 때문이다.

세상은 디지털 트랜스포메이션으로 일컬어지는 대변혁의 소용돌이 속에서 국가와 기업이 새로운 표준을 선점하기 위한 소리 없는 전쟁이 한창이다. 다시 돌아오기 힘든 기회의 시대에 개인은 물론 조직, 지역 사회, 국가 할 것 없이 과거의 관행을 깨고 새로운 틀에서 돌파구를 모색해야 하는 절실한 상황이다. 하지만 우리나라는 어떤가? 급속한 경제성장으로 인해 남남 갈등, 남북 갈등, 빈부 갈등, 노사 갈등, 남녀 갈등, 이념 갈등, 지역 갈등, 계급 갈등에 세대 갈등까지 온갖 종류의 갈등이 퇴적되어 있다. 필자는 변화의 시작, 그 출발의 하나가 세대 간 화합과 소통이어야 한다고 생각한다.

실제 우리나라의 사회갈등 지수는 29개 경제협력개발기구(이하 OECD) 회원국 중 7위(2016년)로 매우 높지만, 갈등 관리 수준은 27위로 최하위권이다. 현대경제연구원은 〈사회적 갈등의 경제적 효과 추정과 시사점〉이라는 보고서(2016년)에서 사회적 갈등 수준이 OECD 평균 수준으로 개선되면 실질 국내총생산(GDP)이 0.2% 정도로 추가 상승할 것이라고 분석하기도 했다. 우리나라의 갈등 관리 비용이 연간 82조 원에서 246조 원에 이른다는 삼성경제연구소의 발표가 있기도 하다. 사회 곳곳에서 서로에 대한 오해와 불신이 넘친다. 그로 인한 비용도 크게 치르고 있다. 국민소득 3만 달러라는 선진국의 위상에 걸맞게 해묵은 갈등을 이제는 하나씩 풀어가야 할 때다.

이 책이 선후배 세대가 서로를 이해하는 좋은 소통의 도구가 되기를 기대해본다. 아직 개발도상국에 갇혀 있는 우리의 의식을 깨기 위해서는 병아리와 어미 닭이 동시에 알을 쪼듯 줄탁동시(啐啄同時)를 하며 선후배 세대가 같이 힘을 모아야 한다. 이제 세대 간 불통의 견고한 벽을 깨부숴야 한다. 그러기 위해서는 상대방에게 자신을 이해하라고만 요구할 것이 아니라 내가 먼저 다른 세대를 이해하려는 성숙한 태도가 필요하다.

이 책은 크게 5장으로 구성했다. 1장 '누구나 꼰대가 될 수 있다'에서는 꼰대의 유형과 꼰대 탈출 방법에 대해 다뤘다. 2장 '요즘 것들과 옛날 것들은 무엇이 다를까?'에서는 세대 갈등의 원인과 유형들을 정리했다. 3장 '요즘 것들과 옛날 것들은 어떻게 일할까?'에서는 세대별 업무 관련 인식 차이와 상황을 알아본다. 4장 '요즘 것들과 옛날 것들은 어떻게 소통할까?'에서는 세대별 소통 관련 인식 차이와 상황을 살펴본다. 5장 '요즘 것들과 옛날 것들은 어떻게 공존하면 될까?'에서는 세대별 바람직한 역할과 세대 간 공존을 위한 방안에 대해 정리했다.

이 책이 나오기까지 여러 고마운 분들의 고견과 격려가 있었다. 집필의 전 과정에서 누구보다 든든하게 에디터 역할을 잘해준 아내에게 감사한다. 그리고 책을 쓰는 동안 통찰력 있는 의견을 주신 가나안교회 김승광 목사님께 감사를 전하고 싶다. 설교 중에 하신 말씀은 원고를 쓰는 내내 영감이 되었다. 또 책이 나오기까지 보이지 않게 힘이 되어준 지인과 청중, 독자들에게 감사를 전하고 싶다. 고향에 계신 부모님께 노년의 기쁨을 드리는 책이 되었으면 한다. 마지막으로 내 삶의 전부이신 하나님께 모든 영광을 돌린다.

"네 시작은 미약하였으나 네 나중은 심히 창대하리라"

_《성경》 욥기 8장 7절

허두영

## 2장

# 요즘 것들과 옛날 것들은 무엇이 다를까?

## 3장

# 요즘 것들과 옛날 것들은 어떻게 일할까?

# 4장

## 요즘 것들과 옛날 것들은 어떻게 소통할까?

# 5장

## 요즘 것들과 옛날 것들은 어떻게 공존하면 될까?

# 1장

## 누구나 꼰대가 될 수 있다

# 누구나
# 꼰대가 될 수 있다

## ☑ 직장에서 요즘 것들을 괴롭히는 꼰대의 유형들

2019년 5월 30일 영국의 경제지 〈이코노미스트〉에서 '꼰대'가 소개
되었고, 같은 해 9월 24일에는 영국의 공영방송사인 BBC의 공식 페
이스북에 오늘의 단어로 '꼰대(Kkondae)'를 선정해 화제가 되기도 했
다.[2] 각각 꼰대에 대한 해석은 다음과 같았다.

"젊은 사람들의 복종을 당연시하며 거들먹거리는 나이 든 사람"
"자신이 하는 비판은 재빠르지만, 자신을 향한 비판은 인정하지 않
는 사람, 자신은 항상 옳고 남은 틀리다고 주장하는 나이 든 사람"

이제 꼰대는 익숙한 단어다. 그만큼 시대 변화의 속도가 빠르고, 이를 따라잡지 못하고 과거의 나에 사로잡힌 사람이 늘고 있다는 방증일 것이다. 한 취업포털의 조사에 따르면 직장인 10명 중 9명이 "입사 후 후회한 적 있다"라고 답했다. 후회 이유 중 1위는 "꼰대가 많고 수직적 조직문화를 가진 회사"이기 때문이라는 응답이었다.[3] 실제 꼰대는 젊은 후배 세대의 퇴사를 부르는 주범이다. 구글 트렌드에서 '꼰대'라는 검색어를 입력하면 최근 몇 년 사이 꾸준히 관심이 커지고 있음을 알 수 있다. 또 포털 사이트에 '꼰대'라는 키워드를 입력하면, '꼰대 뜻', '꼰대 테스트', '꼰대 어원', '직장 스트레스', '꼰대가르송', '꼰대질', '세대 차이와 갈등', '싫은 사람', 'X세대 꼰대', '90년대생' 등 다양한 연관 검색어가 뜬다.

이렇듯 꼰대에 대한 관심이 점차 높아지고 있다. 실제 직장은 물론 사회 도처에 꼰대질을 넘어 갑질을 일삼는 다양한 꼰대들이 도사리고 있다. 신분의식, 권위주의, 특권의식 등 서열 중심 사고와 차별주의, 가족 우선주의, 남존여비 등의 왜곡된 유교 문화에 기인한다. 꼰대의 모습은 몇 가지로 유형화하기 힘들 정도로 다양하다. 우리 주변에서 흔히 볼 수 있는 꼰대들은 다음과 같이 정리해볼 수 있다.

### 직장 내 꼰대들의 유형

**1. 서열주의자** 주민등록증부터 내민다. 호구조사까지 끝나면 바로 반말을 한다. 친근함의 표현이 아니다. 서열이 정해진 것뿐이다.

**2. 깃털처럼 가벼운 입** 타인의 얘기를 잘 들어준다. 하지만 속 얘기까지

하는 것을 주의해야 한다. 다른 누군가와 대화할 때 내 얘기가 소재가 될 수 있기 때문이다. 이런 유형에게는 단점이나 사적인 얘기는 삼가는 게 안전하다.

**3. 책임 전가 박사**  맡은 업무의 상황이 불리해지면 책임지기보다는 슬그머니 발을 뺄 궁리부터 한다. 함께 일한 후배가 낭패를 볼 수도 있다.

**4. 나쁜 보스**  후배 직원을 자신의 성공을 위한 도구 이상으로 생각하지 않는다. 후배 직원 육성 따윈 관심 없다. 제 밥그릇 챙기기에만 빠른 냉혈 이기주의자다.

**5. 평론가**  사회는 물론 업무나 회사, 구성원까지 매사에 불만이 있다. 그와 얘기하면 사사건건 의견 충돌이 생긴다. 멀리하는 게 상책이다. 전염성이 강하다.

**6. 빨간펜 선생**  마이크로 매니저(Micro Manager)다. 일을 완벽하게 하는 유형이라기보다는 소소한 것을 따지느라 큰 그림을 못 보는 유형이다. 이런 유형과 일하는 후배라면 오탈자, 띄어쓰기 등 별것 아니라고 생각하는 일에도 신경 써야 한다.

**7. 개새끼**  모든 면에서 나랑은 안 맞는 유형이다. 퇴사의 원인이 될 수도 있다. 탈출하듯 이직을 해도 비슷한 사람을 또 만날 수 있으니 적절한 대응 방법을 신속하게 찾는 게 현명하다. 멘토 같은 사람에게 도움을 구할 필요가 있다.

**8. 호로새끼**  능력도 없고 인격도 안 좋아 욕먹으며 직장생활을 하는 유형이다. 함께하지 않는 건 행운이다.

**9. 정치가**  회사에서 살아남기 위해서는 관계와 정치가 필수적이라고 생각하는 유형이다. 약삭빠르고 밉상이지만 직장에서 생존율이 높고 잘되는 경우도 많다. 단점은 줄을 잘못 서면 낭패를 본다는 것이다.

**10. 존버러 부장**  능력, 재력, 매력 그 어떤 것도 없이 처자식 때문에 버티며 근근이 직장생활을 연명한다.

**11. 거머리 같은 태클러**  매사에 딴지 걸며 부딪히는 유형이다. 나에게 모

함을 하며 공격해올 수도 있다. 함께하면 상처를 입을 수 있으니 적당한 거리를 두는 게 필수다. 에너지를 뺏는 거머리 같아서 피하는 게 상책이다.

**12. 인터셉터** 후배의 공을 가로채는 게 특기다. 그래서 대부분의 직원이 기피하는 인물이다. 후배가 힘들게 일해도 공감이나 측은지심이 부족하다. 오로지 그가 잘 보여야 할 대상에게만 시선이 고정되어 있다.

**13. 녹음기** 회식, 미팅 등 후배와 대화하는 자리가 생기면 녹음기를 재생하듯 똑같은 내용의 무용담을 되풀이한다.

**14. 음란 마귀** 직원들이 모인 자리에서도 성적인 농담과 음담패설을 거리낌 없이 일삼는다. 본인은 껄껄껄 박장대소하지만 다른 사람은 재미없다. 그는 은근히 그런 분위기를 즐긴다. 이런 유형에게는 호응하지 말고 정색해야 한다.

**15. 무식하면서 용기 있는 사람** 잘못된 의사 결정으로 직원과 회사를 서서히 병들게 한다. 최악의 꼰대 유형 중 하나다.

**16. 결정 장애자** A4 용지, 젓가락, 커피 등 소소한 비용 처리도 망설이느라 의사 결정이 늦고 서툴다. 이 유형은 결재 라인에서 항상 병목 지점이며, 회사의 업무처리 속도를 느리게 하는 주범이다.

**17. 답정너** 모든 업무와 상황이 자기가 원하는 대로 돌아가야 직성이 풀리는 유형이다. 자기 생각과 반대되는 의견에 예민하고 쉽게 수용하지 못한다. 회의 때는 자신이 원하는 대로 결론이 나야 하고, 심지어 식사 메뉴를 선택하는 것마저 리더십을 발휘한다.

**18. 스크루지** 회식이나 티타임 후 기분 좋게 한턱내는 일이 드물다. 이런 유형이 불문율처럼 지키는 룰이 있다. 'N분의 1'

**19. 테러리스트** 휴가나 업무 시간 외에 후배에게 SNS나 이메일로 삶에 태클을 걸어오는 유형이다. 업무 중심이거나 '워라벨'에 대해 부정적이다.

**20. 야근을 부르는 자** "나를 좀 만족시켜 봐." 끝을 알 수 없는 눈높이로

어지간한 업무 결과에는 만족하지 않는다. 후배 직원들은 그의 업무 요구 수준에 맞추느라 역량은 늘지 모르지만, 야근으로 몸은 시들어간다.

**21. 얼리 버드** 가장 먼저 출근한다. 늘 그렇다. 신념처럼 지킨다. 하지만 고성과자는 아니다.

**22. 결벽주의자** 늘 그의 주변 정리를 잘한다. 책상에 모니터와 마우스 외에 아무것도 없는 경우도 있다. 거기까지는 좋다. 내 집 책상처럼 화분, 인형, 가습기 등으로 아기자기하게 자리를 꾸민 후배를 보면서 참견한다.

**23. 스펙 좋은 무능력자** 범접할 수 없는 스펙이지만 몸값을 하지 못한다.

**24. 사이코패스** 본인만 자신을 모르는 '미친놈'이다. 무조건 피하는 게 상책이다.

**25. 4차원** 직원들과 잘 섞이지 못한다. 독특한 세계관을 가졌다. 남다른 창의력으로 뛰어난 성과를 내거나 아니면 그냥 또라이다.

**26. 외톨이** 구성원들에게 은따(은근한 따돌림)가 되었거나 스스로 왕따다. 구성원들과 어울리지 못하는 데는 그만한 이유가 있다. 대개 점심 식사를 혼자서 한다.

**27. 애어른** 사소한 일에 잘 삐진다. 이런 유형을 대하는 법은 의외로 간단하다. 먼저 다가가고 먼저 사과하면 된다.

**28. 분노조절 장애자** 화가 나면 속으로 삭이지 못하고 고성을 지르며 사무실 분위기를 싸늘하게 하는 사람이다.

**29. 갓을 쓴 꼰대** 식사 순서, 상석, 지각 등 예절과 근태를 칼같이 따진다. "요즘 애들은 버릇없어"라며 유독 예절을 따지는 사람이다.

**30. 함흥차사** 직원에게 부재중인 이유를 밝히지 않고 오랜 시간 자리를 비우는 유형이다.

**31. 회의 중독자** 온종일 회의를 하느라 바쁜 사람이다. 모든 업무를 회의로 해결하려고 하는 회의 맹신자다. 회의를 자주 하지만 그만큼 결

과물이나 실행력이 따라주지 않는다.

**32. 조급증 환자** 늘 여유 없이 일에 쫓기며 산다. "시간 없어"라는 말을 입에 달고 일한다. 일 욕심이 많다기보다 시간 관리를 하지 못하는 유형이다.

**33. 노답이** 메일이나 SNS에 답이 없거나 피드백이 느리다. 기다리는 직원은 마음의 여유를 가져야 한다. 직접 만나서 얘기하는 게 나을 수 있다.

**34. 무데뽀** 일단 저지르고 본다. 뒷수습은 남은 자들의 몫이다.

**35. 스펙 커밍아웃** 무슨 법칙이라도 있는 듯 특정 학교나 기업 출신자들은 대화 시작 후 몇 분 안에 자신의 정체성을 어김없이 밝힌다. "나 OO 학교 나왔어." "나 OO 회사 출신이야." 누가 물어본 것도 아니다.

**36. 아재 개그** 개그 욕심이 있다. 호시탐탐 기회를 노리고 있다. 기회가 왔다 싶으면 철 지난 유행어나 말장난으로 드립력을 발휘한다. 주변 사람은 웃기도 안 웃기도 애매하다.

**37. 호구** 사람도 좋고 착해서 법 없이도 살 것 같은 유형이다. 하지만 거절하고 질책할 줄 몰라 자신도 후배 직원들도 답답하고 힘들 때가 있다.

**38. 자칭 멘토** 선배랍시고 업무나 직장생활에 대해 훈수를 두고 매사에 가르치려 든다. 평상시 귀감이 되는 모습은 아니며 별로 귀담아듣거나 배울 게 없을 수 있다.

**39. 진보 꼰대** 말로는 정의, 평등, 공정을 얘기하지만, 뒤로는 자녀 유학, 부동산 증식 등으로 기득권으로서 온갖 잇속을 챙기며 위선적이다. 언행일치가 안 된다. 주로 학생운동을 했던 586세대(현재 50대로 1960년대 태어나서 80년대에 대학을 다닌 세대) 꼰대를 가리킨다. 사실 진보라는 수식어도 잘못된 표현이다. 진보 하면 뭔가 진취적인 느낌인데 사실은 시대에 역행하는 퇴보적인 모습에 가깝기 때문이다. '좌파 꼰대'가 옳은 표현이다. 유사품으로 보수 꼰대가 있다.

기업문화라는 건 만들기는 어렵지만 무너지는 건 쉽다. 이를 모르는 꼰대들이 너무 많다. 예컨대 다음의 두 단계만으로도 기업 문화를 쉽게 망가뜨릴 수 있다.

**1단계: 휴가를 간다 ▶ 2단계: 휴가를 가서도 계속 일한다**

앞에서 제시한 직장 내 꼰대들의 유형 중 '테러리스트'에 해당한다. 실제 연구에 따르면 업무에 전혀 신경을 쓰지 않아도 되는 '완전한 휴가'가 어려운 회사는 직원들의 충성도도 낮고, 이직률도 높다.[4] 휴가 중 보낸 이메일은 '휴가를 가도 완벽하게 쉴 수 없다'는 기업의 부정적인 단면을 보여준다. 작은 관행처럼 보일지 모르지만 큰 문제를 낳을 수 있다. '그 사람 없이는 일하는 것을 신뢰할 수 없다'라거나 '휴가를 떠나기 전에 일을 완전히 마무리하는 게 힘들 정도로 체계적이지 않다'라는 메시지이기 때문이다. 이런 리더는 구성원들에게 호감을 주기 힘들고 능력을 과소평가받게 만든다. 조직에서 꼰대의 부정적인 역할은 생각보다 크다. 그들은 후배 직원들의 직장생활 질을 떨어뜨리는 주범이며, 건강한 조직문화를 저해하는 요인이다. 어디든 꼰대는 있다. 꼰대들과 공존하는 방법을 터득하고, 스스로 꼰대가 되지 않기 위해 노력하는 것은 필수다. 세상은 넓고 꼰대는 많다.

## ☑ 옛날 것들을 빡치게 하는 요즘 것들

젊은 후배들 때문에 힘들어하는 선배 세대도 생각보다 많다. 연구에 따르면 후배 세대일수록 선배 세대에 부정적이며, 세대 간 갈등 해결에 대해서도 적극적이지 않고, 세대 차이가 세대 갈등의 원인이라는 생각도 강하다.[5] 이는 필자가 인터뷰하고 강의하면서 확인한 바이기도 하다. 선배 세대가 유독 힘들어하는 후배들이 있다. 선배 세대가 공통으로 싫어하는 후배 직원 유형은 잘 보이면 좋은 선배에게만 잘하는 후배, 예의 없는 후배다. 서열주의에 익숙한 선배 세대 입장에서는 약고 이기적으로 보이는 것이다. 그런 후배 직원은 미운털이 박혀 있다. 그런 후배에게 예전처럼 나무라기도 부담스러워 그러려니 하고 묵인하는 선배들도 적지 않다.

많은 조직이 세대 변화로 인해 문화, 제도 등에서 도전을 받고 있다. 하지만 적절한 규범과 대안이 없는 애매한 공백기를 겪고 있는 조직이 많다. 불투명, 불합리, 불공정에 맞서는 후배 세대로 인해 꼰대는 점점 설 자리를 잃어가고 있다. 또 폭로 문화가 일상화된 틈을 타 기본적인 예절과 질서마저 위협하는 일명 '꼴통' 후배도 종종 목격한다. 지인 중 중소기업을 운영하는 한 대표는 20대 후반의 젊은 직원 때문에 골머리를 앓고 있었다. 회사에 가기 싫을 정도라고 했다. 그 젊은 직원은 불합리하다고 생각하는 회사의 각종 복지와 제도에 불만을 품고 동료 직원들에게 거짓 소문을 퍼트렸다. 그에게 에둘러 퇴사를 권유하자 부당하다며 관계 기관에 신고하겠다고 으름장을 놓기까지 했다. 대표는 이 직원을 어떻게 대해야 할지 자문을 구하는 중이었다.

## 선배를 화나게 하는 직장 내 요즘 것들의 유형

**1. 반말하는 후배** 대놓고 반말하지는 않는다. 말끝이 짧다. 은근히 반모(반말 모드)다.

**2. 업무 중 딴짓하는 후배** 업무 시간 중에 도가 지나치게 인터넷 쇼핑, 티타임 등을 즐긴다.

**3. 척하는 후배** 아는 것도 없으면서 아는 척한다.

**4. 썩은 사과** 매사에 선배나 회사에 불평불만을 쏟아내며 주위에 부정의 기운을 퍼트리고 다닌다.

**5. 거짓말하는 후배** 사실대로 얘기하지 않고 핑계 대거나 거짓말한다.

**6. 요령 피우는 후배** 배우려고 하는 의지가 약하다. 깊이 고민하거나 몰입하지 않고 일을 쉽게 쳐내려고 한다.

**7. 복장이 불량한 후배** 때와 장소에 어울리지 않는 옷을 입는다. 노출이 심하거나 지저분한 옷을 입는다.

**8. 알바 같은 후배** 무단결근이나 지각이 잦다. 퇴근은 칼같이 지킨다.

**9. 딱 시키는 일만 하는 후배** 업무 지시를 하면 의견도 없고 그저 "네, 알겠습니다"라는 대답뿐이다. 일을 수동적으로 대한다.

**10. 가르쳐준 것을 여러 차례 물어보는 후배** 스스로 해보려는 노력이 부족하고 매사에 상사에게 확인하려고만 한다.

**11. 팀원 간 협동심이 부족한 후배** 팀이나 다른 팀원 사정 배려 없이 휴가를 쓰거나 회식, 워크숍 등 단체 모임이나 행사에 자주 빠진다.

**12. 인사 제대로 안 하는 후배** 마주치고도 못 본 척 지나친다. 무표정하기까지 하다.

**13. 분위기 파악 못하는 후배** 눈치가 없어서 기본 직장 에티켓을 지키지

못한다. 제3자적 입장에서 자신을 보는 메타인지 역량이 부족하다.

**14. 해맑은 영혼의 후배** 카페나 식당에서 선배가 계산하는 상황에서 눈치 없이 혼자만 턱없이 비싼 메뉴를 주문한다.

**15. 상사에게 아부하는 후배** 자신이 잘 보여야 할 상사나 높은 사람에게만 과도하게 아부하고, 자신보다 직급이 낮은 사람이나 약자를 무시한다.

**16. 상사에게만 말하는 후배** 보고 체계를 무시하고 직속 상사도 모르게 손위 상사에게 보고한다.

**17. 업무 실수가 잦은 후배** 같은 실수를 재차, 삼차 반복한다.

**18. 필요 이상으로 휴대전화 사용하는 후배** 업무 시간 중 과도하게 휴대폰을 만지작거린다.

**19. 제대로 물어보지 않고 업무를 진행하는 후배** 스스로 판단하고 넘겨짚는다.

**20. 묻지도 않고 끙끙대는 후배** 주변에 도움을 구하지 않는다.

**21. 회식 자리에서 멀뚱히 앉아 있는 후배** 회식 분위기를 못 맞춘다.

**22. 해보지도 않고 물어보는 후배** 질문이 필요 이상으로 많다. 몸보다는 머리로만 일하려고 한다. 실행력이 약하다.

**23. 사내 정치에 관심 많은 후배** 직급에 어울리지 않게 과도하게 줄을 선다. 줄을 잘 못 서면 사람까지 다 놓친다.

**24. 선배에게 말대답하는 후배** 겸손하지 않고 예의가 없다. 건방짐으로 조직에서 오래 살아남기는 힘들다.


선배 세대가 보기에 꼴불견인 후배 세대의 모습들이다. 후배 세대 입장에서는 이해 안 되는 부분도 있을 수 있다. 하지만 선배 세대 입장에서 보면 불편한 마음이 들게 하는 후배 유형들이다. 만약 자신이 후배 세대라면 자신의 모습과 비교해보기 바란다.

## ☑ 혹시 나도 꼰대? 꼰대 지수

요즘 회사에서는 많은 선배 세대가 아재나 꼰대 소리 들을까 봐 농담하는 것마저 조심스러워하는 경우가 많다. 가정에서도 마찬가지다. 자식과 대화가 안 될 때 '문찐('문화 찐따'의 줄임말로 유행을 못 따라가는 사람)'으로 취급받는다. 농담할라치면 '아재 개그'를 한다며 무시하기 일쑤다.

나는 자식이나 후배 등 가까운 사람들에게 어떤 사람일까? 평소 자신의 모습을 생각하면서 솔직하게 꼰대 지수 진단 문항에 답해보자. 그리고 개선해야 할 점이 무엇인지 찾아보기 바란다. 꼰대를 탈피해 성숙한 어른으로 거듭나기 위한 도구로 활용해보자. 세계적인 경영 석학 짐 콜린스가 얘기한 '창과 거울(Window & Mirror)' 비유가 있다. 꼰대와 달리 어른은 겸손하기 때문에 마치 창 너머를 보듯 성공 원인을 외부로 돌린다. 하지만 문제가 생기면 불운이나 외부 요인에 책임을 묻지 않는다. 거울을 보면서 자신에게서 원인을 찾는다는 것이다. 진단을 통해 자신의 모습을 찬찬히 되돌아볼 기회가 되었으면 한다.

# ★꼰대 지수 진단

매우 아니다 1점, 아니다 2점, 보통이다 3점, 그렇다 4점, 매우 그렇다 5점

| 문항 | 점수 | | | | |
|---|---|---|---|---|---|
| 1. 회식이나 단체 행사는 반드시 참석해야 한다고 생각한다. | 1 | 2 | 3 | 4 | 5 |
| 2. 스킨십이나 성적 농담을 한다. | 1 | 2 | 3 | 4 | 5 |
| 3. 과거의 성공 경험에 대해 자주 얘기한다. | 1 | 2 | 3 | 4 | 5 |
| 4. 새로운 것을 배우지 않는다. | 1 | 2 | 3 | 4 | 5 |
| 5. 식사, 인사, 복장 등의 예절을 안 지키면 불편하다. | 1 | 2 | 3 | 4 | 5 |
| 6. "옛날 같았으면~"이라며 과거와 비교한다. | 1 | 2 | 3 | 4 | 5 |
| 7. 후배 직원의 새로운 시도를 격려하기보다 관습대로 하게 한다. | 1 | 2 | 3 | 4 | 5 |
| 8. 자기 생각이나 가치관을 주변 사람에게 강요한다. | 1 | 2 | 3 | 4 | 5 |
| 9. 후배 직원에게 커피, 복사 등 개인적인 업무를 시킨 적이 있다. | 1 | 2 | 3 | 4 | 5 |
| 10. 상대방의 개인적인 사항에 관해 자주 묻는다. | 1 | 2 | 3 | 4 | 5 |
| 11. 상대방의 의견을 듣기보다 말을 많이 한다. | 1 | 2 | 3 | 4 | 5 |
| 12. 후배 직원의 성공을 경계한다. | 1 | 2 | 3 | 4 | 5 |
| 13. 상대방의 기분을 배려하지 않고 감정 표현을 한다. | 1 | 2 | 3 | 4 | 5 |
| 14. 반대 의견을 수용하지 못한다. | 1 | 2 | 3 | 4 | 5 |
| 15. 자기보다 어리거나 아랫사람에게 함부로 말한다. | 1 | 2 | 3 | 4 | 5 |
| 16. "까라면 까"식 상명하복의 사고를 한다. | 1 | 2 | 3 | 4 | 5 |
| 17. 직급이나 나이로 후배를 이기려고 한다. | 1 | 2 | 3 | 4 | 5 |
| 18. 후배 직원을 존중하지 않으면서 자신은 인정받고 싶어 한다. | 1 | 2 | 3 | 4 | 5 |
| 19. 권위나 지위에 맞게 대우나 의전을 받기를 좋아한다. | 1 | 2 | 3 | 4 | 5 |
| 20. "내가 너만 할 땐 말이야"라고 충고하며 가르치려고 한다. | 1 | 2 | 3 | 4 | 5 |
| 총점(합계) | ( )/100점 | | | | |

## 꼰대 지수 해석

- 81점 이상 뱀파이어 꼰대. 요즘 것들의 퇴사 욕구를 부추긴다
- 60~79점 전형적인 꼰대. 요즘 것들이 불편해한다
- 40~59점 좋은 상사. 요즘 것들과 원활하게 일한다
- 20~39점 훌륭한 상사. 요즘 것들이 함께 일하고 싶어 한다

## ☑ 어쩌다 꼰대?

"어느 날 일어나보니 꼰대가 돼 있었다."

많은 선배 세대가 처한 입장을 대변하는 말이지 않을까? 예전 같지 않게 말하기도 조심스러워졌다. 편하게 던진 농담은 아재 개그로 전락하고, 친근함을 표현하려고 던진 말에 후배는 정색한다. 자기 나름 소신 발언이라도 할라치면 예외 없이 '꼰대' 취급당하기 일쑤다. 그동안 꼰대라는 말이 이토록 널리 쓰인 적이 있었을까? 어쩌면 우리는 '꼰대 과잉'의 시대에 사는 것 같다. 어느 날 특강을 마치고 질의응답 시간에 한 간호사가 조심스레 질문했다. "후배들이 선배와 마주쳐도 인사를 하지 않는데요. 이럴 땐 어떻게 해야 하나요?" 필자는 "먼저 인사하세요"라고 짧게 답했다. 함께 했던 젊은 간호사들이 손뼉을 치며 웃었다. 하지만 마음이 편치 않았다. 질문한 분의 어색한 웃음이 마음에 걸렸다. 그 순간 그 간호사를 꼰대로 만들었기 때문이다. 실제로 '꼰대'로 취급받기 좋은 질문이었지만 말이다.

필자만 그렇게 느끼는 것일까? 언젠가부터 선배 세대의 말수가 눈에 띄게 줄기 시작했다. 그 시기를 정확하게 가늠하기는 힘들지만, 짐작건대 선배가 던진 농담이 철이 지난 농담 취급받는 일이 늘면서부터인 것 같다. 그동안 그 나름대로 대화 분위기를 띄우는 필살기로 통했던 농담이 어느 순간 아재 개그로 전락해 싸늘한 대접을 받기 시작했다. "사이다랑 콜라랑 참 친한 사이다." "참외를 먹으니까 참 외롭네." 필자가 강의 때 활용하는 영상에 등장하는 아재 개그다. 한번은 이 영상을 보던 베이비붐 세대 임원이 진지한 표정으로 "저거 웃기지 않아요? 난 웃기는데"라고 했다. 선배 세대 중에는 아재 개그가 철 지난 농담 취급을 받는 게 낯설고 꺼림칙한 이도 있다. 물론 아재 개그가 홀대받을 만한 이유도 있다. 문화의 변화 속도가 빨라졌고 권력 관계도 변했기 때문이다. 아재 개그는 변화 속도를 좇지 못하고 후배의 입장을 배려하지 못하는 기득권을 지닌 선배 세대에 대한 반항과 풍자가 내포되어 있다.

하지만 아재는 억울하다. 아줌마도 마찬가지다. 그들도 한때는 혈기 왕성한 청년이었다. 젊을 땐 "싸가지 없다"는 소리도 들었다. 단지 세월의 속도에 순응해 주름이 늘고 근력이 달리며 흰 머리가 생기고 눈이 침침해졌을 뿐이다. 빠른 인터넷과 스마트 기기가 후배 세대보다 좀 어색할 따름이다. 자녀가 좋아하는 아이돌 그룹 멤버가 몇 명인지, 이름이 뭔지, 무슨 노래를 부르는지는 무관심한 지 오래다. 마음은 BTS이고 트와이스인데 몸은 김건모이고 김완선이다.

이제껏 그들도 선배들이 누리던 혜택을 기대하고 삶보다 일을 우선시하며 젊은 시절을 희생했다. 하지만 막상 그 직급이 되니 선배 세대가 누리던 기득권은커녕 후배 직원이 꼰대라고 기피하여 같이 식사하는 것도 꺼리고 은따(은근한 따돌림)까지 당하기도 한다. 이젠 트로트 음악을 부르기도 어색하고 BTS나 세븐틴의 노래를 부를 수도 없다. 몸과 마음은 여유 있는 아날로그가 편한데 디지털 세상의 변화 속도가 너무 빨라 갈수록 따라가기가 버겁다. 선배 세대는 과거나 현재 어디에도 마음을 두기가 어렵다. 한번은 강의 후 한 학습자가 긴 세대이자 꼰대가 된 자신의 모습을 '긴대'라고 표현하기도 했다. 긴대는 주로

X세대다. 곧 중년에 접어드는 80년대 밀레니얼 세대까지 확장하기도 한다.

왜 꼰대가 되었을까? "어쩌다 보니 꼰대가 되었다"고 항변할지 모른다. 하지만 자신에게 이런 질문부터 던져봐야 한다. '나는 후배의 의견을 무시하지 않는가?' '나는 후배에게 배우지 않으려고 하지 않는가?' '나는 고정관념과 기득권을 버릴 수 있는가?' 꼰대에게는 3가지 공통점이 있다.[6]

**1. 듣지(Listen) 않는다.** 꼰대는 듣는 것보다 말하는 것을 좋아한다.

**2. 배우지(Learn) 않는다.** 꼰대는 배우기보다 가르치려 든다.

**3. 버리지(Leave) 않는다.** 꼰대는 기득권과 지위를 의지한다.

꼰대가 되지 않으려면 의도적으로 편안함보다 불편함에 직면해야 하고 익숙함보다 낯섦을 받아들일 수 있어야 한다. 그렇지 않으면 누구나 시간이 흐르면 꼰대가 되게 마련이다.

연구에 따르면 새로운 것을 기꺼이 배우려는 사람들에게서 공통으로 발견되는 특징이 있었다. 열망, 자기인식, 호기심, 약점 인정하기 등이 그것이다.[7] 꼰대가 되지 않기 위해서는 연기하는 배우처럼 살기보다 진정으로 배우는 사람이 되어야 한다. 배우는 기술을 익힐 필요가 있다. 최신 기술을 이해하며 익히려고 노력하고, 자신을 정확하게 보려고 해야 한다. 끊임없이 생각하고 좋은 질문을 던져야 하고, 배움을 통해 상황을 개선할 수 있으리라는 믿음이 있어야 한다. 그리고 배우는 과정에서 자신의 실수를 받아들일 줄 알아야 한다.

## ☑ 나는 '젊꼰'이 아닐까?

나이 많은 선배보다 '1년 선배가 가장 무섭다'는 말이 있다. 1년 선배가 가장 '젊꼰(젊은 꼰대)'처럼 행세하기 때문이지 않을까? 요즘도 대학 MT 때 술을 강요하고 얼차려를 주는 등 서열 문화, 군대 문화를 벗지 못한 젊꼰(젊은 꼰대)들이 여전하다고 한다. 고작 대학 생활을 1년 먼저 시작했을 뿐인데 마치 세상의 이치를 다 깨달은 철학자가 되어 한수 가르치려 드는 것이다. 한번은 중학교 앞을 지나다가 한 학년 후배가 선배에게 깍듯하게 인사하는 모습을 보았다. 그 후배는 곧 마중 나온 엄마를 보더니 반말을 하는 것이다. 이건 무슨 어처구니없는 '꼰대 니즘'인가?

그래도 학교에 도사리고 있는 꼰대는 양반이다. 학교를 졸업하고 직장에 가면 급이 다른 '젊꼰', '늙꼰'은 물론 온갖 종류의 꼰대들이 숨어 있다. 운 좋게 부모 잘 만나 스펙과 학벌을 키워 취업한 건데, 마치 모든 게 제 노력이고 능력인 것처럼 그렇지 못한 또래를 훈계하며 무시한다는 것이다. 선배 세대보다 더하게 말이다. 자신도 기득권에 편입됐다는 생각에 선배 세대의 꼰대질을 답습하는 것이다. 젊은 나이에도 기득권을 가진 것에 으스대며 일명 '영토 지키기'를 한다.

요즘 후배 세대가 가장 미워하는 건 선배 세대가 아니라 '젊꼰'이라고 한다. "야, 우리 때는 더 했어. 너희는 좋은 세상에 사는 거야"라고 꼰대 짓을 하며 괴롭힘, 따돌림으로 후배를 힘들게 한다는 것이다.

후배라도 능력이 더 뛰어날 수도 있고 그에게 배워야 할 수도 있다. 선배라고 대접받으려고도 참견하며 훈수를 두려고도 하지 말자.

### 젊꼰이 되지 않기 위한 12가지 다짐

1. 직급이 낮거나 나이가 어려도 반말하지 않는다.

2. 나도 틀릴 수 있다. 내 얘기가 진리인 양 말하지 않는다.

3. 타인의 호의를 당연하게 받아들이지 않는다. 작은 것에 감사의 표현을 한다.

4. 나이, 성별 등으로 함부로 대하지 않는다.

5. 진정성, 진심이라는 단어를 함부로 쓰지 않는다.

6. 노력은 안 하면서 세상 탓만 하지 않는다.

7. 내가 먼저 모범을 보인다. 예를 들어 삼겹살 굽기, 차(커피) 타기가 있다.

8. 내가 말하는 시간을 N분의 1 이하로 줄인다.

9. 상대의 단점에는 눈감고 장점을 찾는 데 더 집중한다.

10. 후배의 출퇴근 시간에 마음을 두지 않는다.

11. 가르치려 들지 않는다.

12. 반대 의견에 싫은 티 내지 않는다.

## ☑ 꼰대는 나이의 문제가 아니다

"옆에 앉아 계신 분을 한 번 보시기 바랍니다. 어떤 세대처럼 보이세요?" 필자가 강의할 때 청중에게 이렇게 질문한다. 청중은 서로 마주 보며 미소를 짓는다. 이어서 "여러분은 어느 세대에 속한다고 생각하십니까? 자신이 해당하는 세대에 한 번 손을 들어보시기 바랍니다." 슬쩍 눈치를 보는 듯하다가 이내 손을 천천히 든다. 흥미로운 점은 그동안 자신을 실제보다 더 후배 세대라고 한 사람은 몇 보았지만, 실제보다 더 선배 세대라고 한 사람은 없었다는 것이다. 그리고 필자는 얘기를 이어간다. "여러분, 세대는 나이가 아니라 마인드의 문제 아닐까요? 나이는 많아도 마인드가 젊은 분이 있고, 반대인 경우도 있습니다." 그리고 다음의 이 소장 사례를 소개했다.

밀레니얼 세대 자녀를 둔 베이비붐 세대 이 소장은 남부럽지 않은 이력을 지녔다. 명문대를 나와 선망하는 대기업에 근무했다. 뜻한 바 있어 과장 직급일 때 컨설팅 회사로 이직해서 오랫동안 인재개발 분야 전문가로 일하고 있다. 그의 업무수행 능력에 대해서 누구나 인정하는 바다. 하지만 젊은 직원들이 그를 존경하는 이유는 따로 있다. 전문성은 말할 것도 없고 배려심 많고 겸손하기 때문이다. 그 정도 스펙이면 목이 뻣뻣해질 법도 한데 이 소장은 그렇지 않다. 함께 일하는 후배들은 그를 존경하고 잘 따른다. 이 소장은 대화 때 쓰는 단어부터가 다르다. 후배 세대보다 신조어를 더 많이 알고 곧잘 사용한다. 그것도 상황에 맞게 자연스럽게 후배 세대들이 쓰는 생소한 신조어를 잘 구사한다.

"타인과 대화를 하는 데 어려움을 겪는 사람들이 정말 많다. 친밀한 관계를 만들어내지 못하는 이유는 '사적인 언어'를 모르기 때문이다. '회사의 언어'를 그대로 가정에서 쓰다 보니 자녀와 대화를 나누지 못하는 것이다."[16]

팀 페리스가 쓴 《지금 하지 않으면 언제 하겠는가》라는 책에 나오는 구절이다. 잘되는 부서, 잘나가는 리더의 공통점은 대화가 많다는 것이다. 대화의 주제나 사용하는 단어부터 남다르다. 필자는 넌지시 소통 수준을 확인하고 분위기 전환도 할 겸 강의 중에 신조어 퀴즈를 내곤 한다. 너무 잘 맞춰도 못 맞춰도 안 되기 때문에 학습자 수준과 특성에 맞춰 난이도 조절에 신경을 쓴다. 한번은 모 기업에서 팀장들을 대상으로 신조어 퀴즈를 낸 적이 있다. 유독 한 팀장이 문제를 내는 족족 다 맞추는 것이었다. 난이도 조절에 실패했다 싶어 내심 당황했다. 당시 문제는 열폭, 최애, 관종, 커엽, 사바사, 고나리자, 낫닝겐, 시강, ㅇㄱㄹㅇ, 빼박캔트 등이었다. 문제를 잘 맞히는 게 신통해서 강의 후 교육담당자께 그 팀장에 관해서 물었다. 아니나 다를까 그는 팀원들이 존경하는 좋은 리더라고 귀띔했다.

한편 갑작스러운 조직 개편으로 또래보다 이르게 팀장이 된 유 팀장, 그는 밀레니얼 세대다. 팀원일 때 고성과자였던 그는 요즘 고민이다. 그의 바람과는 다르게 팀원들이 그를 잘 따르지 않기 때문이다. 그는 팀원들과 회의를 할 때면 회의 시간의 대부분을 자기 생각을 전달하는 데 쓴다. 격의 없이 지내기 위해 팀원들에게 스스럼없이 얘기하고 반말한다. 언젠가 그는 바로 옆 부서 팀장에게 자기 팀원들이 자신을 잘 따르지 않는다고 하소연했다. 안타까운 건 유 팀장 스스로는 그 이유를 잘 몰랐다. 꼰대는 나이 든 선배 세대만 해당하는 게 아니다. 꼰대는 나이가 아니라 마인드의 문제다. 또한 청춘은 특정한 시기를 말하는 것이 아니라 마음 상태라는 점을 염두에 둬야 한다.

### 청춘(Youth)

사무엘 울만(Samuel Ullman, 1840~1924)

청춘이란 인생의 어떤 한 시기가 아니라
마음가짐을 뜻하나니
장밋빛 볼, 붉은 입술, 부드러운 무릎이 아니라
풍부한 상상력과 왕성한 감수성과 의지력
그리고 인생의 깊은 샘에서 솟아나는 신선함을 뜻하나니

청춘이란 두려움을 물리치는 용기,
안이함을 뿌리치는 모험심,
그 탁월한 정신력을 뜻하나니
때로는 스무 살 청년보다 예순 살 노인이 더 청춘일 수 있네.
누구나 세월만으로 늙어가지 않고
이상을 잃어버릴 때 늙어가나니

세월은 피부의 주름을 늘리지만
열정을 가진 마음을 시들게 하진 못하지.
근심과 두려움, 자신감을 잃는 것이
우리 기백을 죽이고 마음을 시들게 하네.
그대가 젊어 있는 한
예순이건 열여섯이건 가슴속에는
경이로움을 향한 동경과 아이처럼 왕성한 탐구심과
인생에서 기쁨을 얻고자 하는 열망이 있는 법,

그대와 나의 가슴속에는 이심전심의 안테나가 있어
사람들과 신으로부터 아름다움과 희망,
기쁨, 용기, 힘의 영감을 받는 한
언제까지나 청춘일 수 있네.

영감이 끊기고
정신이 냉소의 눈에 덮이고
비탄의 얼음에 갇힐 때
그대는 스무 살이라도 늙은이가 되네.
그러나 머리를 높이 들고 희망의 물결을 붙잡는 한,
그대는 여든 살이어도 늘 푸른 청춘이네.

## ☑ 누구나 꼰대가 될 수 있다[9]

"이렇게 빨리 나이 들지 몰랐다." 세월의 속도를 체감한 사람들이라면 공통으로 하는 얘기다. 필자도 이 말에 공감한다. 누구도 시간의 강을 거슬러 오를 수는 없다. 지금 젊다면 그것만으로 감사해야 한다. 그리고 젊은이는 젊은이다워야 한다. 선배 세대의 단점을 흉보면서 정작 자신도 본받지 말아야 할 악습을 닮아가는 '젊은 꼰대'가 되어서는 안 된다. 벤저민 프랭클린이 얘기한 '어떤 사람'이 되지는 말자.

"어떤 사람은 25살에 죽는데 장례식만 75살에 치른다."

선배 세대도 마찬가지다. 젊은 후배들에게 '인싸(인사이더)'는 못되더라도 '은따(은근히 따돌림을 당하는 사람)'가 되지 않으려면 '꼰대'가 되지 않기 위해 부단히 노력해야 한다.

'또라이 질량 보존의 법칙'이라는 게 있다. "어딜 가든 또라이는 있다"는 정도의 의미다. '꼰대 질량 보존의 법칙'도 있을 법하다. 남녀노소를 막론하고 어디에나 꼰대는 있다는 정도로 해석해볼 수 있다. 실제 한 취업포털의 조사에 따르면 직장인 90%가 '우리 회사에 꼰대가 있다'고 응답했다.[10] 그렇다면 꼰대는 과연 누구인가? 한마디로 다음 3가지에 '갇힌 사람'이라고 정의할 수 있다.

**하나, 꼰대는 '과거'에 갇힌 사람이다.**

"만물은 유전한다." 고대 그리스의 철학자 헤라클레이토스가 한 말이다. 세상 모든 것은 끊임없이 변한다는 얘기다. 세상은 하루가 다르게 변하는데, 꼰대는 생각이 3차 산업혁명 시대, 심지어 그 이전 시대에 머물러 있는 사람이다. 사고가 유연하지 못하고 경직된 사람이다. "요즘 애들은 말이야." "그래도 옛날에 비하면 나아진 거야." 꼰대는 유통기한이 지난 과거의 기준이나 성공 방식에 갇혀 있다. 그래서 그들과는 말이 잘 안 통한다. 마치 '답정너(답은 정해져 있고 넌 대답만 하면 돼)' 같다고나 할까.

**둘, 꼰대는 '나'에 갇힌 사람이다.**

꼰대는 내 생각만 옳다고 생각하고, 환경이나 타인의 관점에서 자신을 보지 못하는 사람이다. 내가 알거나 모르는 것이 무엇인지 구별하는 메타인지가 부족하다. 타인을 이해하고 공감하는 능력도 떨어진다. "나 정도면 합리적인 선배지." "나는 꼰대는 아니야." 꼰대는 자신에 갇혀 타인의 생각에 대한 수용성이 떨어진다. 고집이 세며 타인의 잘못에 관대하지 않다. 안타까운 점은 꼰대는 스스로 꼰대라는 것을 깨닫지 못한다는 것이다.

**셋, 꼰대는 '권위'에 갇힌 사람이다.**

꼰대는 자신의 위치 즉, 권위에 갇혀 후배를 존중하지 않는다. 정작 자신은 인정받고 싶어 하는 욕구가 강하다. "내가 누군 줄 알아?" "내가 너만 했을 때는 말이야." 개구리 올챙이 적 시절을 기억하지 못하는지 안 하는지 후배들과 눈높이 대화가 안 된다.

누구나 방심하면 언제든 꼰대가 될 수 있다. 그럼 꼰대가 되지 않기 위해 어떻게 해야 할까? 꼰대 탈출을 원한다면 다음의 3가지를 실천해 보자.

### 첫째, "그래 세상이 변했어. 나도 바뀌어야 해."

스스로 시대에 뒤처지는 생각을 하지 않는지 되짚어본다. 그리고 시대 변화에 맞는 열린 마인드를 갖기 위해 꾸준히 학습해야 한다. '며느리를 도망치게 하는 3가지 방법', '출산율을 떨어뜨리는 3가지 방법', '광속으로 이혼당하는 3가지 방법' 등으로 화제가 된 60대 유튜버 '꼰대박' 박광희 씨는 영상을 만들면서 자녀를 더 이해하게 됐다고 한다. 동영상을 준비하면서 자연스럽게 바뀐 세상을 알게 되고 학습하게 된 것이다. 리더십 전문가 워렌 베니스는 리더와 직원의 차이는 '끊임없는 배움'이라고 말한다.

### 둘째, "나도 틀릴 수 있어."

성찰적 사고를 해야 한다. 생각에 힘을 빼고 유연하게 사고해야 한다는 것이다. 내 생각이 명명백백 맞더라도 타인의 의견을 경청할 수 있어야 한다. 칭기즈칸은 역사상 가장 넓은 영토를 점령한 리더였다. 하지만 그 과정에서 단 한 명의 배신이나 반란도 없었다. 그런 그에게 누군가 이런 질문을 했다. "어떻게 세상을 얻었습니까?" 그러자 칭기즈칸이 말했다. "배운 게 없다고 탓하지 마라. 비록 나는 이름을 쓸 줄 몰랐지만 남의 말에 귀 기울여 현명해지는 법을 배웠다." 말이 안 되는 후배 직원의 얘기에도 인내하며 귀 기울일 수 있어야 한다. 뛰어난 경영자라고 불리는 사람들이 이해가 안 가는 의사 결정을 할 때가 있다. 노벨경제학상을 수상한 허버트 사이먼은 인간의 합리성은 '제한된 합리성'일 뿐이라고 얘기한다. 인간의 속성상 인지적 편향성을 100% 극복하는 것은 불가능하다. 그렇기 때문에 자신의 독단적인 생각에만 의존하지 않고 겸손하고 경청하는 자세를 가져야 한다. 겸손과 관련해 필자가 좋아하는 성경 구절이 있다. 리더라면 더더욱 되새겨야 할 말씀이다.

"너희 중에 누구든지 으뜸이 되고자 하는 자는 모든 사람의 종이 되어야 하리라"_《성경》마가복음 10장 44절

### 셋째, "나도 너만 할 땐 그랬지."

권위를 내려놓고 상대의 눈높이를 맞춰야 한다. 권위는 직위나 지위가 아니라 신뢰에서 나온다. 당돌하거나 버릇없어 보이는 후배 직원의 모습에도 관대할 수 있어야 한다. 쉽지 않지만, 지위나 권위로 대우나 의전을 받는 것도 과감히 고사할 줄도 알아야 한다. 얼마 전 그룹 총수가 임원 세미나도 아닌 신임 과장·책임 연구원 세미나에 동영상으로 깜짝 등장해 화제가 되었다. 다른 그룹 총수는 전용기를 매각하고 공항 의전을 없애기도 했다. 권위를 내려놓고 꼰대 탈출을 꾀하는 조직

의 리더가 더 늘어나길 바란다.

《논어》자로편(子路篇)에 "군자화이부동 소인동이불화(君子和而不同 小人同而不和)"라는 말이 나온다. "군자는 사람들과 화합하지만 부화뇌동하지는 않고, 소인은 부화뇌동하지만 사람들과 화합하지는 못한다"라는 뜻이다.[11] 군자는 열린 마음으로 서로 다양성을 인정하고 화합을 추구하지만, 소인은 폐쇄적이고 획일적으로 자기 생각만 요구하며 서로의 다름에 대해 포용적이지 못하고 어울리려고 하지 않는다는 것이다. 화이부동하는 '열린 사람'이 되어야 한다. 자신을 과거, 나, 권위에 갇히도록 내버려 둬서는 안 된다. 현재를 살면서 미래를 준비하고, 환경과 타인을 통해 나를 바라보고, 권위라는 감투를 과감히 벗어 던질 수 있어야 한다. 지금은 과거처럼 윗사람에게 정보가 집중되고 어느 정도의 관례나 정해진 답이 있던 시대가 아니다. 그렇기 때문에 단정적이고 교조주의적으로 내 생각(Text)을 강요해도 소용이 없다. 지금과 같은 전대미문의 불확실성 시대에는 구성원과 공통으로 처해 있는 맥락(Context)을 공감하고 의기투합해 함께 답을 찾아가는 노력이 필수적이다.

## ☑ 권력이 자신을 무너뜨리도록 내버려 두지 마라

〈하버드비즈니스리뷰〉에 "권력이 당신을 타락시키지 못하게 하라(Managing Yourself)"[12]라는 글이 실린 적이 있다. 꼰대에서 벗어나는 법에 관해 통찰을 주는 내용이어서 소개하고자 한다. 캘리포니아 버클리대 심리학과 대처 켈트너(Dacher Keltner) 교수의 연구에 따르면 권력을 가진 자는 다른 사람들에 비해 무례하고 이기적이며 부도덕한 행동을 하기 쉽다는 것이다. 그는 '권력의 패러독스(Power Paradox)'라고 명명한다. 그의 실험에 따르면 값이 저렴한 차를 운전하는 사람은 보행자에게 건널목에서 양보를 잘하지만, 고급 승용차를 운전하는 사람은 51%밖에 양보하지 않고 법규를 무시했다. 또 HEC 몬트리올대의 대니 밀러(Danny Miller) 교수의 연구에 따르면 MBA 학위가 있는 CEO가 그렇지 않은 CEO보다 자기 잇속만 챙기는 행동을 더한다고 밝혔다.[13] 자기 개인 보너스는 늘어도 회사 가치가 떨어질 수 있는 행위를 할 가능성이 높다는 것이다.

대처 켈트너 교수는 권력의 패러독스에 굴복하지 않기 위해서는 자기 자신에 대한 인식을 더욱 발전시켜야 한다고 강조한다. 즉 상급자가 되면 새로운 권력에 대한 본인의 느낌과 행동 변화를 주의 깊게 살펴야 한다는 것이다. 혹시 다음의 행동을 하지 않는지 생각해봐야 한다.

"다른 사람이 말할 때 중간에 가로막는가?"
"다른 사람들이 대화할 때 휴대전화를 확인하는가?"
"사람들을 당혹하게 하거나 면박을 주는 농담이나 이야기를 한 적 있는가?
"사무실에서 욕을 하는가?"
"팀의 노력을 자신의 공으로 가로챈 적은 없는가?"

"동료의 이름을 잊은 적은 없는가?"

"과거에 비해서 많은 돈을 쓰지는 않는가?"

"정상적이지 않게 물리적 위험을 감수하고 있지는 않은가?"

만일 위의 질문에 '예'라는 답이 많다면 경고 신호로 받아들여야 한다. 대처 켈트너 교수는 자신을 지금의 자리로 올려놓았던 덕목을 기억하고 계속 실천할 것을 강조한다. 그는 권력의 패러독스에 굴복하지 않고 지위나 직급에 맞는 품위를 지키기 위해 공감(Empathy), 감사(Gratitude), 관대함(Generosity) 3가지 덕목의 실천을 제안한다. 권력이나 권위에 갇힌 꼰대가 되지 않기 위해 마음에 새기고 실천해볼 만한 지침이다.

### '공감'을 실천하는 법

- 모든 대화에서 한두 개의 좋은 질문을 하고 상대방이 말한 중요한 내용을 다른 말로 바꿔 되풀이한다.
- 열정적으로 경청한다. 당신의 몸과 시선이 말하는 사람을 향하게 하고 흥미와 관심을 말로 표현한다.
- 누가 문제를 상의하러 오면, "그거 안됐네", "정말 힘들겠구나"라고 걱정하는 표현을 해준다. 바로 판단을 내리고 조언하지 않는다.
- 회의 전에 참석하는 사람이 누구인지 그리고 그 사람이 개인적으로 어떤 일이 있는지 잠시 생각할 시간을 가진다.

## '감사'를 실천하는 법

- 사려 깊은 감사의 인사를 습관화한다.
- 동료들에게 개별적으로 시의적절한 이메일을 보내거나 업무를 잘 처리했다는 감사의 메모를 보낸다.
- 지원 인력을 포함해 각각의 직원들이 팀에 기여하고 있다는 사실을 공개적으로 인정한다.
- 성공을 축하하기 위한 적절한 수준의 가벼운 스킨십, 즉 주먹을 부딪치거나 하이파이브를 한다.

## '관대함'을 실천하는 법

- 당신 후배 직원들과 일대일로 짧게 만나는 기회를 얻도록 노력한다.
- 중요하고 주목을 많이 받는 권한을 위임한다.
- 아낌없이 칭찬한다.
- 스포트라이트를 서로 나눈다. 당신의 팀이나 회사의 성공에 기여한 모든 사람과 공을 나눈다.

# 구닥다리 리더십은
# 이제 안녕!

## ☑ 왜 리더십이 통하지 않을까?[14]

"리더 역할을 하기 쉽지 않네요. 에너지가 예전보다 두 배는 더 드는 것 같은데요." 조직의 부서장이나 임원인 선배 세대가 심심찮게 토로하는 얘기다. "팀장이 되면 책임만 늘고 피곤해지기만 해요." 리더가 될 기회를 얻은 밀레니얼 세대가 리더 자리를 고사하는 때도 많다. 무엇이 리더를 힘들게 하고 리더의 자리를 꺼리게 만드는 것일까? 시대가 바뀌었기 때문이다. 뷰카(VUCA)라는 명칭이 이 시대의 특징을 잘 담고 있다. 변동성(Volatility), 불확실성(Uncertainty), 복잡성(Complexity), 모호성(Ambiguity)이 그것이다. 컴퓨터, 인터넷, 스마트기기로 대표되는 정보통신(IT)기술은 물론 바이오기술(BT), 나노기술

(NT)과 같은 기술의 진보는 일과 삶의 모든 영역에서 혁명을 일으키고 있다.

지금은 누구나 휴대 기기 하나면 시간, 공간, 비용의 제약 없이 정보를 수집, 편집, 유통할 수 있는 세상이다. 정보가 보편화되면서 개인과 조직의 투명성과 신뢰성에 대한 요구가 증가하고 있다. 리더에 편중되어 있던 정보가 모든 사람에게 공평해지면서 리더의 권력과 권위는 줄고 팔로워의 힘은 증가했다. 조직도 마찬가지다. 상층부에 집중되었던 정보가 구성원에게 민주화되면서 정보의 비대칭이 갈수록 줄고 조직의 수평화, 투명화를 부추기고 있다. 실제 많은 기업에서 수평적이고 창의적인 조직문화를 만든다는 명분으로 직급이나 호칭을 파괴·축소하고 있다.

이제 리더는 권위로 선팅을 해 자신의 능력을 숨기기가 힘들어졌다. 훤히 들여다보이는 유리 안에서 일거수일투족이 공개되어 평가받는 신세가 되었다. 투명성의 증가로 유능한 사람은 빨리 리더가 될 기회를 얻고 있다. 반면 무능한 리더는 쉽게 권력을 잃게 되면서 촉망받는 젊은 직원이 임원이 되기도 한다. 리더의 자리는 갈수록 지키기 어려워지고 있다. 리더에게 요구되는 역할과 역량은 늘었지만, 오히려 리더가 가진 힘은 약해지고 있기 때문이다. 리더의 교체 주기도 점차 빨라지고 있다. 실제 100대 상장기업 기준으로 임원 연령이 2000년 초반에는 50대 중반이었으나 지금은 50대 초반으로 낮아졌다. 40대 임원 비중도 30%에 이른다.

리더십과 관련해 놓치지 말아야 할 것이 세대 이슈다. 2020년을 전후로 베이비붐 세대가 조직에서 퇴임하고 X세대가 임원으로 대체되고, 밀레니얼 세대는 조직의 50~60% 비중으로 조직 대부분을 차지하게 된다. 앞으로 조직 내 세대 교체는 리더십에도 적지 않은 변화를 가져올 것이 분명하다. 전통 세대나 베이비붐 세대의 전유물과 같았던 상하 관계와 권위주의에 기반을 둔 리더십은 갈수록 설 자리를 잃고 있다. 반면 밀레니얼 세대의 힘이 증가할수록 수평적이고 반권위주의 리더십에 대한 요구가 높아지고 있다. 안착할 때까지는 당분간 혼란이 불가피할 것으로 보인다.

불확실성 시대가 되면서 리더에게 요구되는 역할과 역량은 예측조차 힘들어졌다. 이제 20세기 구닥다리 리더십으로 젊은 구성원의 마음을 휘어잡을 수 없다. 조직에서 인정받는 리더로 거듭나기 위해서는 새로운 리더십으로 탈바꿈하지 않으면 안 된다. 한때 한 조직에서 훌륭한 리더였더라도 다른 조직에서도 좋은 리더가 될 것이라고 누구도 장담할 수 없다. 조직의 문화나 사회적 맥락에 따라 리더십의 스타일이 유연하게 변화해야 한다. 변화에 민첩하지 못한 꼰대 리더십으로는 조직에서 살아남기 힘들어졌다. 그동안 옳다고 믿었던 리더십에 대해 근본적인 의문을 던질 필요가 있다.

그렇다면 새롭게 요구되는 21세기형 리더십은 어떤 모습일까? 하버드대 케네디스쿨 바버라 켈러먼(Barbara Kellerman) 교수는 《리더십의 종말》에서 이렇게 얘기한다. "리더와 팔로워 사이의 계약은 팔로워들의 환심을 살 수 있는 '카리스마'를 토대로 했다. 이제는 문화와 기술 때문에 카리스마가 지탱되기 어렵다." 그리고 켈러먼 교수는 새로운 리더십의 대안으로 '팔로워십'을 제시한다. 핵심은 카리스마 중심의 수직적 리더십이 아니라 공감하고 포용하는 수평적 리더십이다. 리더십이나 팔로워십은 단어가 가지는 한계로 위계적인 느낌이 강하다. 새로운 리더십의 모습은 리더십도 팔로워십도 아닌 서로 존중하는 '파트너십' 정도가 아닐까 싶다.

새로운 리더십의 요구는 높아지고 있지만, 리더십 교육은 과거의 틀에 갇혀 실패한 리더가 늘어나는 것을 막지 못하고 있다. 정해진 답이 있는 스킬 교육(Skill Training) 중심의 교육으로는 한계가 있다. 리더가 처한 상황과 맥락에 맞춰 성찰과 통찰을 끌어내는 교육(Art Learning)으로 바뀌어야 한다. 지적인 유희 수준에 머물러 있는 리더십 육성의 학습 목표도 한 차원 높여야 한다. 타인의 마음을 훔치는 처세술 관련 지식(Head)을 습득하는 수준을 넘어서야 한다. 타인의 마음을 얻는 진정성을 공감하고 깨닫는 감성 지능(Heart)을 높이는 교육이어야 한다.

## ☑ 요즘 것들이 함께 일하고 싶은 리더[15]

직장에서 요즘 것들의 운명을 틀어쥐고 있는 사람은 '리더'다. 요즘 것들은 어떤 리더를 만나느냐에 따라 원석으로 묻히거나 보석으로 거듭날 수도 있다. 리더가 어떤 영향력을 미치는가에 따라 요즘 것들의 직장생활이 좌우된다고 해도 과언이 아니다. 망해가는 조직에서 나타나는 대표적 징후 중 하나가 요즘 것들을 대하는 리더십 스킬이 부족하다는 점이다. 이런 조직에서는 나이 좀 먹고 업무에 잔뼈가 굵은 선배 직원일수록 젊은 직원들을 마치 손님처럼 대한다. 내가 이 조직에 터줏대감이니 늦게 조직에 들어온 당신은 닥치고 따르라는 것이다.

최근 요즘 것들은 어려운 취업 관문을 통과하고도 얼마 되지 않아 퇴사하는 경우가 늘고 있다. 안타까운 건 열정적이고 똑똑한 직원들일수록 폐쇄적인 조직문화에 더 적응하기 힘들어한다는 점이다. 처음에는 의욕을 가지고 도전적으로 새로운 시도를 하지만 금세 여의치 않다는 것을 깨닫고 '학습된 무력감(Learned Helplessness)'에 빠진다. 이처럼 요즘 것들이 입사한 지 얼마 되지도 않아 의욕을 잃고 좀비처럼 되어가는 이유는 무엇일까? 무엇보다 실패를 용인하지 못하는 꽉 막힌 조직문화 때문이며, 권위주의와 타성에 사로잡힌 상사 때문이다. 이제 리더십은 달라져야 한다.

그렇다면 요즘 것들이 따르는 리더는 어떤 리더일까? 과거의 성공 방정식과 고정관념에 사로잡혀 있는 '과거완료형(~ed) 리더'가 아니라 틀을 깨는 사고로 조직문화를 이끌어가는 '현재진행형(~ing) 리더'다. 이들이 가진 특징을 ING의 머리글자 3가지로 요약해본다.

**첫째, 요즘 것들이 따르는 리더는 혁신(Innovating)형 리더다.**

요즘 것들은 선배 세대가 만들어놓은 부조리를 몸소 경험했기 때문에 선배 세대가 만든 가치와 룰에 대한 저항과 문제의식이 있다. 그래서 적어도 이전과는 다르게 새로운 시도를 하려고 한다. 혁신형 리더는 이런 요즘 것들의 DNA를 이해하고 요즘 것들이 원하는 방식으로 일하고 소통할 줄 안다. 그들은 요즘 것들이 잠재력을 십분 발휘할 수 있도록 창의적 직무 환경을 조성하는 사람이다. 과거의 룰과 제도를 우상처럼 신봉하거나 현실에 안주하지 않고 새로운 시도를 환영한다. 파격적인 채용과 승진, 실패의 용인, 다채로운 협업 기회 등 평등하고 개방적인 업무 분위기를 조성하여 요즘 것들에 맞게 동기부여를 한다. 특히 혁신형 리더는 소위 '용인된 실패(Budgeted Failure)'를 독려하는 사람이다. 실패를 용인하며 자산화하고 적극적으로 활용하는 것이다. SK하이닉스의 박성욱 부회장이 대표적 사례. 그는 연구개발(R&D) 부문 인재들의 기를 살리고, 기술혁신을 위한 도전을 독려하기 위해 실패 사례를 공유하는 경진 대회를 열어 직원들로부터 큰 호응을 얻기도 했다.

**둘째, 요즘 것들이 따르는 리더는 육성(Nurturing)형 리더다.**

경험하고 배우는 것에 욕심이 많은 요즘 것들은 자신을 위한 투자에 적극적이다. 그래서 자신의 관심 분야를 찾아내서 기꺼이 투자한다. 학습에 대한 욕구가 강한 요즘 것들은 능력이 있으면서 배울 점이 많은 육성형 리더를 선호한다. 육성형 리더는 훌륭한 직원을 짧은 기간 데리고 있는 것이 평범한 직원을 오래 두고 있는 것보다 더 낫다는 것을 안다. 그렇기 때문에 능력 있는 직원을 최대한 활용하는 데 집중한다. 육성형 리더는 후배 직원이 성장해서 떠날 것을 두려워하는 리더가 아니라 직원들을 자신보다 더 능력 있는 사람으로 육성하는 것에 성취와 보람을 느끼는 사람이다. 그들은 최고의 인재가 자유로이 떠날 수 있게 하고 새로운 기회를 찾을 수 있게 돕는다. 아이러니하게도 육성형 리더는 결국 직원들에게 존경을 받으며 직원들이 회사에 더 오래 머물도록 만든다.

한 연구에 따르면 최고의 리더들은 자신을 따르는 사람을 만드는 것이 아니라 또 다른 리더를 만들어내는 방식의 리더십을 발휘하고 있었다. 그들이 보이는 4가지 구체적 행동은 이러했다.

1. 멘토링보다 인간관계가 먼저다.
2. 능력보다 인성에 집중한다.
3. 낙관론을 크게 외치고 냉소는 자제한다.
4. 조직보다 멘티에게 더 강한 충성심을 가진다.

이 연구에서는 '24×3 긍정론' 규칙의 실천을 추천한다. 만약 새로운 아이디어를 들으면 비판적 의견을 내기 전에 먼저 24초, 다음엔 24분, 다음엔 24시간 동안 그 아이디어가 좋은 이유에 대해 생각해보는 것이다.[16]

**셋째, 요즘 것들이 따르는 리더는 나눔(Gain Sharing)형 리더다.**

요즘 것들은 일하는 데 의미와 가치를 중요하게 생각하는 눈 높은 의미 추구자다. 그들은 의미 있는 일이라면 때론 연봉이나 직위도 희생할 수도 있다. 이런 요즘 것들은 나눔형 리더를 신뢰하고 따른다. 나눔형 리더는 치열한 경쟁에서 영예롭게 얻은 공을 후배 직원에게 돌릴 줄 알고 기꺼이 나눌 줄 아는 인격을 소유했다. 그들은 평소 평판 관리를 잘하고 주변에 자신을 지지할 수 있는 능력 있고 좋은 사람을 늘리는 것에 관심이 많다. 나눔형 리더는 후배 직원에게 왕좌를 물려주기 위해 늘 멋진 대관식을 준비하는 리더다.

다트머스대 시드니 핀켈스틴 교수는 지난 수십 년간 크게 성공하고 훌륭한 인재를 배출한 인물을 조사해서 《슈퍼 보스들(Superbosses)》라는 책에 담았다. 그가 분석한 슈퍼 보스들에게는 공통점이 있었다. 그들은 능력 있는 제자들을 최대한 활용했고 역량 개발은 물론 창의력을 발휘할 기회를 제공했다. 작은 보스로 키우기 위해 노력했다. 설령 떠나더라도 파트너십을 유지했다. 자연히 슈퍼 보스들에게 인재들이 모여들어 사업을 더 새롭게 발전할 수 있었다. 이 슈퍼 보스들은 밀레니얼 세대가 원하는 것을 잘 알았다. 마음껏 의미 있는 일을 할 수 있도록 개별 맞춤형 코칭, 협업을 통한 학습 기회, 파격적인 승진 기회, 자유로운 조직 분위기를 조성했다.

LG경제연구원의 조사에 따르면 젊은 직장인이 가장 존경하는 리더의 유형은 직원의 성장을 돕는 리더, 직원을 배려하는 리더, 직원의 의견을 존중하고 인정하는 리더, 공을 직원에게 돌일 줄 아는 리더 순이었다. 이제 좋은 리더와 기업의 기준이 바뀌어야 한다. 좋은 리더는 요즘 것들이 따르는 리더이며, 좋은 기업은 요즘 것들이 일하고 싶은 기업이다. 앞으로 기업이 생존하기 위해서는 요즘 것들이 원하는 친화적인 일터 만들기를 지상 과제로 삼아야 한다. 왜냐하면 요즘 것들이 조

직에서 에너지와 혁신을 일으키는 주체이자 성과를 만들어내는 장본
인이기 때문이다.


## ☑ 육성형 리더로 거듭나기

요즘 것들이 함께 일하고 싶은 리더 3가지 유형 중 최고의 리더는 육
성(Nurturing)형 리더이다. 육성형 리더에 대해서 좀 더 자세히 살펴보
자. 프로젝트를 하다 보면 다양한 업종의 후배 세대를 인터뷰한다. 그
들은 하나같이 퇴사나 이직을 꿈꾸며 일한다는 것을 어렵지 않게 확
인한다. 퇴사하는 이유를 물으면 공통점이 있다. "10년 후에 ○○ 부장
(팀장)처럼 될까 봐요"라고 대답하는 젊은 직원들이 꽤 많다. 그들은 연
봉, 문화, 업무, 처우도 중요하게 생각하지만, 자신의 미래 모습이라고
할 수 있는 선배들을 보면서 조직에서의 경력 목표와 비전을 품는다.
특히 후배 세대가 부러워하는 동료는 배울 게 많은 선배와 일하는 사
람이다. 그들은 학습과 성장 욕구가 강하기 때문에 배울 게 많은 조직
문화와 선배를 원한다.

필자의 지인 중에 최 대표가 있다. 그는 육성형 리더다. 최 대표는 후
배 직원을 육성하고 성장하는 모습을 보면서 보람을 느낀다. 그는 외국
에서 심리학을 공부한 홍 사원을 직원으로 채용했다. 그는 어느 날 필
자에게 전화를 걸어왔다. 용건은 "어떻게 하면 홍 사원을 육성할 수 있
을까?"였다. 최 대표와 홍 사원의 성장을 도울 방법에 대해서 1시간이

넘게 대화를 나눴다. 홍 사원을 비롯해 직원 육성을 위한 최 대표의 의지와 열정이 얼마나 크던지 감동할 정도였다. 이런 대표를 둔 직원들은 얼마나 행복할까 싶었다.

만약 당신이 젊은 후배들과 일한다면 '육성형 리더' 역할을 꼭 염두에 둬야 한다. 육성형 리더의 대표적인 인물이 넥스트점프의 CEO 찰리 킴이다. 넥스트점프는 기업의 구매 대행을 전문으로 하는 전자상거래 회사로 2016년 존스홉킨스대가 선정한 미국에서 가장 건강한 직장으로 선정된 바 있다. 또한 〈하버드비즈니스리뷰〉는 3년에 걸쳐 사람을 가장 성장시키는 미국 회사 세 곳을 선정해 정리한 책 《에브리원 컬처(An Everyone Culture)》에 첫 번째로 소개되었다. 〈KBS 스페셜〉에서 방영되기도 했다. 넥스트점프 CEO 찰리 킴이 보여준 육성형 리더로서의 특징을 COACH라는 5개의 머리글자로 정리해본다.

### 1. 코칭 시스템(Coaching System)

넥스트점프는 자신의 일만 열심히 하는 회사가 아니다. 제 업무가 끝나면 도와줄 직원이 없는지 찾아서 기꺼이 코칭한다. 전사적으로 일대일 코칭 시스템이 잘 정착돼 있다. 구성원이 서로에게 피드백을 주고받으면서 함께 성장하는 회사를 만드는 것이다. 찰리 킴은 항상 어떻게 하면 회사가 더 좋은 사람을 길러낼 수 있을지를 늘 고민한다. 그는 회사의 궁극적인 목표를 사람의 성장에 둔다.

## 2. 열린 마음(Open Mind)

넥스트점프는 수평적이고 열린 소통을 지향한다. 직급 체계도 층층이 복잡하지 않고 CEO, 리더, 직원의 3개 직급이 전부다. 리더는 전 직원의 투표로 선출한다. 넥스트점프 직원은 360도 평가를 한다. 구성원 간 피드백도 솔직하고 열려 있다. 회사 초기엔 무서울 정도로 솔직한 피드백에 동료 사이에 불신도 있었다고 한다. 하지만 직원들 간에 서로 돕고 있다는 믿음이 생기면서 신뢰가 생겼다. 실패에서 배운다는 찰리 킴의 열린 태도와 철학은 직원들로부터 점차 신뢰를 얻었고, 학습과 성장에 대한 공감대로 이어진 것이다.

## 3. 직원 역량 파악(Analyzing Capability)

찰리 킴은 직원들의 장단점 파악을 위해 노력한다. 360도 평가 결과에 따라 직원의 강점은 강화하고 약점은 보완해 준다. 특히 직원들이 스스로 발견하지 못하는 사각지대(Blind Spot)를 찾고자 힘쓴다. 직원의 약점을 드러내고 극복하도록 치열하게 밀어붙인다. 예컨대 모든 경력직을 포함한 신입 사원이 3주간의 개인 리더십 부트 캠프라는 프로그램에 참여한다. 자신의 약점(Backhand)을 찾도록 유도한다. 평가 결과는 구성원 모두에게 공유하고 3주간의 프로그램이 끝나면 동료 앞에 자신이 약점을 어떻게 극복했는지 발표한다. 코치로부터 약점에 대해 솔직하지 않았다고 평가를 받으면 부트 캠프에 다시 들어가거나 5,000달러를 받고 회사를 떠나야 한다. CEO도 예외는 아니다. 자신이 가진 약점도 공개적으로 개선하겠다고 약속한 적도 있다. CEO 찰리 킴의 집무실 벽에는 온통 직원의 성장에 관한 정보로 도배돼 있다. 그는 직원의 역량이 곧 회사의 역량이라고 믿기 때문이다. 그래서 직원의 역량을 객관적으로 파악하기 위해서 노력하는 것이다.

### 4. 사람의 연결(Connecting People)

찰리 킴은 내·외부 전문가나 직원의 연결을 통해 직원의 역량 강화를 유도한다. 신입직원이 입사하면 실질적인 도움을 줄 수 있는 전문가를 연결해 빠른 업무 적응을 위해 수시로 지원한다. 그리고 이렇게 다른 사람의 성장에 가장 힘쓴 사람에게 과감한 보상을 하기도 한다. 실제 매년 최우수 직원을 선정하여 부모를 초청하고, 2주간의 휴가와 함께 가족 크루즈 여행권, 거액의 상금을 지급한다. 직원들 간에 자연스러운 연결을 도와 협업의 시너지가 나도록 만드는 것이다.

### 5. 성장 지원(Helping Growth)

넥스트점프의 리더 평가 기준은 한마디로 "얼마나 많은 리더를 키워내는가?"다. 그래서 리더가 되면 직원의 성장과 문화 향상에 기여해야 한다. 찰리 킴은 교육 프로그램에 대해서도 아낌없이 투자한다. 베스트셀러 작가나 유명 강연자를 초청해 강연회를 열기도 한다. 다양한 직원 및 리더십 교육을 통해 직원의 성장을 돕는다. 리더십 전문가 마커스 버킹엄은 리더가 실패하는 가장 큰 이유는 직원의 장점을 극대화하기 위한 역량 개발을 돕지 않기 때문이라고 강조한다.

넥스트점프는 직원이 200명밖에 안 되는 작은 기업이지만, 구글이 리더십 강의를 배우러 올 정도로 내실 있는 회사다. 매년 60%가 넘는 성장을 구가하고 있고, 신입 경쟁률도 500대 1이 넘는다. CEO 찰리 킴의 남다른 회사 경영 방식 때문이다. 그 핵심은 건강하고 좋은 문화를 통해 구성원이 함께 성장하는 회사다. 그는 구성원들이 학습하고 서로 가르치며 함께 성장하도록 돕는 육성형 리더의 전형이라고 할 수 있다. 그의 회사 한쪽에는 이런 문구가 있다.

"부모님이 자랑스럽게 생각하는 회사를 만들자."

많은 직장인이 꿈꾸는 회사의 모습이 아닐까? 특히 개인의 성장과 성과를 중요시하는 후배 세대에게 매력적이다.

## ☑ 엄마 리더십, 요즘 것들을 위한 특별한 리더십[17]

요즘 것들과 함께하는 리더라면 육성형 리더가 되는 것 못지않게 중요한 것이 엄마 리더십(Mom Leadership 또는 Mothership)을 발휘하는 것이다. '세계 100대 공학자'로 두 차례나 이름을 올리며 화제가 되었던 건국대 화학공학부 박창규 교수는 4차 산업혁명의 골자가 공급자 중심에서 수요자 중심으로 바뀌었다고 강조한다. 그러면서 '엄마 기계(Umma Machine) 시대'라는 독창적인 이름을 붙였다. 마치 엄마가 가족을 위해 옷을 만들 듯 엄마 기계가 특정 대상을 위해 맞춤화하는 수요자 중심의 시대를 일컫는 것이다.

"이제 '엄마 기계의 본질이 무엇이냐?'라는 물음표가 머릿속에 그려질 겁니다." 박 교수는 엄마의 특성에서 4차 산업혁명의 특성을 연결지어 바라본다. "컨텍스트(Context, 맥락)의 개념이 바로 여기서 나타나는 거예요. 가령 엄마가 아들의 옷을 만든다고 했을 때 아들의 성향, 선호도, 주변 상황을 고려해서 최적화된 옷을 만들지 않습니까? 이를 일컬어 아들의 컨텍스트, 즉 맥락, 환경, 의도 등으로 해석할 수 있죠. 3차 산업과 4차 산업혁명을 가르는 핵심 키워드는 컨텍스트예요."[18]

리더십도 마찬가지다. 구성원 개개인에 맞춰 자상하게 수요자 중심으로 엄마 리더십을 발휘해야 한다.

넘치는 프로젝트로 정신없는 김 팀장, 출근하자마자 같은 팀 박 대리가 면담 요청을 한다. 사전에 한 마디 귀뜀도 없이 박 대리가 갑작스러운 퇴사 통보를 한다. 퇴사 이유는 계속되는 야근과 주말 근무로 제 삶이 없다는 것이다. 김 팀장을 당황하게 한 것은 박 대리가 부모님과의 상담을 통해 최종 퇴사 여부를 결정했다는 것이었다. 사실 박 대리는 김 팀장이 직접 채용해서 애착을 갖고 챙긴 팀원이었다. 김 팀장 입장에서는 자신과 상의하지 않고 내린 결정이 못내 서운했다.

창업 2주년을 맞은 최 대표, 최근 경력 사원을 뽑으려고 채용 공고를 냈다. 하지만 정작 경력직 지원자는 없고 신입들의 지원서만 넘쳤다. 면접이라도 한번 보자는 마음에 홍 사원을 인터뷰하기로 했다. 자질과 성품이 마음에 들어 고민 끝에 홍 사원을 채용하기로 했다. 그리고 최 대표는 입사 이벤트를 고민하다 홍 사원의 부모님께 정성껏 쓴 감사 카드와 함께 꽃바구니 선물을 보냈다. 최 대표가 보낸 선물은 기대했던 것보다 효과가 컸다. 홍 사원의 부모는 매우 흡족해했다고 한다. 작은 회사지만 이 정도로 직원을 챙기는 회사라면 믿어도 되겠다 싶었다.

요즘 것들의 생애 주기에서 가장 큰 영향을 미친 존재를 꼽으라면 단연 '엄마'다. 요즘 것들은 진학, 진로, 입·퇴사, 결혼 등과 같은 중요한 의사 결정을 부모님과 먼저 상의한다. 입사 축하를 위해 요즘 것들 부모님의 마음을 공략하는 것은 효과적이다. 특히 요즘 것들의 엄마는 자녀를 '엄친아', '엄친딸'로 키우기 위해 역사상 최고의 교육열을 불태웠다. '헬리콥터 맘'으로 대변되는 그들은 자녀의 진학에 필요한 일명 스펙 관리를 위해 투자를 아끼지 않았다. 밀레니얼 세대로 불리는 요즘 것들이 태어난 시기(1980~2000년)의 출생률은 평균 1.5명 정도였다. 요즘 것들은 형제가 한 명이거나 외동이었다는 얘기다. 이로 인해 요즘 것들은 선배 세대와 비교해 특권의식, 자존감, 평등주의 특성이 강하게 나타난다.

요즘 것들에게 기존 산업화 시대에 요구되었던 상명하복의 카리스마형 리더십은 불편하기 그지없다. 그들에게는 새로운 리더십이 필요하다. 요즘 것들은 회사에서도 마치 엄마처럼 소통하고 고민을 나눌 수 있는 리더를 필요로 한다. 이러한 맥락에서 요즘 것들에게는 새로운 리더십의 유형으로 따뜻하고 자상한 엄마 리더십이 요구된다. 요즘 것들에게 엄마 리더십이 효과적인 이유는 3가지로 정리할 수 있다.

**첫째, 엄마 리더십은 감성적이다.**

요즘 것들을 후배 직원으로 둔 많은 리더가 호소하는 어려움은 질책을 해야 할 상황에서 기분 상하지 않게 피드백하는 것이다. 실제 요즘 것들은 쉽게 상처받는다. 그래서 평소 공감과 경청을 통해 감성적인 신뢰 관계를 형성하는 것이 필수적이다. 《탁월한 리더는 어떻게 만들어지는가》라는 책에서 존 젠거와 조셉 포크먼은 리더십을 실패로 이끄는 5가지 치명적 약점으로 '실패로부터 배우지 못함', '핵심 대인 스킬과 역량의 부족', '새롭거나 다른 아이디어에 대한 개방적 태도 결여', '책임감 결여', '주도성 부족'을 들었다. 이들 5가지 약점의 공통점은 지적인 결핍이 아니라 '감성 지능(Emotional Intelligence)'의 결핍과 관련된 것이라고 강조한다.[19] 리더로서 성공하기 위해 필요한 것은 역량보다는 공감 능력이다.

**둘째, 엄마 리더십은 디테일이 강하다.**

워라밸을 중시하는 요즘 것들은 삶의 영역을 챙기는 여성 리더의 섬세한 조직관리가 매우 효과적이다. 실제 필자가 직장생활 중 모셨던 한 여성 관리자는 구성원의 개인사까지 속속들이 챙기는 디테일한 관리로 팀원들의 신뢰가 매우 두터웠다. 그녀 특유의 섬세한 리더십은 카리스마 넘치는 여느 남성 리더보다 영향력이 컸다. 실제 컨설팅 회사인 젠거 포크만의 연구에 따르면 16개 리더십 역량 중 남성 관리자가 여성 관리자보다 앞선 것은 전략적 관점 관리뿐이었다.

**셋째, 엄마 리더십은 수평적이다.**

요즘 것들은 회사에서도 엄마와 같은 역할을 할 수 있는 파트너를 원한다. 예컨대 상하 관계에서 형식적으로 하는 멘토링(Mentoring)은 요즘 것들에게 효과가 없다. 그들에게는 엄마처럼 수평적 관계에서 삶을 나눌 수 있는 마더링(Mothering)이 필요하다. 마치 엄마가 자녀를 대하듯 평소 자주 대화하고, 충고보다는 진심 어린 위로로 따뜻하게 마음을 다독여주는 것이다.

관리자라면 금과옥조처럼 여기던 기존 리더십의 성공 방정식에 문제의식을 느낄 필요가 있다. 요즘 것들은 관리자들에게 새로운 리더십을 요구하고 있다. 요즘 것들 때문에 골머리를 앓고 있거나 그들에게 좋은 리더가 되기 위해 고민하는 관리자라면 엄마 리더십을 적극적으로 추천한다.

## ☑ 세대 공존을 위한 리더의 12가지 덕목

20대 중반쯤에 두 달간 캐나다 배낭여행을 다녀온 적이 있다. 몬트리올에서 퀘벡으로 이동하던 버스에서 배낭을 잃어버리는 바람에 애먹었던 기억이 있다. 한 달을 더 여행해야 했기에 정말 막막했다. 그러나 시간이 지날수록 여행 짐이 없으니 그렇게 홀가분할 수 없었다. 불필요하게 많은 짐을 메고 다녔던 게 후회스러웠다. 빠르게 변화하는 이 시대를 살아가기 위해서는 짐을 가볍게 해야 한다. 짐이 많으면 속도를 낼 수 없다. 특히 리더는 본질만 남기고 다 버릴 수 있는 용기가 있어야 한다. 금과옥조처럼 여기던 일하는 방식, 문화, 제도 등을 과감히 버리고 꼭 필요한 1%에 집중해야 한다. 그렇지 않으면 변화의 속도를 따라가지 못하고 금방 뒤처질 수 있기 때문이다.

시대 변화만큼이나 세대 변화 속도도 빠르다. 같은 하늘, 한 지붕 아래 살아도 세대 간 생각이 너무 다르다. 과거에 옳다고 여겼던 선배 세대의 생각을 후배 세대에 강요하면 어깃장 나기 일쑤다. 지금은 통하지 않는 철 지난 원칙들이 비일비재하기 때문이다. 새로운 기업 문화로 유명한 넷플릭스에서 '컬처 데크(Culture Deck)'를 직접 만들었던 인사 전문가 패티 맥코드(Patty McCord)는 과거의 성공 사례(Best Practice)에 목메지 말라고 강조한다. 과거의 성공 방정식에 의문부호를 던져야 한다는 것이다. 세대 간 소통과 화합을 위해서도 마찬가지다. 리더는 과거의 계층적이고 권위주의적인 리더십 패러다임을 과감히 벗어야 한다. 새로운 리더십 덕목으로 재무장해야 한다. 필자가 크고 작은 조직을 컨설팅하면서 만난 유능한 리더들에게는 공통점이 있었다. 조직의 변화를 주도하며 세대 간 화합을 도모하는 리더들은 12가지 덕목을 실천하는 사람이었다.

### 세대 공존을 위한 리더의 12가지 덕목

1. 구성원이 꿈과 목표를 갖도록 돕는다.

2. 가치와 원칙을 정했으면 꼭 실천한다.

3. 구성원의 디지털 소통 IQ를 높인다.

4. 구성원 간 경쟁보다 협업을 도모한다.

5. 구성원이 성과보다 성장을 경험하게 한다.

6. 수직적 위계를 없애고 수평적으로 소통한다.

7. 규제나 관리보다는 자유로운 분위기를 조성한다.

8. 형식적인 대화보다 진심 어린 지원을 한다.

9. 조언이나 충고보다 현실적인 도움을 준다.

10. 연줄에 신경 쓰기보다 공정하게 평가한다.

11. 안정보다는 변화 DNA를 심는다.

12. 본질만 남기고 형식은 과감히 버린다.

성장하는 조직에는 예외 없이 세대 간 갈등을 넘어 화합을 도모하며 탁월한 성과와 시너지를 내는 리더가 있다. 그들은 과거의 성공 기준에 얽매이지 않고 변화하는 시대에 맞게 새로운 유형의 리더십을 발휘하는 사람들이다. 그들은 경쟁이나 성과보다 협업과 성장을 도모하며, 위계적이기보다 수평적으로 자유로운 소통 분위기를 조성한다. 그들은 비판이나 충고보다 평소 스몰 토크를 통해 구성원과 진심 어린 교감을 하고 지원한다. 새로운 변화를 두려워하지 않으며 구성원들이 꿈을 갖고 성장하도록 돕는다. 무엇보다 말보다 행동으로 보여주며 솔선수범하는 사람이다. 그들은 카리스마나 개인 능력에 의존하기보다 사람과 사람 사이를 잇는 화합과 소통의 리더십을 발휘하는 사람들이다.

## ☑ 고객보다 직원이 먼저다

이제 고객 만족과 성과를 위해 직원을 쥐어짜던 '고객의 시대'는 지나갔다. 진정한 고객 만족을 위해 직원을 잘 대우해야 하는 '직원의 시대'로 패러다임이 바뀌고 있다. 그동안 기업은 고객이 상품과 서비스를 경험하는 모든 과정에서 겪는 감정과 반응을 분석하는 고객 경험(CX: Customer Experience)에 집중했다. 하지만 이제부터는 직원 경험(EX: Employee Experience)이 더 중요해졌다. 입사 후 직원의 생애주기에 맞춰 경험의 질과 양을 관리하는 것이 기업의 생존을 좌우하는 이슈가 될 것이다. 인사 및 리더십 전문가인 트레이시 메이릿과 매튜 라이드는 이렇게 강조한다. "지속 가능하고 세계적인 수준의 고객 경험을 창조하기 위해서 조직은 먼저 지속 가능하고 세계적인 수준으로 직원 경험을 창조해낼 수 있어야 한다."[20]

직원 경험이 등장하게 된 배경에는 크게 2가지가 있다. 하나는 조직 내 대세가 된 밀레니얼 세대 때문이다. 밀레니얼 세대가 조직에서 절반 넘게 차지하게 되면서 기존 리더십과 조직문화에 근본적인 변화가 불가피해졌다. 선배 세대와 다른 행동 특성을 보이는 그들을 위해서는 동기부여나 일하는 방식 등 조직관리 방식이 직원의 기대를 수렴하는 상향식(Bottom-up)으로 바뀌지 않으면 안 되는 상황이다. 또 하나는 '직원 몰입(Employee Engagement)'을 높이는 접근이 한계에 부딪혔기 때문이다. 직원 몰입도 제고를 위해 연례행사처럼 설문 조사를 하고 임시 처방하는 수준으로는 별반 효과가 없거나 제한적이었다. 조직 주도의 하향식(Top-down) 접근의 '직원 몰입'이 그들의 요구나 기대를 충족하지 못한 것이다. 직원 몰입의 대안으로 등장한 직원 경험은 직원의 기대를 파악해 갭을 메꾸는 데 목적이 있다. 특히 밀레니얼 세대의 기대를 반영한다. 공정성(Fairness), 명확성(Clarity), 공감(Empathy), 예측 가능성(Predictability), 투명성(Transparency), 책임(Accountability) 등이 바로 그것이다.[21] 아마존은 이상 6가지 직원의 기대 사항을 조직의 기대와 일관성 있게 일치시킨다. 그리고 명확성의 결여, 모순, 과장된 예측, 비대칭적인 기대, 기밀, 확인되지 않은 소문 등 부작용을 관리하기 위해 수시로 서로 크로스 체크하고 모니터링한다.

직원의 기대를 충족하는 직원 경험을 성공적으로 정착시키기 위해서는 3가지 환경 요건을 갖춰야 한다.

**첫째는 물리적 환경이다.**

조직은 '직원 경험 센터'로 재미있게 즐길 수 있는 사무실 환경을 조성하고 업무 공간에 친구와 방문자를 데리고 올 정도로 자부심을 느끼게 해야 한다. 그리고 수시로 조직의 비전과 가치를 성찰하도록 분위기를 조성하고, 다양한 업무 공간을 선택할 수 있도록 지원하는 것도 중요하다.

**둘째는 기술적 환경이다.**

직원들이 투명하고 신속하게 의사 결정을 하고 공평하게 대우받을 수 있는 최신 기술 친화적인 업무 환경을 조성해야 한다.

**셋째는 문화적 환경이다.**

직원들이 가치 있는 사람으로 대접받고 있다고 느끼게 하고 긍정성과 목표 의식을 갖도록 도와야 한다. 또 직원을 차별 없이 포용하고 관리자가 코치나 멘토 역할을 잘 수행하며 직원의 건강을 위해 꾸준히 투자해야 한다.

'직원 경험'을 실천하는 대표적인 기업은 에어비앤비(Airbnb)와 아이비엠(IBM)이다. 에어비앤비는 최고 직원 경험 책임자를 두고 있으며 인사부서 대신 직원 경험 부서라는 명칭을 사용한다. 직원을 자원이 아니라 인간으로 보는 것이다. 이 회사의 직원들은 지정된 책상이 없고 사무실의 디자인은 지역마다 다르다. 원한다면 온종일 일하는 것을 선택할 수도 있다. 이런 모습은 회사의 슬로건에 잘 나타난다. "어디든 소유하세요(Belong anymore)."

또 IBM은 직원 경험을 인재관리에 도입한 기업이다. 자체 분석을 통해 회사의 고객만족도 점수의 3분의 2는 직원들의 참여도가 좌우한다는 것을 발견했다. 그래서 인사관리 프로그램을 설계하는 데 직원들을 참여시켰다. 예컨대 새로운 학습 플랫폼 설계과정에 밀레니얼 세대 직원과 플랫폼 사용자가 참여해 학습 콘텐츠를 지원하는 '라이브 챗 어드바이저' 기능도 개발했다.[22]

미래학자인 제이콥 모건의 조사에 따르면 250개 글로벌 기업 중 '직원 경험'을 도입한 기업은 그렇지 않은 일반 조직보다 평균적으로 수익은 4배, 매출은 2배 높은 것으로 나타났다. 이제 변화한 경영 환경에서 '직원 경험'은 선택이 아닌 필수가 되었다.

# 2장

---

# 요즘 것들과 옛날 것들은

---

# 무엇이 다를까?

---

# 세대 갈등,
# 알면 약 모르면 독

## ☑ 세대 갈등은 도대체 왜 생길까?[23]

'동시대의 비동시대성'이라는 말을 들어본 적이 있는가? 독일의 미술 사학자 핀터(Wilhelm Pinter)가 제시한 말이다. 우리는 동시대를 살아가면서도 출생 시기에 따라 역사적 경험의 차이로 인해 사람과 세상을 다르게 읽는다는 것이다. 예컨대 요즘 젊은 사람은 나이 든 사람을 낮잡아 '틀딱(틀니 딱딱)'이라고 부르곤 한다. 또 나이 든 사람은 젊은 사람에 대해 "요즘 애들은 싸가지 없어"라며 단정하듯 얘기하기도 한다. 같은 시대를 살더라도 누구는 아직 산업화 시대를, 다른 이는 최첨단 기술의 현재를 살아간다. 이렇듯 동시대를 살지만 세대 간 생각은 사뭇 다르다.

정말 세대 간 차이가 존재하는 것일까? 만약 그렇다면 세대를 나누고, 명명하고, 세대 간의 다름을 찾아내는 주체는 누구인가? 주로 언론(대중매체), 기업 및 광고기획사, 정치인(정치권)이다. 언론은 시대 풍속과 사람들을 이해하는 방편으로, 기업과 광고기획사는 마케팅 대상의 차별화를 통한 판매 확대와 이윤 증식을 위해, 정치인은 유권자의 분할 포섭이라는 선거 공학적 계산에 의해 세대에 관심을 가진다.[24] 이들이 각자의 이익을 위해 삼박자를 이루며 세대 담론을 만들어낸다. 이는 다양한 논의를 끌어내는 긍정적인 부분도 있지만, 세대 갈등을 유발하고 강화하는 부정적인 측면도 있다.

그렇다면 세대 갈등의 원인은 무엇인가? 크게 거시적, 미시적 차원으로 나눌 수 있다.

먼저 거시적 차원에서 3가지 구조적 변화를 이해할 필요가 있다.

### 첫째는 시대의 변화다.

사회변동의 폭이 크고 빠를수록 세대 간의 의식 격차가 크고, 이로 인한 세대 간의 갈등이 심하다.[25] 우리나라 문학에서 본격적으로 세대 간의 갈등이 가족 간의 갈등으로 첨예하게 나타나기 시작한 것은 1930년대 염상섭의 《삼대》다.[26] 이 작품은 개방 이후 임정 시대에서 도시의 상업화가 급속하게 퍼져가고 유교 문화가 서구 사상에 밀리게 되는 시기를 배경으로 한다. 서울 중산층 가정에서 할아버지, 아버지, 아들 삼대 간 재산상속 문제를 둘러싼 세대 갈등이 잘 드러난다. 주된 갈등은 시대 변화에 따른 가족 내 세대 간 가치관의 차이 때문이다. 그리고 한국전쟁 후 급속한 산업 발전을 이루면서 세대 갈등은 더 심화된다. 압축된 변화로 인해 각 세대는 생애 주기에서 전혀 다른 역사적 사건을 겪는다. 세대 간 경험의 단절로 다른 가치관이 형성된 것이다. 과거 어느 시대보다 지금은 세대 간 가치관, 문화의 다양성, 나이의 차이가 크다.[27] 전통 세대는 전통 가치에 기반을 두며, 베이비붐 세대는 물질주의적 성공과 사회적 성공에 전념했다. 민주화 세대(386세대)는 개혁 성향과 권위에 대해 도전적이다. X세대는 새로운 것을 감각적으로 수용하는 개방적 특성의 이미지를 추구하며, 밀레니얼 세대는 자기표현을 뚜렷하게 드러낸다.[28]

**둘째는 과학기술의 발전이다.**

토머스 쿤이 《과학혁명의 구조》에서 표현했듯이 과학의 진보는 '비연속적'인 것이다. 갑작스러운 아이폰의 등장은 아직 준비되지 않은 채 갑자기 스마트폰 문명으로 패러다임 전환을 가져왔다. 누적적이지 않고 파괴적이었다. 또한 패러다임의 전환을 선도하는 인물은 대개 아주 젊거나 해당 분야 경력이 짧은 사람이라는 토머스 쿤의 과학사적인 분석은 60여 년이 지난 지금도 여전히 유효하다. 최근 혁신적인 과학기술의 발전은 계층 간 정보와 기술의 비대칭을 현저히 줄이고 있으나 컴퓨터와 스마트 기기를 자유자재로 다루는 젊은 후배 세대가 좀 더 큰 선택권을 가지면서 강력한 권력을 행사하고 있다. 정보가 곧 권력이 되면서 개인화, 탈권위를 부추기고, 동시에 세대 간 디지털 격차(Digital Divide), 즉 디지털 정보 소외 현상을 낳고 있다.

**셋째는 인구의 변화다.**

저출산, 고령화, 인구 감소로 인해 핵가족화와 1인 가구가 증가했고, 여러 세대가 섞여 사는 다세대화(Multi-generation)가 발생하고 있다. 지난 50여 년간 압축 성장의 결과로 농경 사회, 산업화 사회, 지식 정보화 사회에 태어난 전혀 다른 경험을 가진 사람들이 역사상 처음이자 마지막으로 한 공간에 모여 살고 있다. 동시대를 살지 않은 사람들이 동시대에 살고 있다. 서로를 이해하지 못하는 것은 어쩌면 당연한 일이다. 서강대 사회학과 전상진 교수는 한국 사회가 압축 성장을 경험했다는 식의 얘기들은 결국 불연속성이 연속적으로 나타나는 현실을 보여주기 때문에 현재 한국 사회에서 세대에 대해 엄청난 관심을 가지는 것은 너무 정당하고 당연하다고 주장한다.[29]

그리고 미시적 차원에서는 세대 갈등의 원인을 3가지로 정리할 수 있다. 먼저 '세대 간 교류의 부족'이다. 세대 간 교류와 공유가 줄면 서로의 목표와 가치관을 '다름'이 아니라 '틀림'으로 인식할 수 있다. 다음은 '나이로 차별하는 것'이다. 나이가 어리고 늙었다는 이유로 무시하고, 후배 세대에게 정당하지 못한 방식으로 권력을 행사하는 것이다. 마지막으로 '인구 사회학적 요인'이다. 성별, 교육 수준, 생활 수준, 여가 및 기호 등에 따라 세대 갈등이 다르다. 예컨대 연구에 따르면 남자보다는 여자가, 그리고 교육 수준이 높을수록 세대 갈등을 더 심각하게 인식하는 것으로 나타난다.

여기서 잠깐 짚어볼 것이 있다. 세대 차이와 세대 갈등이라는 용어를 혼용하는 문제이다. 세대 차이를 세대 갈등으로 이해하는 것은 무리가 있다. 연령집단의 경험 차이가 갈등으로 이해되기 위해서는 세대 차이가 세대 갈등으로 발전하는 메커니즘에 대한 이해가 필요하다. 기존 연구들은 세대 간 경험의 차이를 갈등의 원인으로 단순하게 병치시키고 있다. 세대 차이가 반드시 세대 갈등이어야만 하는 논리적이고도 현실적인 근거를 보여주지 못하는 부분이 있다.[30] 그래서 이해를 돕고자 세대 갈등의 구조를 다음과 같이 정리해봤다.

세대 갈등의 구조 [31]

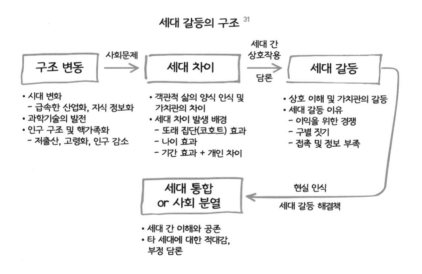

세대 갈등은 가족과 사회에서 다양한 모습으로 나타난다. 가족 내에서는 부모와 자녀, 조부모와 손자, 조부모와 부모와 자식 사이의 가치, 자원, 권력 등의 요소로 인해 세대 갈등이 발생한다. 세대 간 부양 문제, 의사소통의 문제가 대표적이다. 정치적으로는 세대 간 정치 이념의 차이로 인해 지지 정당과 지지 후보의 차이, 투표율의 차이가 나타난다. 경제적으로는 기회와 자원의 분배 차이에서 세대 간 갈등이 생긴다. 정년 연장에 따른 신규채용 감소, 세대 간 일자리 경쟁, 노인복지 증대에 따른 증세 등이 대표적이다. 사회·문화적으로는 가치나 스타일, 감성의 차이로 인해 대화의 단절, 온라인 및 스마트 기기 접근성 격차 등이 나타난다.

어느 세대든 자신이 속한 세대를 위해 경쟁하고 다른 세대와 구별 짓기를 하거나 선 긋기를 하는 것이 특징이다. 세대 간 갈등이 불가피한 것이라면 갈등을 건설적으로 승화하려는 노력이 필요하다. 후배 세대와 선배 세대 중 누가 그 주체가 되어야 할까? 두 학자의 얘기에 귀 기울여 보자.[32]

"만일 자녀 세대가 우리에 대해 실망한다면 그것은 우리가 그들에게 만들어준 세상, 그들이 따르게 한 가치와 규범이 그들을 실망하게 했기 때문이다."_심리학자 에릭 에릭슨(Erik H. Erickson)

"세대 갈등을 우려하고 비난하는 것은 선배 세대의 무관심과 무책임 그리고 냉소주의, 상상력의 빈곤을 드러내는 것이다."_인류학자 마거릿 미드(Margaret Mead)

이처럼 세대 갈등을 해결하는 열쇠는 선배 세대가 쥐고 있다. 또한 후배 세대도 자기 세대 중심의 편향을 경계해야 한다. 그동안 모든 세대가 시대적 요구에 따라 각기 제 소임과 역할을 다해왔다. 앞으로 세대 통합을 위해서는 세대 간 이해와 배려가 절실하다.

## ☑ 꼭 알아야 할 요즘 것들과 옛날 것들의 차이 10가지

직장인들 사이에 화제가 되는 일종의 직장인 뒷담화 커뮤니티 앱 '블라인드'가 있다. 익명으로 직장생활의 애환을 공유하는 곳이다. 사내 게시판이나 인트라넷을 통해서는 올리기 힘든 글을 이 앱에 망설임 없이 올리는 것이다. 심지어 폭로성 글이 올라오기도 한다. 이 앱을 활용하는 사람은 선배 세대보다는 스마트 기기에 익숙한 후배 세대가 많다. 조직에서는 대부분 상대적 약자일 수밖에 없는 후배 세대가 익명성을 무기로 제 목소리를 내는 것이다. 이 앱을 통해 조직이 처한 선배와 후배 간 세대 차이의 다양한 면면을 확인할 수 있다.

다른 세대와 소통하다 보면 세대 차이를 느낄 때가 있을 것이다. 세대 차이가 나는 이유[33]는 3가지다. 첫째, 역사적 시기에 따른 사회문화적 상황과 경험의 차이가 세대별 경험과 그에 대한 반응의 차이를 낳는다. 둘째, 인간의 발달 단계에 따라 각 단계별 특성 때문이다. 즉 발달 단계별로 보면 신세대인 청년 혹은 청소년기는 반항적이고 자유로워지고자 한다. 반면에 기성세대에 해당하는 장년기에 접어들면서 보수적이고 통제하고자 하는 성향이 강화된다. 셋째, 세대별 변화의 수

**옛날 것들과 요즘 것들의 차이**

| 옛날 것들 | 요즘 것들 |
|---|---|
| 의무감 | 특권의식 |
| 서열주의 | 평등주의 |
| 주인의식 | 협력의식 |
| 행동 | 설명 |
| 질책 | 칭찬 |
| 집단주의 | 개인주의 |
| 관계 | 업무 |
| 소유 | 경험 |
| 현재 | 미래 |
| 변화 | 안정 |

용 능력이 달라서 세대 차이를 낳을 수 있다. 청년 혹은 청소년의 경우 정보화와 같은 사회적이고 문화적인 변화에 대해 학습과 수용의 속도가 빠르다. 하지만 장년 이후 갈수록 학습 속도가 느려질 뿐 아니라 학습한 것을 버리고 새롭게 학습해야 하므로 학습과 수용 혹은 적응이 그만큼 힘들다.

세대 차이를 극복하기 위해서는 세대 간의 차이점을 구별해내는 것은 매우 중요하다. 세대 간 소통의 실마리를 찾을 수 있고, 세대 공존을 위한 다양한 논의를 끌어갈 수 있기 때문이다. 필자는 프로젝트, 강의, 연구 등 세대 관련 활동을 통해 선배 세대와 후배 세대를 가르는 항목 10가지를 선별했다. 이를 통해 옛날 것들과 요즘 것들의 차이를 짚어보자.

## 의무감 vs. 특권의식

### "왜 청소를 제가 해야 하죠?"

최근 입사한 최 사원은 가족적인 직장 분위기가 마음에 든다. 하지만 막내라는 이유로 탕비실 청소를 맡게 되어 불만이다. 김 차장은 으레 청소는 막내가 해오던 전통이라 맡긴 건데 투덜대는 최 사원이 이해가 안 된다. 최 사원을 설득해서 넘어가기는 했지만, 상황을 이 팀장에게 살짝 귀띔해줬다. 이 팀장은 김 차장의 말에 공감한다. "그러게 우리 때는 당연히 허드렛일은 후배 직원 몫이라고 생각했잖아? 시키면 군소리 안 하고 했는데 말이야." 선배 세대는 신입 사원 때 청소 같은 허드렛일을 맡게 되면 의무감으로 받아들였다. 하지만 특권의식이 있는 후배 세대는 불합리하다고 생각한다. 허드렛일부터 차근차근 일을 배워야 한다고 생각하는 선배 세대와는 입장이 사뭇 다르다. 밀레니얼 세대가 특권의식을 가진 것은 부모의 양육 방식의 영향이 크다. 밀레니얼 세대는 성장하면서 부모에게 이런 얘길 들었을 확률이 높다.[34]

"마음만 먹으면 뭐든 할 수 있어."
"자신의 의견을 얘기하는 게 중요해."
"네가 좋아하는 일을 해. 인생은 한 번뿐이니까."
"의미 있는 일을 해."

《논어》 안연편(顏淵篇)에 "기소불욕 물시어인(己所不欲 勿施於人)"이라는 말이 나온다. "문밖을 나서면 큰 손님을 맞이하듯 하고, 백성을 부림에는 큰 제사를 받들 듯하라. 자기가 싫은 일은 남에게도 강요하지 마라. 그리하면 나랏일에서도, 집안에서도 원망이 없을 것이다(出門如見大賓 使民如承大祭 己所不欲 勿施於人 在邦無怨 在家無怨)." 즉 "자기가 하기 싫은 일을 남에게도 하게 해서는 안 된다"는 의미다. 선후배 할 것 없이 내가 하기 싫은 일은 상대방도 하기 싫기는 마찬가지다. 찬찬히 따져보면 세상에 허드렛일이란 없다. 일을 천하게 대하는 사람이 있을 뿐이다.

## "식사 순서를 꼭 지켜야 하나요?"

팀원들의 의견을 수렴해 퓨전음식점을 회식 장소로 정했다. 주문한 메뉴들이 하나둘 테이블에 놓였다. 이 사원은 가장 먼저 포크를 들고 음식을 차례로 맛본다. 성격 좋은 박 차장은 이 사원이 먼저 식사하는 모습이 내심 불편하다. 하지만 괜스레 싫은 소리를 해서 좋을 게 없을 것 같아 얘길 하지는 않는다. 식사 순서나 상석을 지키지 않는 후배 직원들의 모습에 선배 세대 직원의 마음 한쪽은 여전히 낯설다. 서열주의 문화에 익숙한 선배 세대에게는 예의라는 마음의 잣대가 작동하기 때문이다. 선배 세대는 식사 예절을 지키는 데 더 익숙하다. 그래서 제아무리 능력이 뛰어난 후배 직원이라도 예의에 벗어난 행동을 하면 좋은 평판을 얻기 쉽지 않다. "일은 잘하는데 싹수가 없군." 냉혹한 평가를 받기 일쑤다. 평등주의에 더 익숙한 후배 세대가 보기에는 이해가 안 되거나 합리적으로 보이지 않을 수 있다.

필자는 어릴 적 부모님이 일가친척 집에서 잔치가 있던 날이면 부모님을 학수고대 기다렸던 기억이 난다. 먹을 게 넉넉하지 않던 그 시절, 평소 먹기 힘든 바나나, 백설기, 산적, 문어, 잡채 등 남은 음식을 한 아름 챙겨 오셨기 때문이다. 그렇게 먹을 게 생기면 부모님은 자녀들에게 평등하게 나누지 않으셨다. 모든 분배는 늘 서열대로였다. 학교에서 늦게 오는 장남인 필자의 몫을 늘 절반 가까이 남겨놓으셨다. 동생들은 누릴 수 없는 맏이의 특권 같은 것이었다. 이런 장유유서의 문화는 직장으로 자연스럽게 옮겨졌다. 식사 순서는 물론, 자리에도 상석이 있고, 후배 직원이 먼저 선배 직원에게 인사를 하는 것이 관례였다. 수직적인 상하 관계가 명확한 직급 간에 예의를 지키는 것은 직장인에게 기본이었다. 선배 세대는 그렇게 예의를 배우며 직장생활을 한 것이다.

직장뿐 아니라 사회 전반에 걸쳐 서열주의 문화가 팽배한 것은 상하 관계의 전형을 보여주는 군대가 크게 한몫했을 것이다. 군 복무 시절에 부대 인근 마을에 논농사 지원을 나간 적이 있었다. 오전 내내 고된 일을 마치고 점심때가 되어 밥차가 도착했다. 배가 고팠던 사병들이 밥을 서너 숟가락 입에 밀어 넣었을 때쯤이었다. 갑자기 선임 중대장의 불호령과 함께 집합 신호가 떨어졌다. 간부들은 아직 배식을 받지 않았던 게 화근이었다. 네 개 중대 이삼백 명 되는 사병들을 대상으로 선착순 얼차려가 시작되었다. 그것도 논두렁 몇 개를 지나 선착순 1명씩이었다. 선착순이 서너 번째쯤 되었을까? 물웅덩이에 빠져 진흙탕을 뒤집어쓴 사병 중 몇 명은 논두렁 한쪽에서 몇 숟가락 먹지도 않은 밥을 게워내고 있었다. 웃어른이 먼저 숟가락을 들어야 한다는 식사의 기본 예절을 온몸으로 체험한 순간이었다. 선배 세대가 서열주의라는 특성을 갖게 된 것은 군대 문화의 영향도 클 것이다.

## 주인의식 vs. 협력의식
### "어차피 또 바꿀 건데요"

김 차장은 이 주임이 매번 작업해오는 아웃풋이 마음에 들지 않는다. 이 주임이 깔끔하게 스스로 마무리를 짓지 못하니 갈수록 피드백을 하는 횟수도 잦아진다. 상황이 이렇다 보니 이 주임이 해야 할 업무도 김 차장이 처리하는 경우까지 생긴다. 하지만 이 주임의 입장은 좀 다르다. 아무리 노력해도 정해진 시간 내에 아웃풋의 품질을 맞추기가 쉽지 않다. 처음부터 김 차장이 업무 지시를 정확하게 해주고 중간중간 도와주기를 바란다. 선배 세대는 후배 세대가 주인의식을 가지고 내 일처럼 하기를 바란다. 하지만 후배 세대는 선배 직원이 협력의식을 발휘하여 업무를 도와주는 것이 당연하다고 생각한다.

## 행동 vs. 설명
### "비합리적인 지시도 따라야 하나요?"

금요일 오전 11시 영업 1팀 조 팀장에게 급한 전화가 걸려왔다. 사장에게 보고할 영업실적 보고 자료를 수정하라는 지시였다. 팀원들의 주말 계획을 대충 알고 있던 터라 어떻게 얘길 꺼내야 할지 고민이다. 팀 회의를 소집하여 충분한 설명 없이 주말에 다 나와서 보고 내용을 수정할 것을 지시했다. 주말여행을 계획했던 이 대리는 "합리적이지 않은 지시인데 왜 자꾸 이렇게 따라야 하나요?"라며 불만이었다. 이 대리 입장에서는 불가피하게 해야 하는 일이라면 해야 한다고는 생각했지만, 조 팀장의 납득할 수 있는 설명이 부족한 것이 문제였다. "사장님께 보고할 영업실적 보고서를 불가피하게 수정해야 하니 오늘 밤새워서라도 빨리 끝내고 주말에는 쉬자"라고 했으면 이에 응하지 않는 후배 세대는 없을 것이다. 이렇듯 선배 세대는 이유야 어떻든 업무 지시에 대해 일단 '예'라고 대답하고 행동에 옮기려 한다면, 후배 세대는 충분히 납득할 만한 설명을 듣고 싶어 한다.

### 질책 vs. 칭찬
**"제가 왜 그런 부정적인 피드백을 들어야 하죠?"**

"요즘 문서 작성에 신경을 덜 쓰는 것 같아." 필자가 팀장일 때 후배 직원에게 던진 한마디였다. 그 후배는 마음이 불편했는지 잠깐 대화를 하자고 했다. 열심히 했으면 하는 마음에 툭 던진 말이었는데 생각보다 파장이 컸다. 몇 시간 동안 대화를 해야 했다. 칭찬하지 못할망정 뜬금없이 질책이라니. 그 후로 후배 직원에게 부정적인 피드백을 하기가 조심스러워졌다. 필자는 선배들에게 부정적인 피드백을 받으면 기분은 좋지 않아도 성장을 위해 감수해야 한다고 생각했었다. 그런 심정으로 후배를 대했었는지 모른다.

선배 세대일수록 칭찬보다는 질책에 더 익숙한 환경에서 성장했다. 초등학교 4학년 때쯤이었다. 선생님은 준비물을 가져오지 않은 학생은 모두 교실 앞으로 나오게 했다. 그리고 매를 때리거나 벌을 주셨다. 한

번은 매를 때리시다가 화가 더 치밀어 오르셨는지 선생님은 이단 발차기로 나를 찼고 교실 문 앞으로 내동댕이쳐진 기억도 있다. 여러 이유로 선생님께 매를 맞고 벌을 받아도 부모님께 얘기한 적은 물론 없었다. 괜스레 부모님께 말했다가는 더 크게 꾸중하실 게 뻔했기 때문이다. 이렇듯 선배 세대는 으레 질책에 익숙한 환경에서 성장했다.

선배 세대와 달리 후배 세대는 칭찬에 더 익숙하다. 학기가 끝날 무렵이면 딸아이가 받아오는 상이 참 많다. 과목별 상은 물론 꾀꼬리 상, 동화구연 상, 쓰기 상 등 별의별 상이 다 있다. 필자가 초등학교 때만 해도 상은 '수우미양가'로 매겨지는 통지표에 거의 '수'를 받은 일부 학생에게 주는 우등상이 최고였다. 그 외에는 개근상, 모범상, 저축상, 웅변상 정도였다.

이렇듯 선배 세대는 질책에 익숙하지만, 후배 세대는 칭찬에 더 익숙하다. 그래서 선배 세대는 후배에게 칭찬하는 것이 어색하다. 칭찬을 많이 듣지 못했기 때문에 칭찬에 약한 것이다. 칭찬에 익숙한 후배 세대와 함께 하는 선배 세대라면 효과적으로 칭찬하는 기술을 익힐 필요가 있다. 반면 후배 세대는 칭찬에 인색한 선배 세대에게 서운해하기보다는 익숙하지 않고 어색해서 표현에 약하다는 것을 이해할 필요도 있다.


### 집단주의 vs. 개인주의
**"내 휴가 내가 쓰는 건데 왜 문제가 되죠?"**


목요일 아침 배 사원은 고 팀장에게 다음 주 월요일에 휴가를 쓰겠다고 한다. 주말을 껴서 여행을 가려는 계획이다. 고 팀장은 그러라고 했지만 내심 이해가 안 되었다. 화요일에 있는 간부 회의 때 필요한 자료를 만드느라 다른 팀원들은 수요일부터 야근하는 상황이기 때문이다. 갑작스러운 배 사원의 업무 공백으로 다른 팀원이 업무를 대신해 줘야 한다. 고 팀장은 동기인 유 부장에게 한숨을 쉬며 얘기한다.

"오늘 아침에 배 사원이 와서 월요일에 휴가를 가겠다지 뭐야."
"그냥 가라고 얘기는 했는데, 생각할수록 이해가 안 되네."
"아니 다른 팀원들은 모두 화요일에 보고할 PT 자료를 만드느라 바쁜데 그게 안 보이나?"
"왜 젊은 후배들은 제 생각만 하고 다른 직원을 배려하지 않을까?"

선배 세대는 직장생활을 하는 이상 개인 삶도 중요하지만, 조직이 우선이라고 생각한다. 반면 후배 세대는 직장생활을 하더라도 개인의 삶이 더 중요하다고 본다. 예컨대 회식이나 단체 행사를 하더라도 마찬가지다. 선배 세대는 회식이나 단체 행사에는 되도록 참석해야 한다고 생각한다. 하지만 후배 세대는 다르다. 개인 사정에 따라 회식이나 단체 행사에 빠질 수 있다고 생각한다.

우리가 꼭 염두에 둬야 할 것은 집단주의는 경계해야 한다는 점이다. 왜냐하면 개인보다 집단을 우위에 놓는 사상이기 때문이다. 그래서 집단주의는 개인의 희생을 강요한다. 하기 싫더라도 해야 하는 상황을 만든다. 이런 모습은 우리 사회에 매우 흔한 일상이다. 예컨대 마음

먹고 수염을 기르거나 문신을 하면 꼬치꼬치 이유를 따져 묻는다. 우리 자식만 과외를 안 하면 왠지 뒤처질 것 같아 덩달아 과외를 시킨다. 후배 세대는 선배 세대의 집단주의적 가치관에 도전할 필요가 있다. 강요된 가치, 획일적 가치에 문제의식을 느껴야 한다. 〈2019년 세계 행복 보고서〉에 따르면 행복한 나라 순위에서 전 세계 156개국 중 한국은 54위였다. 특히 세부 지표 중 사회적 자유(Freedom)는 144위로 매우 낮았다.[35] 이제부터라도 행복을 위해 우리는 다른 사람을 인정하고 개인이 어떤 선택을 하더라도 남의 눈치를 덜 보는 문화를 꼭 만들어가야 한다.

### 관계 vs. 업무

**"관계도 중요하지만, 업무가 우선 아닌가요?"**

상품개발 TF팀을 맡게 된 유 팀장. 그는 새 팀원들 때문에 여간 힘든 게 아니다. 옛날 것들과 소위 케미(궁합)가 좋았기 때문에 그렇게 요즘 것들을 대하면 될 거라고 생각했다. 팀원과 신뢰 관계를 형성하는 것이 중요하다 싶어 팀원과 개별적으로 식사나 티타임을 가졌다. 팀장의 입장과 방향도 얘기하고 서로 도와가면서 열심히 한번 해보자며 독려했다. 그동안 팀원들에게 쓰지 않았던 존칭도 써가면서 팀원들을 존중하려고 노력했다. 하지만 유 팀장이 생각했던 것만큼 팀원들은 쉽게 마음을 열지 않았다. 왜 그럴까?

선배 세대는 일하다 서운한 감정이 생겼을 때 술자리에서 한잔하면서 회포를 풀면 금세 관계가 회복되었다. 하지만 요즘 젊은 직원은 회식도 꺼려 그럴 기회조차도 얻기 어려워졌다. 모처럼 회식을 해도 '미투(Me Too) 운동'이며 '갑질 논란' 등으로 말이나 행동이 조심스러워진게 현실이다. 관계에 대한 기대치에는 선배 세대와 후배 세대 간 차이가 있다. 선배 세대는 직장에서 직원과의 관계가 중요했다면, 후배 세대는 그렇지 않다. 업무적인 이유로 만난 사람이기 때문에 관계의 질과 깊이에 대해 선배 세대만큼 기대가 높지 않다.

### 소유 vs. 경험
**"미래를 위해 현재 행복을 포기할 수는 없죠"**

밀레니얼 세대 김 대리는 적어도 한 달에 한 번은 특별한 계획 없이 훌쩍 여행을 떠난다. 집을 살 형편은 안 되고 젊을 때 되도록 즐기자는 것이다. 실제 젊은 직원들을 인터뷰해보면 비슷한 입장을 금방 확인할 수 있다. "예전처럼 회사가 직원을 먹여 살려주는 시대가 아니잖아요?" "국민연금이 언제 고갈될지도 모르고 우린 노후도 불투명해요." "내 집 마련하려면 30~40년이 걸린다는데, 내 집 마련은 포기했어요." "집을 사느니 차를 사고 여행 다니고 싶어요." "왜 팍팍하게 아이 낳고 살아요? 즐기며 살면 되지!"

국토연구원이 1인 청년(20~30대) 가구 500여 명을 대상으로 설문조사한 결과에 따르면 청년들을 가장 괴롭히는 부담스러운 항목으로 '집세'를 꼽았다. 현재 주거비가 향후 내 집 마련에 부정적인 요인으로 작용할 것이라고 답했다.[36] 최근 입사한 이 사원의 입장도 비슷하다. "저는 집 사고 결혼하는 것은 아직 생각이 없어요." 미래를 준비하기 싫은 게 아니라 현실적으로 미래를 생각할 만큼 여유가 없다. 당장 현재를 살아가기도 버겁다. 후배 세대와 비교하면 선배 세대가 직장생활을 시작하던 시기는 여건이 좀 다르긴 했다. 내 집 마련이 꿈만은 아니었다. 융자금을 어느 정도 껴안으면 집을 살 수도 있었다. 이자와 원금을 같이 갚기 위해 열심히 직장생활을 했다. 실제 40~60대가 25% 안팎으로 주택 보유율이 높다.

반면 후배 세대는 소유보다는 경험에 투자한다. 여전히 내 집 마련은 기본이라고 생각하는 선배 세대와 비교된다. 예컨대 우리나라 카셰어링 시장은 매년 계속 성장을 거듭하고 있다. 80%가 넘는 이용률을 보이는 20~30대 덕분이다. 자동차를 구매하기보다 공유하고 빌려 쓰는 사람이 늘었기 때문이다. 수년째 정체를 보이는 완성차 시장과 대조를 이룬다.[37] 후배 세대가 경험에 투자하는 것은 소비 지향의 특성도 있지만, 높아진 물가, 그에 비해 가벼운 주머니 사정의 영향도 크다.

### 현재 vs. 미래
**"여행 가기 위해 열심히 일하는 거예요"**

피아노 학원을 운영하며 행복하게 사는 지인이 있다. 밀레니얼 세대인 그녀는 선생님에게 학원을 맡기고 일 년에 서너 번은 여행을 떠난다. 학부모를 휘어잡는 사교성과 비즈니스 수완으로 점차 학원을 확장해가고 있다. 그녀는 눈에 보이는 모든 것이 사업의 아이디어이자 아이템이다. 하지만 더 재미있어하고 관심을 가지는 것은 여행이다. 그녀를 보며 느끼는 건 일도 열심히 하지만 즐기는 것도 참 잘한다는 점이다. 〈하버드비즈니스리뷰〉 2017년 4월호에서 직장생활 만족도는 복지나 급여, 인간관계, 출퇴근 거리 등의 요인보다 더 중요한 두 가지가 있다고 얘기한다. 바로 일터 밖의 삶을 잘 가꾸는 것, 그리고 그 삶을 지탱할 경제력을 갖는 것이다.[38]

자신에게 한 번 질문해보기 바란다. "살기 위해 일한다." "일하기 위해 산다." 어느 쪽에 더 가까운가? 한 설문에 따르면 젊은 직장인들이 주중에 열심히 일하는 이유는 주말에 여행을 가기 위해서라고 한다. 살기 위해 일하는 것이다. 요즘 후배 세대는 현재의 행복을 위해 돈과 시간을 아끼지 않는다. 하지만 선배 세대는 부정할지 모르지만, 일하기 위해 사는 것에 가까웠다. 지금은 덜하지만, 적어도 과거에는 그랬다. 미래의 행복을 위해 현재의 일에 충실하며 인내하며 살았다. 후배 세대는 그런 선배 세대를 보며 성장했다. 그들은 마치 선배 세대를 반면교사 삼기라도 하듯 미래를 위해 현재의 행복을 저당 잡히고 싶어 하지 않는다. 선배 세대가 미래에 방점을 둔다면 후배 세대는 현재의 행복에 무게 중심이 있다. 그들은 막연한 미래를 좇느라 지금이라는 더 중요한 선물을 놓치고 싶지 않은 것이다.

변화 vs. 안정

## "이 정도는 해봐야죠"

모 금융회사에 근무하는 박 대리, 그는 리더 직급을 대상으로 의식 변화를 꾀할 수 있는 프로그램을 기획하라는 지시를 받았다. 핵심 가치와 연계하여 '꼰대'라는 콘셉트로 아이디어를 냈다. 박 대리의 제안이 채택되어 '꼰대 DNA 혁신 7주 프로젝트'를 진행하게 되었다. 그녀의 남다른 열정과 신선한 아이디어 덕분에 프로젝트는 성공적이었다. 하지만 과정은 쉽지 않았다. 박 대리의 도전에 힘이 되어준 선배도 있었지만, "박 대리, 너무 튀는 것 아니냐!"라며 새로운 시도를 우려하는 선배들도 있었다.

박 대리처럼 후배 세대는 변화가 필요하다고 보지만, 선배 세대는 전통도 무시할 수 없다고 생각한다. 이는 '나이 효과(Age Effect)' 때문이다. 사람은 젊어서는 혈기왕성하고 도전적이지만, 나이가 들어갈수록 점차 보수적이고 안정적으로 바뀌어간다. 하지만 이런 특성이 밀레니얼 세대에게 예외적일 때도 있다. 예컨대 취업이나 직장 선택 시 공무원, 교사 등 안정적인 직장을 선호하는 경향이 뚜렷하기 때문이다. 밀레니얼 세대에게는 부모 세대인 베이비붐 세대의 양육 방식, 저성장 시대 등의 영향으로 안정 지향의 특징이 나타나는 것으로 보인다. 그렇더라도 젊을수록 변화를, 나이가 들수록 안정을 추구하는 것은 일반적인 인간의 특성이다.

취업포털에서 세대별 직장에 대한 가치를 조사한 적이 있다. "성공적인 삶을 위해 반드시 좋은 직장에 들어가야 한다?"라는 질문에 젊은 세대일수록 부정적이었다. 밀레니얼 세대는 46.4%라고 응답해 절반 이상은 이제는 좋은 직장이 성공의 필수 요소라고 생각하지 않는 것으로 나타났다. X세대(51.9%), 베이비붐 세대(73.5%)와 비교됐다.[39] 젊은 세대에게 필요한 것은 더 안정된 직장이라기보다는 꿈을 위해 도전할 기회와 자유를 얻는 것이다. 그들에게 안정된 삶을 강요할 것이 아니라 고민하고 실천하는 과정을 통해 스스로 성취하도록 도와야 할 것이다.

# 3장

요즘 것들과 옛날 것들은

어떻게 일할까?

# 직장에서 요즘 것들과 옛날 것들의 동상이몽

## ☑ 요즘 것들과 옛날 것들의 업무 차이 6가지

일하는 이유

**"일은 의무다" vs. "일은 수단이다"**

세대별로 일을 하는 이유가 조금씩 다르다. 전쟁을 겪은 전통 세대 (1940~54년생)는 일에 대해 치열했다. 먹고 살기 위해서는 뭐든 해야 했다. 그야말로 생존을 위해 일했다. 그들은 1945년 임정 시대를 벗어 나기가 무섭게 1950년 한국전쟁이 터져 1953년 종료될 때까지 절대빈 곤을 이겨내야 하는 절체절명의 상황이었다. 나라를 뺏기고 강대국 패 권에 희생양이 된 우리나라를 보면서 약소국의 설움을 참으며 치열하

## 세대별 일하는 이유

| 전통 세대 | 베이비붐 세대 | X세대 | 밀레니얼 세대 |
|---|---|---|---|
| "먹고 살려면 뭐든 해야죠" | "돈과 명예를 위해서 하는 거죠" | "직장에 다니는 것만으로 만족하죠" | "의미 있고 좋아하는 일이니까요" |

게 살았다. 유에서 무를 창조해야 하는 상황에 가족의 생계까지 책임졌다. 힘겹게 벌고 근검절약해서 빈곤을 탈출하기 위해 안간힘이었다. 검소한 삶은 기본이요, 가계를 세우기 위해서는 물질의 가치가 중요할 수밖에 없었다. 전통 세대에게 일은 절대 빈곤의 상황을 벗어나는 유일한 수단이었다.

베이비붐 세대(1955~64년생)는 전통 세대가 다져놓은 안보의 터전에서 1962년 경제개발 5개년 계획을 촉매로 산업화의 꽃을 피우는 역할을 했다. 그들은 학업을 마치면 어렵지 않게 취업했고 때가 되면 결혼을 하고 열심히 일하면 그 나름 안정적인 가정을 꾸려갈 수 있었다. 그들이 일하는 이유는 전통 세대 부모를 모시고 밀레니얼 세대 자녀를 양육하는 것이었다. 그들은 산업화 현장에서 국가의 발전과 자신의 성장을 동일시하듯 밤낮없이 일했다. 일과 삶의 영역 중 선택의 여지없이 일에 집중할 수밖에 없었다.

X세대(1965~79년생)는 선배 세대가 일군 산업화의 토대에서 1982년 인터넷 서비스의 시작, 1995년 PC 통신의 수혜 세대로 정보화 시대를 열었다. IMF 경제 위기 전까지 경제적 풍요를 누리며 문화의 꽃을 피웠다. 1989년에 해외여행이 자유화되었고, 덕분에 X세대는 학창 시절 해외 배낭여행을 경험할 수 있게 되었다. 하지만 취업 시장은 베이

비붐 세대와 달랐다. X세대는 실업난 1세대로서 취업의 어려움을 겪었다. 당시 실업률은 1998년 12.2%, 1999년 10.9%에 이르렀다. 상황이 이렇다 보니 첫 직장이 임시 일용직인 경우가 많았다. "직장에 다니는 것만으로도 만족하죠." X세대의 일에 대한 인식이다.

밀레니얼 세대(1980~2000년생)의 일에 대한 인식은 선배 세대와 궤를 달리한다. 그들이 취업하고 일을 하는 이유는 "의미 있고 좋아하는 일이니까요" 정도로 표현할 수 있다. 한 설문에 따르면 밀레니얼 세대는 일자리의 조건 중 중요하게 여기는 것이 무엇이냐는 질문에 가치관과 일치하는 자리와 역할을 꼽은 경우(39.6%)가 가장 많았다. 일과 가정의 양립 보장(27.7%)도 중시했다. 반면 상위 30% 이상 고소득(11.3%), 사회적 명예와 권한(6.7%) 등 선배 세대가 일자리의 중요 조건으로 꼽은 '돈'과 '명예'와 관련 항목들은 후순위였다.[40] 다른 나라와 비교하자면 우리나라 밀레니얼 세대는 자율을 중시하는 가치는 상승했지만, 선배 세대와 마찬가지로 타인의 시선을 많이 의식한다.[41]

## 업무 관련 장점
### "이 부장은 참 성실해" vs. "김 사원은 정말 스마트해"

우리나라는 한국전쟁이 끝나고 50~60년에 걸쳐 농축된 산업화를 이루었다. 이 기간에 전통 세대에서 베이비붐 세대로 바통을 이어가면서 결핍의 시대를 벗어나 풍요의 시대를 맞이할 수 있었다. 하지만 빠른 성장은 많은 과제를 남겼다. 특히 조직에서는 시대나 세대의 변화

## 세대별 업무 시 장점

| 전통 세대 | 베이비붐 세대 | X세대 | 밀레니얼 세대 |
|---|---|---|---|
| 규율, 원칙 중시<br>권위 존중<br>예의<br>일 중심적<br>도전적 | 근면, 성실<br>경쟁적<br>안정<br>리스크 관리<br>헌신적 | 주인의식<br>독립적, 자립적<br>솔직<br>변화 수용성<br>성장 | 멀티태스킹<br>최신 기술 활용 능력<br>속도<br>현실적<br>효율성 |

속도와 조직의 문화, 일하는 방식, 리더십 스타일 사이에 늘 시간차가 발생했다. 조직은 업무나 세대의 변화를 따라잡는 데 어려움을 겪었다. 지금도 마찬가지다. 조직의 시너지를 위해서는 세대 간의 장점을 이해하는 것이 필수적이다. 세대별로 업무 관련 장점이 무엇인지 살펴보면 다음과 같다.

전통 세대는 임정 시대와 한국전쟁을 거치며 황폐해진 불모지를 일구며 농업을 생계로 보릿고개를 넘어야 했다. 삶은 도전적일 수밖에 없었다. 정주영 회장이나 이병철 회장과 같은 전통 세대가 남긴 창업 일화는 지금도 후배 세대에게 교훈이 되고 있다. 전통 세대가 삶을 즐기는 것은 애초에 어려웠고 생존을 위해서 일했다. 그들은 서양 문화가 들어오기 전에 유교 문화가 일상이던 시기에 청소년기를 보냈다. 그래서 후배 세대보다 규율과 원칙을 중시하고 권위를 존중하며 예의를 지키는 것에 익숙하다.

베이비붐 세대는 가난을 대물림하지 않기 위해 평생을 근면하고 성실하게 살았다. 직장에서는 회사와 개인의 성장을 동일시하면서 헌신적으로 일했다. 그들에게 야근과 주말 근무는 일상이었다. 베이비붐 세대에게 경쟁은 숙명과도 같았다. 60년대 출산율이 평균 6명을 넘나들던 시절에 태어났다. 같은 또래만 10~20개 학급이나 됐고, 학급이 모자라 오전, 오후반으로 나눠야 할 정도로 학생 수가 많았다. 학창 시절부터 동기들과 생애 주기 내내 치열하게 경쟁해야 했다. 베이비붐 세대는 역사의 격변기를 겪은 만큼 안정에 대한 욕구가 강하고, 생존을 위해 스스로 리스크를 관리하는 법을 체득했다.

X세대는 긴 정치적인 이념의 터널을 지나 경제적인 풍요의 시대를 맞이하던 시절에 청소년기를 보냈다. 어려서부터 서양의 문화와 문물을 직접적으로 경험한 수혜자로서 주체적인 개인에 집중하기 시작한 세대다. 선배 세대가 만들어놓은 업적을 인정하면서도 부조리에 대해서는 반항적이었다. X세대는 누구에게 간섭받지 않고 독립적으로 업무를 수행하는 것이 편하고 익숙하다. 그들은 주체적으로 일할 수 있는 환경에서는 주인의식을 발휘하며 개인의 성장을 위해 열심히 일한다. 새로운 변화에 거부감이 적고 솔직하기 때문에 선후배 세대를 매개하는 역할을 잘해낼 수 있는 특징을 가진 세대이기도 하다.

밀레니얼 세대는 엄마와 컴퓨터의 영향으로 수평적이며 개인주의적이다. 컴퓨터와 인터넷으로 인해 멀티태스킹에 능하고, 최신 기술 활용에 능숙하며, 정보에 빠르다. 그들은 막연한 미래보다는 현재에 방점을 두면서 현실적으로 살아간다. 가성비와 가심비(가격대비 심적 만족)를 중요하게 생각하면서 효율적으로 일하고 또 소비하고 싶어 한다. 선배 세대가 보기에는 자기중심적이고 눈치 없어 보일 수도 있지만, 개인적이고 합리적인 세대다.

## 회사 옷차림

### "기본 예의는 갖춰 입어야지" vs. "일하기 편한 옷이면 되는 거 아니에요?"

세대별 회사 옷차림(Dress Code)

| 전통 세대 | 베이비붐 세대 | X세대 | 밀레니얼 세대 |
|---|---|---|---|
| 정장 | 비즈니스 복장 | 비즈니스 캐주얼 | 일하기 편한 옷 |

중견기업 A사에서 관리자를 대상으로 특강을 한 적이 있다. 관리자 중에는 베이비붐 세대가 많았고 X세대도 일부 있었다. 복장은 통일이라도 한 듯 대부분 정장에 넥타이를 하고 있었다. 또 B 공기업의 팀장급 승진자를 대상으로 강의를 할 때는 학습자 대부분이 편한 비즈니스 캐주얼 복장이었다. 베이비붐 세대 한두 분을 제외하고 모두 X세대였다. C 제약회사에서 과장과 차장급 승진자를 대상으로 강의를 할 때는 편한 일상복 차림이었다. 일부 X세대를 제외하고 대부분 밀레니얼 세대였다. 컨설팅이나 특강을 위해 여러 조직을 만나다 보면 직급과 연령에 따라 옷차림(Dress Code)에도 일정한 패턴을 보인다. 나이 파악이 안 될 때 옷차림을 보면 얼추 연령을 추측할 수 있다.

많은 조직이 조직문화 개선 캠페인의 일환으로 편한 복장을 장려하는 사례가 늘어나고 있다. 편한 옷을 입고 일하는 날을 별도로 정해 시행하는 곳도 많다. 하지만 자연스러운 문화로 정착하려면 시간이 필요해 보인다. 여전히 복장 규정에 대한 세대 간 시각차가 존재하기 때문이다. D사는 '캐주얼 데이'를 실행하고 있다. 박 대리는 금요일이 좋다.

편한 복장으로 일하면 능률도 오르기 때문이다. 하지만 박 대리는 마음이 편하지 않을 때가 있다. "박 대리는 캐주얼 데이를 참 잘 지켜!" 상사가 이런 얘기를 할 때다. 옛날 같으면 양복에 넥타이까지 차려입었던 선배 세대 입장에서는 아직 낯선 것이다. "일하기 편한 옷이면 되지"라고 생각하는 밀레니얼 세대와 달리, X세대는 비즈니스 캐주얼 정도는 입어야 한다고 생각한다. 베이비붐 세대나 전통 세대의 경우는 여전히 정장 차림으로 일하는 게 마음이 편하다.

### 이직 및 퇴사에 관한 생각
**"지금 퇴사하면 밝은 지옥이야" vs. "하루에도 몇 번씩 퇴사 생각을 하죠"**

대기업에 다니는 박 대리는 요즘 고민이 많다. 매일 퇴사하고 싶은 마음이 굴뚝같다. 하지만 쉽게 의사 결정을 하지 못하고 있다. 대기업에 입사했다며 주변 지인들에게 자랑하시던 부모님 때문이다. 당신들은 지금도 회사에서 보내준 입사 축하 화분이 커가는 모습을 보며 행복해하신다. 할아버지는 신입 사원 교육 때 받은 회사 로고가 박힌 손주의 옷을 목이 늘어나도록 입고 다니시며 자랑스러워하신다. 필자가 확인한 바로 많은 밀레니얼 세대가 퇴사를 고민하며 직장생활을 하고 있다.

한 취업포털 회사의 조사에 따르면 전체 입사자 대비 조기 퇴사자 비율이 3분의 1에 해당하는 31.4%였다. 조기 퇴사자들은 입사 후 평균 4.6개월을 근무하고 회사를 떠났다.[42] "하하, 하루에도 몇 번은 퇴직

### 세대별 이직 및 퇴사에 대한 생각

| 전통 세대 | 베이비붐 세대 | X세대 | 밀레니얼 세대 |
|---|---|---|---|
| "지혜롭지 않아" | "다시 생각해봐" | "할 수도 있지 뭐" | "하루에도 몇 번은 생각하지" |

을 생각하는 것 같아요! 그동안 뒷바라지해주신 부모님 생각에 마음을 추스르곤 해요." 실제 필자가 인터뷰하면서 들은 얘기다. "그렇게 어렵게 취업 관문을 통과했으면서 웬 퇴사?" 선배 세대는 이렇게 생각할지도 모른다. "회사 나가면 지옥"이라고 충고할지 모른다. 하지만 회사는 그들이 그리던 모습과 꽤 거리가 있다. 후배 세대에게 퇴사는 선배 세대만큼 어려운 결정은 아니다. 원하는 삶을 살기 위해서 하고 싶은 일을 찾아가는 하나의 과정일 뿐이다.

신입 사원들이 새로운 일자리를 찾기로 결심하는 것은 상사, 연봉, 업무 등의 이유 때문이다. 그만두는 시기도 중요하다. 실제 한 연구에 따르면 그들이 직장을 떠나는 이유는 "동료 집단과 비교해 자신이 얼마나 잘하고 있는가", 또는 "자신이 판단할 때 인생의 특정 시기에 어떤 위치에 있을까"였다. 직장에서 일어나는 일보다 개인적인 삶이 우선이다.[43] 한번은 회사 CEO와 젊은 후배 직원들이 퇴사에 관해 대화할 기회가 있었다. 그는 CEO이지만 부서장의 역할을 겸하고 있었다. 최근 아끼는 유능한 직원이 줄줄이 퇴사해 고민이 많았다. 퇴사하는 이유가 '내 삶을 찾기 위해서'였다고 한다. 그들은 공통으로 해외여행을 떠나더라는 것이다.

선배 세대 직원들이 입사하던 시절은 취업 환경이 매우 달랐다. 우리나라 경제성장률을 보면, 1980년 2차 오일쇼크(석유 파동), 1997년 IMF 경제 위기 때를 제외하고 10%대를 넘나드는 호황을 누렸다. 같은 기간 세계 평균이 3% 내외였던 것과 비교된다. 당시 과 사무실에 가면 어렵지 않게 입사 추천서를 얻을 수 있었다. 고도성장기에는 새로운 일자리가 창출되면서 입사를 희망하는 사람들이 대학만 나와도 어렵지 않게 입사할 수 있었다. 지금은 추천서는커녕 면접 기회 한 번 얻기조차 하늘의 별 따기다. 고용 시장의 변화에 격세지감을 느낀다. 그 시절의 시선으로 지금의 취업 환경을 해석하고 예단하면 곤란하다.

이렇듯 선후배 세대가 취업하던 시기는 서로 상황이 사뭇 달랐다. 이직에 대해 선후배 세대 간 생각이 다른 것은 당연하다. 이직이나 퇴사를 하려는 젊은 후배에게 기성세대는 어떻게 대할까? 전통 세대는 "지혜롭지 않아", 베이비붐 세대는 "다시 생각해봐" 정도일 것이다. 그들에게는 평생직장의 개념이 강하기 때문이다. 하지만 X세대는 좀 다르다. 그들은 IMF를 겪으며 취업의 질이 좋지 않았다. 그래서 이전 세대에 비하면 후배 세대를 더 공감한다. "(퇴사를) 할 수도 있지 뭐" 정도로 생각할 것이다. 하지만 밀레니얼 세대는 하루에도 몇 번은 퇴사 생각을 한다. 이렇듯 선후배 세대가 입사할 무렵의 상황은 서로 사뭇 달랐기 때문에 이직이나 퇴사에 대한 생각에도 차이가 있다.

## 이상적인 업무 공간

### "생산성이 최고다" vs. "창의성이 최고다"

필자는 밀레니얼 세대 팀원들과 프로젝트를 할 때 카페를 종종 찾았다. 사무실에서 일하는 게 답답하다는 팀원들의 요청이 있을 때면 카페로 옮겨서 일하곤 했다. 기분 전환도 되고 적당한 백색소음은 업무 능률을 높였다. 또 프로젝트 중에 경기도 인근 펜션으로 워크숍을 가서 일하기도 했다. 낮에는 열띤 토론과 함께 열심히 일하고, 저녁에는 다과와 함께 담소를 나누며 스트레스를 풀기도 했다. 밀레니얼 세대에게는 창의력을 발휘할 수 있는 유연한 업무 공간이 중요하다.

요즘은 여러 조직이 사무환경 개선을 위해 화초를 가꾸고, 휴게 공간을 확보하는 등 다양한 노력을 기울이고 있다. 하지만 필자가 방문하는 대부분 조직의 사무실 풍경은 예전이나 지금이나 큰 변화가 없다. 임원들은 독립된 공간에 전세를 냈고, 팀장급 이상 관리자들은 예외 없이 창 쪽으로 앉아 있다. 팀원들은 직급이 낮을수록 창으로부터 멀게 앉았다. 넓디넓은 한 층에 여러 팀이 옹기종기 함께 모여 있다. 업무 지시를 하거나 자판 두들기는 소리 외에는 사무실은 정적이 흐른다. 우리가 일하는 대부분의 사무 공간의 모습은 생산성을 중요시하던

**세대별 업무 공간에 대한 인식**

| 전통 세대 | 베이비붐 세대 | X세대 | 밀레니얼 세대 |
|---|---|---|---|
| 오직 사무실 | 긴 시간<br>오직 사무실 | 사무실, 집,<br>유연한 일정 | 사무실, 집,<br>유연한 일정 |

산업화 시대의 구조에 가깝다. 창의성과 협력을 중시하는 4차 산업혁명 시대에는 맞지 않는다.

선배 세대는 이런 사무 공간에서 일해왔기 때문에 이미 적응이 되었다. 전통 세대는 오직 사무실에서만 일했다. 베이비붐 세대는 오직 사무실에서 심지어 긴 시간 동안 일했다. 하지만 업무에 인터넷 등 정보통신(IT)기술이 접목되면서 업무 환경이 조금씩 바뀌기 시작했다. 비교적 최신 기술에 익숙한 X세대부터는 업무 시간과 공간에 대해 조금씩 유연해졌다. 이전 세대처럼 사무실에서 오랜 시간 동안 일하거나 후배 세대처럼 자유로운 분위기의 사무실에서 일해도 잘 적응한다. X세대인 필자도 밀레니얼 세대 후배들과 커피숍에서 일하고 야외에서 워크숍을 하는 것을 좋아한다. 낀 세대인 X세대는 선후배 세대 사이에서 업무 공간에 대한 인식의 차이를 좁히는 역할을 할 필요가 있다.

밀레니얼 세대가 선호하는 업무 공간에 대해 리서치 회사인 옥스퍼드 이코노믹스가 발표한 자료를 한 가지 소개한다. 밀레니얼 세대는 자신의 업무를 방해받지 않는 조용한 공간을 원한다고 한다. 또 개인의 프라이버시가 보장되지 않은 탁 트인 사무 공간을 선호하지 않는다.[44] 오히려 주변의 방해를 받지 않고 업무에 집중할 수 있는 곳을 선호한다. 밀레니얼 세대는 조용한 공간이 행복감은 물론 창의성과 직결된다고 생각한다. 밀레니얼 세대는 주의를 뺏기지 않기 위해 스스로 노력한다. 휴게실에 가거나 산책을 하거나 음악을 들으면서 말이다.

밀레니얼 세대인 오 대리는 소형 화이트보드, 냉난방 기구, 달력, 화분, 인형 등 그녀의 자리에 없는 게 없다. 마치 개인 사무실처럼 아기자기하고 예쁘게 꾸며놓았다. 이런 밀레니얼 세대 덕에 최근 사무용 인테리어 소품의 수요가 증가했다. 밀레니얼 세대는 선배 세대보다 폐쇄형 사무실을 선호한다. 저출산, 핵가족화로 자기만의 방을 갖게 된 영향이 크다. 집에서 독립된 공간을 얻게 된 것은 X세대를 시작으로 밀레니얼 세대부터 본격화되었다. 선배 세대 입장에서는 익숙하지 않을 수 있다. 김 상무처럼 책상에 모니터 외에 아무것도 두지 않고 퇴근하는 베이비붐 세대 선배 입장에서는 낯설다. 하지만 이젠 오 대리처럼 자리를 꾸미는 직원들이 더 많아지고 있다.

창의적 업무 공간 분야의 선도 기업인 스페이시즈(Spaces)가 진행한 '유연한 업무 공간에 대한 세대별 인식 조사'에 따르면 유연한 업무 공간에 대한 기대 측면에서 차이가 있다. 1964년 이전 출생자들은 '생산성'을, 1980년 이후 출생자들은 '창의성'을 중시했다. 또 1980년 이후 출생자들의 59%가 유연한 업무 공간에서 타인과 소통함으로써 업무 능력을 향상할 수 있다고 생각했다. 1964년 이전 출생자는 42%에 그쳤다. 1980년 이후 출생자 중 72%가 "기업이 유연한 업무 방식을 택하는 이유는 직원들의 동기부여"라고 생각했다. 그리고 "유연한 근무 환경이 더 우수한 인재를 채용하고 유지하는 데 도움이 된다"라고 생각하는 응답자는 84%였다.[45] 세대별로 업무 공간에 대한 인식은 다르다. 하지만 선배 세대의 경험과 지혜가 후배 세대의 아이디어와 창의력이 어우러지는 협업 공간을 만든다면 조직에 새로운 활력을 불어넣을 것이다.

## 일과 삶의 균형에 대한 인식

### "일을 위해 삶을 희생할 수 있다" vs. "일과 삶의 균형이 필수다"

오후 6시가 되자 김 대리가 퇴근하나 싶더니, 컴퓨터를 싸 들고 회사 근처 커피숍으로 간다. 고객에게 보낼 보고서를 마무리하기 위해서다. 강제 퇴근제 시행으로 사무실에 남아 있을 수 없다. 이 부장은 하루에도 예닐곱 번은 전자담배를 피운다. 그의 업무 시간은 그만큼 차감된다. 회사에서 10분 단위로 일하지 않는 시간을 업무 시간에서 제외하기로 했기 때문이다. 김 대리와 이 부장은 갸웃하면서도 워라밸을 위한 회사의 방침이라고 하니 따를 수밖에 없다. 2018년 7월부터 법정근로시간이 주 52시간으로 단축되면서 생긴 변화들이다. 워라밸에 대한 생각도 세대 별로 다소 차이가 있다.

<u>전통 세대</u>는 일과 삶의 양립 자체가 불가능했다. 필자는 전통 세대 중학교 때까지 농사일을 거들었다. 봄에는 모를 심다 다리에 거머리가 붙어 소스라치게 놀라기도 했다. 여름에는 뙤약볕 아래 삐질삐질 땀 흘리며 비닐하우스 환기를 하는 게 왜 그렇게 싫었는지 모른다. 가을에는 추수 후 쌓아놓은 볏단을 미끄럼틀 삼아 놀았다. 겨울에는 칼바람을 맞으며 비닐하우스 위에서 거적때기 덮는 일을 도왔다. 일은 온종일 해도 티도 안 나고 끝도 없었다. 새참을 먹을 때쯤 동네 회관에 막걸리 심부름 갔다 오며 한두 모금 몰래 마신 술 때문에 알딸딸하니 기분 좋았었다. 한 번은 막걸리 심부름 간 여동생이 술에 취해 함흥차사인 적도 있었다. 어둑해져 집에 돌아오면 당면을 반쯤 넣은 퍼진 라면을

## 세대별 일과 삶의 균형에 대한 인식

| 전통 세대 | 베이비붐 세대 | X세대 | 밀레니얼 세대 |
|---|---|---|---|
| 일 ≠ 삶<br>(양립 불가)<br>: 일과 삶의 분리 | 일 › 삶<br>: 일이 우선, 생존 | 일 = 삶<br>: 일과 삶의 균형 | 일 ≤ 삶<br>: 일과 삶의 통합 |

자주 먹었다. 그래서 지금도 불어터진 라면이 싫지 않다. 전통 세대 평범한 농가 모습은 대충 이랬다. 전통 세대에게 삶은 살아내야 하고 극복해야 하는 고된 현실이었다.

베이비붐 세대는 가족을 위해 일하느라 삶을 돌볼 시간이 없었다. 베이비붐 세대 부모를 둔 밀레니얼 세대는 살갑게 놀아주기보다 회사에서 늦게 퇴근하셨던 아버지의 모습이 더 익숙할 것이다. 자녀 교육은 어머니에게 맡기고 아버지는 노부모와 자녀를 위해 직장에서 늦은 시간까지 일했다. 베이비붐 세대는 가족을 위해 일만 하느라 황금 같은 인생의 시기를 보낸 경우가 많다. 퇴직을 맞이한 그들은 직장에서뿐 아니라 가정에서도 꼰대 취급을 받으며 외톨이 신세가 된 경우가 적지 않다. 그동안 가족을 위해 헌신했던 베이비붐 세대는 따뜻한 감사의 표현과 위로와 다독임이 필요하다.

X세대에게 선배 세대는 배움의 대상이기도 했지만, 타산지석으로 삼기도 했다. 그들처럼 삶을 포기하다시피 살고 싶지는 않았다. 하지만 선배 세대가 만들어놓은 일터에서 생존하기 위해서는 호기롭게 일과 삶의 균형을 지키며 일하기는 쉽지 않았다. 하지만 컴퓨터를 비롯한 최신 기술과 서양 문화에 받아들인 X세대는 일은 효율적으로 하면서 삶

의 영역도 중요하게 지켜내려고 했다. 업무에 여유가 생기면 틈틈이 가족과 함께 하는 시간을 가졌다. X세대에게 일과 삶의 균형은 목표였지만 현실은 여전히 일에 투자하는 시간이 많았다.

밀레니얼 세대는 일과 삶 중에서 삶에 방점을 둔다. 밀레니얼 세대를 '워라밸 세대'라고 부르기도 한다. 일과 삶의 균형(Balance)보다는 일과 삶의 통합(Integration)을 추구한다. 일과 삶의 경계가 명확하지 않고 연결되어 있다. 늘 온라인 상태이기 때문이다. 일하면서도 여행 정보를 찾을 수도 있고, 퇴근 후에도 밀린 업무를 처리할 확률도 높다. 밀레니얼 세대는 퇴근을 하면서도 일이 깨끗하게 끝날 거라고 보지 않는다. 그들은 온라인 일터가 실제 현실이 되었다. 그만큼 일과 삶의 분리가 어려운 환경으로 바뀌었기 때문에 그 반향으로 자기 삶의 영역, 사생활을 더 보호받기를 원한다.

이상 살펴본 바와 같이 워라밸을 바라보는 태도는 세대별로 다소 차이가 난다. 선배 세대일수록 일에 대한 의무감, 책임 완수의 개념이 강했다. 삶도 중요하지만 일에 더 무게 중심이 실렸다. 하지만 후배 세대일수록 일과 삶의 관계가 적절히 분리할 수 있는 유연성이 있어야 한다고 인식한다.[46] 일보다는 삶에 방점을 둔다.


## ☑ 워라밸에 대해 뭔가 오해하고 있는 건 아닐까[47]

언제부턴가 '워라밸'이라는 단어가 제법 익숙하다. 워라밸은 '일과 삶의 균형'을 뜻하는 'Work Life Balance'의 줄임말이다. 워라밸은 젊은 구직자들이 회사를 선택하는 중요한 기준 중 하나이기도 하다. 최근 취업포털의 조사를 보면, 직장인들이 회사 선택 시 가장 중요하게 생각하는 요인은 워라밸(40.3%)이었다. 연봉(13.0%), 고용 안정성(12.5%), 적성에 맞는 직무(11.3%)보다 월등히 높았다.[48]

2019년 4월 여론조사 전문 기관인 한국갤럽의 조사에 따르면 2018년 7월부터 300인 이상 사업장에 적용되고 있는 법정근로시간 단축(주당 68시간→52시간)에 대해 의견을 물은 결과 '잘된 일'이라고 응답한 비율이 9% 하락한 50%로 집계됐다. 부정적인 이유로는 '소득·수입·급여 감소'(34%), '지금도 너무 많이 논다·근로시간 길지 않음'(12%), '자율·탄력적 적용 필요'(12%), '개인사업자·자영업자에 불리·인건비 증가'(10%), '실효성·편법·일자리 늘지 않을 것'(9%), '너무 급진적·시기상조'(8%), '국가 경제에 안 좋을 것'(4%) 등의 순이었다.[49] 제도 변화로 긍정적 효과가 훨씬 클 것이라고 예상했지만, 현실은 그렇지 않다. 제도 시행 후에도 여전히 63.5%의 직장인이 주말 근무를 하고 있다. 월평균 46.1% 직장인이 주말에 근무한 경험이 있고, 이들의 주말 근무는 월 1.5회에 달한다.[50] 왜 제도의 정착이 더딘 것일까? 우리는 워라밸이라는 단어에 대한 오해부터 짚을 필요가 있다. 워라밸과 관련해 고민해봐야 할 몇 가지 사항이 있다.

### 첫째, '왜 꼭 균형이어야 할까?'

일반적으로 일과 삶에 대한 시각은 3가지로 나눠볼 수 있다.

첫째, 일과 삶이 '균형'을 이뤄야 하는 관점에서 보는 것이다. 이는 마치 외줄 타기를 하는 것처럼 위태롭게 균형을 잡는 듯한 느낌이 든다. 애초 균형을 잡는 것 자체가 더 어렵다. 정시 출퇴근을 해야 하고 야근을 하면 안 될 것 같은 괜한 강박마저 들게 한다. 오히려 일과 삶은 균형보다 선택의 문제일 수 있다.

둘째, 일과 삶을 '중심 잡기' 측면에서 해석할 수도 있다. 일과 삶의 상황에 따라 융통성 있게 적절히 중심을 잡는 것이다. 예컨대 프로젝트로 회사 일이 바쁘면 늦게까지 야근을 하다가도 여유가 생기면 밀린 휴가를 내고 쉬는 시간을 늘릴 수도 있다.

셋째, 일과 삶을 분리하지 않고 '통합'의 관점에서 보는 것이다. 스튜어트 D. 프리드먼 와튼스쿨 교수는 삶의 균형이란 허튼소리라고 단언한다. 삶의 균형은 삶의 여러 영역 중 하나를 포기해야 다른 하나를 얻을 수 있다는 오해에서 비롯된 생각이기 때문이다.[51] 개인에 따라 삶에서 나, 가족, 일, 공동체 등의 영역이 우선순위가 다를 뿐이다.[52] 어떤 사

일과 삶의 균형에 대한 3가지 시각[53]

일과 삶의 균형 | 일과 삶의 중심 잡기 | 일과 삶의 통합

람은 일하는 게 즐거워 가장 큰 비중일 수도 있고, 누구는 가족이 가장 큰 비중일 수도 있다. 개인마다 가치관에 따라 다른 것이다.

### 둘째, '일하는 시간을 줄이는 게 능사일까?'

조선시대 북학파 실학자 연암 박지원은 《담연정기(澹然亭記)》에서 '도하'와 '청장'이라는 새에 관해 얘기한다. 도하는 펠리컨 종으로 진흙을 헤집고 다니면서 종일 물고기를 찾지만 굶주리는 경우가 많다. 반면 청장이라는 해오라기는 깨끗한 물속에서 날개를 접고 움직이지 않고 물체처럼 서 있다가 머리를 숙여 순식간에 물고기를 잡아먹는다. 도하는 열심히 일하지만 얻는 게 없고 청장은 여유를 부리면서도 굶주리는 법이 없다. 우리나라의 노동시간은 멕시코 다음으로 세계 2위다. 더 안타까운 건 노동생산성은 세계 28위라는 점이다. 주어진 노동과 자본을 얼마나 효율적으로 쓰고 있는지를 측정하는 지표인 총요소생산성은 1991~2000년에 3.2%, 2001~2010년에 2.6%, 2011~2018년에는 1.2%로 증가율이 꾸준히 하락하고 있다.[54] 생산가능인구가 갈수록 줄어드는데 기업의 생산성 향상은 갈수록 악화되고 있는 것이다.

워라밸과 함께 챙겨야 하는 것이 생산성이다. 이제 '어떻게 일하는 시간을 줄일까'보다는 '어떻게 일의 효율과 생산성을 늘릴 것인가'로 마인드를 전환해야 한다. 다시 말해 '일하는 동안 얼마나 의식적으로 몰두하느냐'에 집중해야 한다는 것이다. 실제로 고성과자들은 일을 효과적으로 수행하여 여유로운 삶을 누릴 시간을 확보한다. 일하는 시간만 줄이는 게 능사가 아니다. 워라밸과 함께 생산성을 챙기지 않는다면 회사와 개인 모두가 웃기는 쉽지 않을 것이다.

### 셋째, '워라밸은 누가 주도하는 게 맞을까?'

주 52시간제의 시행은 대의적으로 필요한 정책이지만, 제조업 중심의 산업화 패러다임에 갇힌 정책일 수도 있다. 정책은 결과로 나타나는 종속변수가 아니라 영향을 주는 독립변수여야 한다. 워라밸을 종속변수로 본다면 주 52시간제를 독립변수라고 할 수 있다. 이왕 실천해야할 정책이라면 정책의 실행을 돕는 각론 차원의 현실적인 매뉴얼이 필요하다. 실제 워라밸의 실행 주체는 민간부문이어야 한다는 점도 간과해서는 안 된다. 기업마다 조직 상황이 다르고 직무 환경이 천차만별이다. 기업에 워라밸을 일률적으로 강제하기보다는 자율적으로 실시하게 하는 것이 바람직하다.

2019년 4월 12일 알리바바 창립자 마윈은 위챗 공식 계정에 올린 '마윈이 996을 말하다(马云谈996)'라는 제목의 글로 젊은 직원들 사이에 반발을 산 적이 있다. 996 스케줄은 오전 9시부터 오후 9시까지 일주일에 6일 일하는 근로 문화를 의미한다. 마윈은 이 글에서 "여러분이 젊을 때 996을 하지 않으면 언제 할 수 있겠나, 다른 사람을 넘어서는 노력과 시간을 들이지 않고 어떻게 여러분이 원하는 성공을 이룰 수 있는지 스스로 물어보라"라고 얘기한다. 또 "알리바바에 입사한 사람은 하루 12시간 일할 준비가 돼 있어야 하고, 8시간만 일할 사람은 필요 없다"라고까지 목소리를 높인다. 996 스케줄은 알리바바, 텐센트, 샤오미 등 중국 벤처 회사들이 대기업으로 성장한 원동력이라고

주장한다.[55]

　일과 삶은 '균형'보다는 '선택'의 문제일 수도 있다. 예컨대 중요한 프로젝트를 할 때는 며칠 밤을 새워야 할 수도 있고, 여유가 생기면 몰아서 쉴 수도 있다. 지금은 산업화 시대처럼 천편일률적으로 공장이 가동될 때 열심히 일하고, 때 되면 기계를 멈추고 퇴근할 수 있는 시대가 아니다. 정보와 기술의 폐기 속도는 점차 빨라지고, 이젠 새로운 상품과 기술을 개발하기 위해 밤낮없이 두뇌를 풀가동해야 살아남을까 말까 하는 시대다. 조직과 개인이 각자 처한 상황에 맞게 자율적으로 일과 삶의 중심을 잡아가야 한다.

# 업무, 오해에서 이해로

## ☑ 업무에서 세대 공존의 기술 5가지

전통 세대에게는 남진, 나훈아가 영웅이었다. 베이비붐 세대는 조용
필, X세대는 서태지와아이들, 밀레니얼 세대는 동방신기나 빅뱅이었
다. 요즘 Z세대는 단연 BTS다. 2018년 9월 24일 미국 뉴욕 유엔본부
에서 BTS의 알엠(RM, 김남준)의 연설이 당시 화제였다. 〈너 자신을 사
랑하라(Love yourself)〉라는 연작 앨범의 요약과 같았던 7분 연설은
요즘 후배 세대 내면의 소리를 대변하는 듯했다. "진정으로 자신을 사
랑하기 위해서는 자신에 대해 말하라." 요즘 것들은 '내가 원하는 나'에
집중하기 시작한 세대다. 이미 조직에서는 구성원의 50% 이상을 차지
하는 요즘 것들과 토착민인 선배 세대 사이에 다양한 견해 차이가 발

생하고 있다. 일터에서 세대 간 해석의 차이를 보이는 대표적인 업무 관련 갈등 상황을 알아보자.

### 회식

**"회식 때 왜 자꾸 빠지려고 할까?"**

김 상무는 오랜만에 저녁에 회식하자며 부서 구성원들에게 공지했다. 임원 대상의 연례행사를 준비하느라 두어 달 매일 밤늦게 퇴근했다. 부서 회식은 물론 같이 식사 한 번 제대로 하지 못했다. 부서 회식비는 이미 다 쓴 터라 팀원들에게 십시일반 걷도록 했다. 그런데 회비를 걷는 와중에 문제가 생겼다. 최 팀장이 백 사원은 회비를 내지 않는 게 낫겠다고 한 게 불씨가 되었다. 김 주임은 백 사원도 똑같이 회비를 내야 한다고 주장했다. 최 팀장은 계약직인 백 사원을 배려하려던 것이었다. 백 사원이 눈치 빠르게 회비를 내면서 일단락되었다. 1가지 문제가 더 있었다. 같은 부서 3명의 팀장 중에서 가장 젊은 유 팀장은 개인 약속이 있어서 1차까지만 참석할 수 있다며 회비를 적게 내겠다고 한 것이다. 사실 최 팀장은 고객과의 약속으로 회식이 끝날 무렵에나 참석하려던 참이었지만 회비를 다 낸 터였다.

왜 이런 현상이 벌어졌을까? 선배 세대와 후배 세대 직원 간 생각의 차이 때문이다. 대수롭지 않게 넘길 수 있는 일일 수도 있다. 하지만 회비를 걷는 작은 상황 속에는 세대 간 오해와 갈등을 일으키는 3가지 인식의 차이가 숨어 있다.

**첫째, 수직적 사고와 수평적 사고의 차이다.**

선배 세대는 상하 관계를, 후배 세대는 평등을 중시한다. 최 팀장 같은 선배 세대는 위계에 따라 선배가 돈을 더 내는 것이 인지상정이라고 생각한다. 직급에 따라 선배가 회비를 더 내는 게 일반적이었다. 반면 김 주임을 포함한 후배 세대는 회식비는 N 분의 1로 내야 한다고 본다. 후배 세대 직원은 회비를 더 내겠다고 하는 선배 직원의 입장이 이해는 되지만 합리적이지 않아 보인다. 칼처럼 수직적 상하 관계를 경험한 선배 세대와 달리 후배 세대는 수평적인 사고에 더 익숙하다.

**둘째, 집단성과 개인성의 차이다.**

선배 세대는 때론 집단을 위해서 개인을 희생할 수도 있다고 생각한다. 하지만 후배 세대는 집단도 중요하지만, 개인이 우선이다. 선배 세대 최 팀장은 자신이 회식 내내 참석하지는 못하지만, 미안한 마음에 부서를 위해 회비를 기꺼이 냈다. 하지만 후배 세대인 유 팀장의 입장에서는 이미 선약이 있었다. 직장도 중요하지만, 개인의 삶이 우선이다. 회식을 잠깐 참석하는데 회비를 정상적으로 내는 것은 불공평하고 합리적이지 않다고 생각한 것이다. 선배 세대는 개인의 삶도 소중하지만, 직장인이라면 집단도 고려해야 한다고 인식한다. 반면, 후배 세대는 집단을 위해 개인의 삶을 희생하고 싶어 하지 않는다.

**셋째, 관계 중심과 능력 중심의 사고 차이다.**

선배 세대는 관계 중심의 가족주의적 사고를 하지만, 후배 세대는 업무 중심의 거래적 사고를 한다. "우리가 남인가?" "동생 같아서 하는 얘긴데." 선배 세대는 구성원들이 끈끈한 유대 관계를 발휘하며 일했으면 한다. "상사는 상사이고, 동료는 동료일 뿐!" "회사에서는 업무 성과만 잘 내면 되지!" 하지만 후배 세대는 직장생활이 개인의 삶을 영위하기 위해 필요한 것일 뿐이다. 그들은 베이비붐 세대 선배처럼 조직의 성장과 개인의 성장을 동일시하지 않는다. 후배 세대에게 조직과 나는 별개다. 그들이 회사에서 일하는 동안에 관계도 중요하지만, 업무 성과로 인정받는 게 우선이다.

김 상무 입장에서는 바쁜 와중에도 부서 구성원 간 단합을 위해 어렵게 만든 자리였다. 하지만 회식하기도 전에 부서 구성원 간 불협화음이 생겨 대략 난감이다. 세대 간 이해의 차이로 많은 부서장이나 선배 세대가 이와 비슷한 고민을 하고 있다. 후배 세대 직원들의 입장도 마찬가지다. 그들의 눈에는 합리적이지 않은 회식 문화는 시급하게 개선해야 할 과제 중 하나다. 요즘 회식은 음주와 가무를 즐기는 일부 리더나 직원을 제외하고 꺼리는 경우가 많다. 한 취업포털의 설문 조사에 따르면 직장인이 회식을 꺼리는 이유는 이러했다. '퇴근 후 개인 시간을 가질 수 없어서'(63%), '불편한 사람과 함께해야 해서'(52.0%), '다음 날 업무에 지장이 돼서'(50.9%), '분위기를 띄우는 것이 부담스러워서'(30.2%), '성희롱 등 눈살을 찌푸리는 상황이 많아서'(9.8%) 순이었다. 회식을 꺼리는 이유를 잘 들여다보면 바람직한 회식 문화의 방향도 보인다. 그렇다면 회식 문화를 어떻게 바꿔야 할까? 선후배 세대 간의 상호 이해가 전제되어야 한다. 각자 어떤 노력을 해야 할지 고민해야 한다.

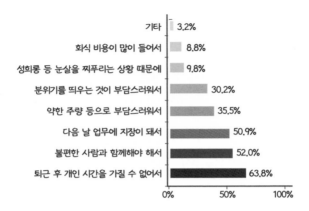

**회식을 부담스럽게 느끼는 이유**[56]

| | |
|---|---|
| 기타 | 3.2% |
| 회식 비용이 많이 들어서 | 8.8% |
| 성희롱 등 눈살을 찌푸리는 상황 때문에 | 9.8% |
| 분위기를 띄우는 것이 부담스러워서 | 30.2% |
| 약한 주량 등으로 부담스러워서 | 35.5% |
| 다음 날 업무에 지장이 돼서 | 50.9% |
| 불편한 사람과 함께해야 해서 | 52.0% |
| 퇴근 후 개인 시간을 가질 수 없어서 | 63.8% |

선배 세대는 수직적 사고, 집단성, 관계 중심의 프레임에서 벗어나려고 의식적으로 신경 써야 한다. 예컨대 회식비를 다 내거나, 회비를 가장 많이 내거나, 꼭 선배가 계산해야 한다는 고정관념은 버려도 된다. 선배 세대는 수직적 사고에 갇혀 자신이 꼭 계산해야 한다고 생각하거나 허세 부릴 필요가 없다. 후배들은 불필요한 일이나 회식으로 자신의 시간을 빼앗기지 않기를 원하고 선배의 진심 어린 관심을 바랄 뿐이다. 후배들은 가족 같은 회사도 좋지만, 그전에 합리적인 회사를 원한다. 선배 세대처럼 직원들을 가족처럼 생각하지도 않는다. 회식은 직장 선후배보다는 친구나 동료와 편하게 하고 싶어 한다. 꼭 회식을 해야 한다면 1차까지만 하고 일찍 퇴근해서 가족과 함께하는 게 낫다.

후배 세대도 선배 세대를 이해하는 노력이 필요하다. 선배가 회식비를 많이 낸다고 하면 기분 좀 내게 내버려 두는 건 어떨까? 그 정도 직급이면 그만한 경제적 여유도 있다. 선배들은 밥을 먹고 차를 마시고 싶은 것보다 후배와 대화하고 싶거나 팀워크를 위해서일 수도 있다. 또 선배가 회식 때 한턱내고, 회비를 더 내고, 찻값을 자주 계산해서 부담되는가? 그렇다면 가끔 간식을 사거나 선배 세대는 모르는 맛집에 가서 한 번씩 사면 되지 않을까? 선배 세대는 계층적인 직장에서 오랜 시간을 일해왔다. 후배 세대의 수평적 사고, 개인성, 능력 중심의 사고가 낯설다. 자신이 변화하는 환경과 세대에 적응해야 한다는 것을 알지만 실천하기가 쉽지 않을 뿐이다. 이런 선배 세대를 대하는 후배 세대의 태도도 더욱 수용적일 필요가 있다.

한 유명 패션 회사 인재개발팀은 이상적 회식 문화를 실천하고 있다. 홍 팀장은 팀 회식을 'Hot Day'라고 명명하고 간단하게 원칙도 정했다.

업무에 불타오르는 열정으로 최선을 다한 당신 뜨거운 열정으로 회식한다. 부서에 팀 단합을 분기별 1회로 한다. 단, 가고 싶은 곳은 팀원이 정하고, 날짜는 연초에 미리 약속으로 정한다. 장소는 팀 단합, 영화, 맛집 탐방, 야구 관람, 뮤지컬 관람, 스포츠 활동, 실내낚시, 방탈출 카페, 보드게임 카페 등 다 같이 할 수 있으며 라이프스타일, 트랜디한 것을 경험할 수 있으면 더 좋다.

예컨대 6시경에 업무를 마치고 분위기 좋은 식당에서 식사한다. 이직한 전임 직원을 초대하기도 한다. 그리고 VR 게임 체험관으로 가서

2차를 즐긴다. 팀 회식은 오롯이 팀 단합이라는 목적에 충실히 한다. 젊은 팀원들의 톡톡 튀는 아이디어로 재미와 의미가 넘치는 시간이다.

선배들은 자신에게 이런 질문부터 던져봐야 한다. "과연 나는 후배들이 같이 회식하고 싶어 하는 사람인가?"라고 말이다. 후배 세대도 회식 문화 개선을 위해 창의력을 발휘할 필요가 있다. 회식 장소, 메뉴, 방법 등의 아이디어를 꾸준히 제공하면서 새로운 회식 문화의 길을 넌지시 일러줄 필요도 있다. 20세기에 머물러 있는 회식 문화의 수준을 21세기 패러다임에 맞게 개선해가야 한다. 이를 위해 선후배 세대가 서로 같은 방향을 바라보면서 배려해야 한다.

## 야근

**"눈치 없이 아무렇지도 않게 퇴근하지?"**

대기업에서 교육팀을 이끄는 신 팀장, 임원 후보로 거론될 정도로 그의 업무 성과는 자타가 공인한다. 그는 최근 모바일 기반 학습 시스템을 구축하기 위해 인사팀의 송 사원을 영입했다. 송 사원은 교육팀에 발령이 난 후 매일 야근이다. '이러다 쓰러질 수도 있겠구나'라는 생각이 들 정도로 피곤한 날이 계속됐다. 송 사원은 신 팀장과 점심을 먹으면서 휴가를 내려고 얘기하려던 참이었다. 신 팀장이 송 사원의 마음을 읽은 것일까? "내가 신입일 때는 한 달 내내 연수원에서 숙식하면서 집에 가지 못한 적도 많아." 신 팀장이 그가 신입일 때의 무용담을 늘어놓자 송 사원은 휴가의 '휴' 자도 못 꺼냈다.

IT 회사에서 급여·총무 업무를 담당하는 이 사원, 그는 급여 지급 일을 제외하고 야근하는 날이 거의 없다. 박 팀장이 이 사원에게 묻는다. "저녁에 약속 있니? 회식 어때?" 이 사원이 대답한다. "친구랑 약속이 있는데요." 박 팀장은 말을 잇지 않는다. 이 사원은 일 처리가 빠르고 똑똑하다. 그는 "내 일을 다 끝냈는데 눈치 보고 남아 있을 필요 있나?"라고 생각한다. 지난달부터는 퇴근 후 집 앞 문화센터에서 중국어 강좌를 듣고 있다. 그는 자기개발에도 관심이 많고, 시간을 투자하는 데에도 적극적이다.

X세대인 신 팀장은 전형적인 선배 세대다. 자기 일에 충실하면 몸값도 오르고 그만큼 보상이 있을 거로 생각한다. 당신들이 사원일 때에 비하면 요즘 젊은 직원들은 나약하고 약삭빠르게 보인다. 야근을 꺼리는 모습을 보며 업무에 대한 근성과 열의도 부족하다고 생각한다. 회사나 업무보다 제 삶만 챙기려 든다고 느끼는 것이다. 밀레니얼 세대인 이 사원의 생각은 좀 다르다. 일보다는 삶, 조직보다는 개인에 방점을 두는 것을 당연하게 생각한다. 그에게 충성의 대상은 회사나 일이 아니다. 자신의 삶과 미래다. 회사에 헌신하다간 헌신짝 된다는 것을 알고 있다. 이렇게 조직 내 새로운 세대가 유입되면서 조직문화에 많은 변화가 일고 있다. 특히 한 신문사의 조사에 따르면 과거보다 '야근이 줄고 퇴근 시간이 빨라졌다'라고 응답한 사람이 29.4%였다.

대한상공회의소와 맥킨지가 2016년에 이어 2018년에 우리나라 기업문화를 조사했다. 2016년 조사 때보다 야근, 보고, 업무 지시, 여성 근로 항목은 통계적으로 유의미한 차이를 보일 정도로 개선됐다.[57] 하지만 여전히 우리나라 조직문화의 가장 큰 문제 중 하나는 '야근'이다. 우리는 아직 '야근 공화국', '야근 왕국'이라는 꼬리표를 떼지 못했다. 성실이 최고의 미덕이었던 산업화 시대에는 야근이 성공의 디딤돌이었지만, 창의성과 협업이 요구되는 지금은 상황이 바뀌었다. 습관적인 야근이 성장의 걸림돌이 될 수도 있다. 이제 더는 야근이 능사가 아니다. 얼마나 생산적으로 일하는지가 중요해졌다.

일반적인 인식과 달리 실리콘밸리 혁신 기업 중에는 밤에 불이 꺼지지 않는 곳이 많다. 하지만 이들 혁신 기업이 우리와 다른 것은 시간의 양보다 질을 중요시한다는 점이다. 생산성을 따진다는 얘기다. 하다못해 혁신 기업들이 사내 식당을 운영하는 이유도 복지보다는 생산성 때문이다. 식당을 오가며 빼앗기는 시간을 절약하기 위해서다. 야근을 줄이고 업무 시간을 줄이는 것은 생산성을 높이기 위한 출발일 뿐이다. 획일적으로 업무 시간을 줄일 일도 아니며 업무의 특성도 잘 따져봐야 한다. 정해진 시간과 공정에 맞춰 정형적 업무를 하는 생산 업무와 비교해 디자인과 연구개발 같은 비정형적 업무는 야근이 잦게 마련이다.

바람직한 야근 문화를 정착시키기 위해서는 조직과 개인 차원의 노력을 병행해야 한다. 먼저 조직 차원의 과제부터 살펴보자.

### 1. 구성원의 자유와 재량권을 높여야 한다.

직원들이 가진 역량과 잠재력을 맘껏 발휘하도록 개방적이고 수평적인 환경을 조성하기 위해 힘써야 한다. 직급 간소화, 호칭 통일, 영어 이름 사용 등이 일반적인 예다. 특히 직무 자율성을 높이는 것이 중요하다. 직무 자율성은 성과를 높이고 내적 동기를 유발하는 핵심 요인이기 때문이다.

### 2. 탄력적으로 일하도록 돕는 제도를 만들어야 한다.

생산성을 가로막는 시간과 공간의 제약을 과감히 탈피해야 한다. 탄력 근무제, 자율 좌석제 등을 통해 부서, 직원들이 업무 상황에 맞게 출퇴근 시간과 업무 공간을 선택하게 하는 것이다.

### 3. 도전을 격려하고 보상해야 한다.

실패와 위험을 무릅쓰는 도전에 대해 적절히 보상하지 않는다면 누구도 새로운 시도를 하지 않을 것이다. 특히 후배 세대는 일한 만큼 보상받고 있다는 생각이 들어야 잡념 없이 업무에 몰입할 수 있다.

개인 차원의 노력도 필수적이다.

### 1. 자신이 맡은 일에 책임질 수 있어야 한다.

주어진 업무에 대해서는 역할과 책임을 다해야 한다. 냉정한 평가와 상응하는 보상도 각오해야 한다.

### 2. 스스로 업무에 몰입할 수 있어야 한다.

주어진 업무 시간에 집중해야 하고, 야근을 조장하는 비효율적인

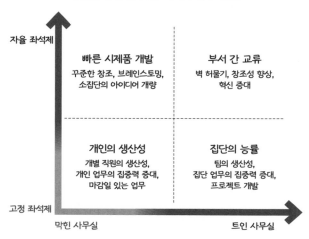

생산성 향상을 위한 최적의 업무 공간[58]

**빠른 시제품 개발**
꾸준한 창조, 브레인스토밍,
소집단의 아이디어 개량

**부서 간 교류**
벽 허물기, 창조성 향상,
혁신 증대

**개인의 생산성**
개별 직원의 생산성,
개인 업무의 집중력 증대,
마감일 있는 업무

**집단의 능률**
팀의 생산성,
집단 업무의 집중력 증대,
프로젝트 개발

자율 좌석제

고정 좌석제

막힌 사무실

트인 사무실

낭비 요인을 없애야 한다. 인터넷 쇼핑, 잡담, 과도한 티타임 등 업무 외 비생산적인 딴짓은 되도록 줄여야 한다.

**3. 생산성을 높일 방안을 찾아야 한다.**

협업 툴, 생산성 애플리케이션 등을 활용해 효율적으로 업무를 해야 한다. 후배 세대는 선배 세대가 만들어놓은 일하는 방식에 과감하게 도전할 수 있어야 하고, 선배 세대는 새로운 시도를 독려하는 창의적 직무 환경을 조성하기 위해 힘써야 한다.

회의

**"회의 때 왜 집중 안 하고 딴짓하지?"**

한국 직장인은 1주일에 평균 3.7번 회의에 참석한다. 하지만 1.8회는 불필요한 회의라고 생각한다. 회의 때마다 평균 8.9명이 참석한다. 하지만 그중 2.8명은 참석하지 않아도 될 인원이라고 여긴다. 1회 평균 회의 시간은 51분이다. 하지만 15.8분(31%)은 낭비되는 시간이라고 인식한다. 대한상공회의소에서 2017년 2월 발간한 〈국내 기업의 회의 문화 실태와 개선해법〉이라는 보고서의 내용이다. 변화하는 시대에는 협업과 창의의 수단으로써 회의가 필수적이다. 하지만 우리는 산업화 시대의 지시·감독하는 회의 문화에 머물러 있다. 2018년에 대한상공회의소와 맥킨지가 발표한 기업 문화 조사 결과 야근, 보고 등 다른 항목과 비교해 회의는 2016년 조사 때보다 별반 개선되지 않았다. 조직에서 가장 개선이 안 된 것 중 하나가 바로 '회의'다. 요즘 많은 회사에서 포스터, 매뉴얼, 동영상 등을 활용해 회의 문화 캠페인을 한다. 또 회의 관련 교육을 하고 회의실 예약 시스템까지 만든다. 하지만 회의 문화는 잘 바뀌지 않는다.

'일하는 방식 개선' 컨설팅을 위해 한 회사 임직원들을 대상으로 설문 조사와 인터뷰를 한 적이 있다. 회의 유형을 분석한 결과 아이디어를 내는 회의는 일부일 뿐 대부분 보고형 회의였다. 상사에게 상황, 실적, 결과를 전달하는 보고였다. 회의가 아니라 보고로 분류하는 게 맞아 보였다. 실제 회의에 참관할 기회가 생겨 유심히 살펴봤다. 회의 참석자들은 발표 자료를 준비해 리더에게 한 명씩 돌아가며 보고하고 있었다. 먼저 보고를 마친 사람들은 회의에 몰입하지 않았다. 반면 발표를 기다리는 이들은 여유가 없어 보였다. 회의에 집중하는 것이 아니라 발표할 내용에 집중하고 있었다. 회의라면 으레 의견이 있어야 하지만, 애초 의견을 피력할 분위기가 아니었다. 회의가 아니라 일방적인 감독과 지시의 보고였다.

회의 중에는 회의가 아닌 게 많다. 회의(會議)는 모이는 것(會)이고, 의제와 의견을 나누는 것(議)이다. 하지만 많은 회의가 모이기만 할 뿐 의견이 없는 경우가 허다하다. 회의가 안 되는 이유는 여러 가지다. 회의의 목적이 없거나 불분명하고, 준비가 부족하고, 시간 약속을 지키지 않고, 세련된 회의 기술이 부족하고, 일부 참여자에게 발언이 집중되고, 함구하는 투명 인간이 있고, 딴청을 피우고, 의제에 벗어난 얘기를 하고, 결론이 없고, 회의 인원이 필요 이상으로 많기 때문이다. 그래서 회의의 수준은 딱 그 조직의 문화 수준이다. 특히 리더의 자리에 오를수록 회의가 많아진다. 비효율적인 회의는 조직의 생산성과 직결되는 심각한 문제일 수밖에 없다.

맡은 보직만 5개가 넘는 조 상무, 그는 젊은 직원들이 가장 존경하는 리더 중 한 명이다. 그는 바쁜 일정에도 필요한 회의는 빠지지 않는다. 오후 5시 30분, 서서히 퇴근 준비를 할 시간에 아이디어 미팅을 주재한다. 그는 손에 칠판 펜을 쥐었다. 열띤 토론이 진행되는 동안 그는 다양한 의견을 화이트보드에 일목요연하게 정리한다. 회의는 6시를 조금 넘긴 10분에 끝난다. 그리고 그는 유유히 사라진다. 조 상무가 주관하는 회의는 아이디어로 시작해 아이디어로 끝난다. 회의 내내 활기가 넘친다. 어떤 의견도 서로 존중하고 배려하는 분위기 때문이다.

하지만 임 상무는 다르다. 그는 바쁜 일정 탓에 회의는 저녁 식사 후에 시작하는 경우가 많다. 그가 소집한 회의는 갑자기 취소되기도 하고, 제때 시작하거나 끝나는 경우도 드물다. 자신이 마음에 드는 아이디어가 나올 때까지 회의가 계속된다. 참석자들이 의견 내는 것을 주저한다. 자칫 발언자에게 일이 전가되거나 언쟁이 붙어 회의가 더 길어지기 때문이다. 아이디어 회의라지만 현실은 임 상무가 원하는 대로 흐르고 그가 발언을 주도한다. 참석자 중에는 노트북을 펼쳐놓고 아이디어를 타이핑하는 듯하지만, 메일을 확인하고 SNS를 하며 회의에 집중하지 않는 이도 적지 않다. 회의 내용을 정리해서 제안서를 작성해야 하는 실무자만 애가 탄다. 회의는 늦은 시간까지 계속되지만 끝날 기미가 보이지 않는다.

대개 회의를 주관한 사람은 선배 세대이며, 회의 참석자는 후배 세대다. 회의에 임하는 선후배 세대 간에 동상이몽인 경우가 많다. 회의를 주관하는 선배 세대는 서열의식과 주인의식이 강하다. 회의 시 발언권을 독점하는 경우가 다반사다. 회의 중 딴짓하는 직원을 바라보는 시선도 관대하지 않다. "왜 회의 때 집중을 안 하고 딴짓하지?", "기본 예의가 안 돼 있잖아"라고 생각하기는 경우가 많다. 하지만 후배 직원의 입장은 다르다. 당장 급하게 보낼 메일을 처리하고, 회의 도중 SNS를 통해 동료에게 아이디어를 구하기도 한다. 그뿐이 아니다. 주말여행을 다녀온 후 페이스북과 인스타그램에 올린 사진과 글에 '좋아요'가

얼마나 더 눌렸는지도 확인해야 한다. 어제저녁에 주문하고 온 바지는 지금 어디쯤 오고 있는지도 살핀다. 선배 세대는 오롯이 회의에 집중한다면 후배 세대는 여러 가지 일을 해낸다. 후배 세대는 멀티태스킹에 능하기 때문이다. 후배가 어렵게 의견을 얘기할라치면 아이디어가 마음에 안 든다며 무시당하기 일쑤다. 그래서 회의는 선배의 의도와 생각을 확인하는 수준에서 마무리되는 경우가 다반사다. "이럴 거면 회의는 왜 한 거지?" "할 일도 많고 바쁜데 말이야."

선배 세대는 산업화 시대에 통했던 전근대적인 리더십에서 벗어나야 한다. 세련된 회의의 8할은 선배 세대의 리더십에 달려 있다. 선배 세대는 회의 시 발언을 최소화하면서 참석자에게 발언권을 N분의 1로 골고루 분배해야 한다. 신입이라도 주저하지 않고 얘기할 수 있도록 회의 분위기를 조성해야 한다. 젊은 직원들의 머릿속에서 참신한 아이디어를 채굴해낼 수 있어야 한다. 회의의 목적과 시간을 명확히 하는 것은 기본이고, 어떻게든 결론을 내야 한다. 또 회의 내용이 실행되도록 사후 관리를 적극적으로 챙겨야 한다.

후배 세대의 역할도 중요하다. 수동적인 팔로워십에서 벗어나 회의에 능동적으로 참여해야 한다. 회의에 집중하면서 무임승차하지 않고 적극적으로 아이디어를 내기 위해 노력해야 한다. 그러려면 회의 참석 전 미리 아이디어를 고민할 필요가 있다. 회의 중 배가 산으로 가거나 회의 시간 관리가 필요할 때는 시간을 재는 타임 키퍼(Time Keeper) 역할을 자처하는 것도 좋다. 특별한 경우가 아니라면 회의 중에는 딴 짓하지 않는 게 바람직하다. 괜한 오해를 받거나 회의의 질을 떨어뜨릴 수 있기 때문이다. 정해진 시간에 집중해서 회의에 참여해야 한다.

하지만 이게 쉬운 일인가? 선후배 세대가 함께 서로 배려하고 노력해야만 좋은 회의가 가능하다. 대한상공회의소에서 발표한 보고서에서 제안하는 회의 10대 원칙(Ground Rule)을 꼭 참고해볼 만하다.

### 회의 10대 그라운드 룰[59]

1. 쓸데없는 회의는 일만 쌓이게 만든다.
2. 불필요한 참석자는 회의를 망치는 '사과 상자 속의 썩은 사과'다.
3. 회의가 길어지면 직원은 늘어진다.
4. 어젠다 없는 회의는 등대 잃은 배와 같다.
5. 상사의 목소리가 강할수록 직원의 목소리는 작아진다.
6. 당신은 엑스트라가 아니라 오케스트라의 일원이다.
7. 관계가 좋다고 일까지 잘되는 건 아니다.
8. 결론 없는 회의는 시간 낭비에 불과하다.
9. 당신도 침묵의 공범입니다. 이의 제기는 권리가 아니라 의무다.
10. 실행은 회의 부산물이 아닙니다. 최종 목적이다.

### 지시 및 보고

**"말 안 해도 알지? 일일이 설명을 해줘야 알겠니?"**

박 팀장은 팀원들에게 긴급 회의를 소집한다. 새로 들어온 대형 제안서 작성을 위해서다. 제출 마감까지는 5일밖에 남지 않았다. 수행 중이던 프로젝트는 일단 접어두고 우선 제안서 작성에 몰입해야 하는 상황이다. 박 팀장은 업무 배분에 늘 심혈을 기울이지만, 그보다 중요하게 챙기는 것이 있다. 제안서의 작성 방향에 대해 팀원들과 충분히 의견을 나눈다. 화이트보드에 아이디어를 몇 번씩 쓰고 지우기를 반복하면서 꼼꼼하게 기획한다. 그러고 나면 팀원의 업무 상황과 강점, 학습 기회까지 고려해 업무를 배분한다. 그의 팀에서 쓰는 제안서의 수주 확률이 높은 것은 당연한 일이다.

반면 옆 팀의 분위기는 사뭇 다르다. 이 팀장은 팀원들에게 권한을 위임한다. 그는 제안 요청이 들어오면 대형 제안이 아니면 팀원에게 빨리 떠넘기기 바쁘다. 제안 업무를 맡은 팀원은 혼자 끙끙대며 제안서를 작성한다. 하지만 이 팀장은 팀원들이 써온 제안서가 처음부터 마음에 드는 경우가 없다. 여러 번 수정을 거듭하면서 제안서를 보완한다. 이런 이 팀장의 특성을 잘 아는 팀원들은 처음엔 힘을 빼고(?) 제안서를 작성한다. 수정 사항이 생길 것을 염두에 두고 제안서의 품질을 적당한 수준에서 맞추는 것이다. 이 팀장의 코멘트를 받으면 어차피 수정해야 하기 때문이다. 그런 탓에 이 팀장은 중간중간 팀원들이 가져오는 제안서를 피드백해주느라 많은 시간을 보낸다. 하지만 제안서를 쓰는 데 들인 시간과 노력에 비하면 수주 확률은 턱없이 낮다.

불분명하고 불합리한 지시는 직원에게 스트레스를 주는 것은 물론이고 잘못된 보고와 업무의 비효율을 낳는 주범이다. 실제 한 온라인 취업포털 사이트의 조사에 따르면 직장인들이 직장생활을 하면서 답답함을 느끼는 가장 큰 이유로 '불합리한 지시(52.5%)'를 꼽았다.[60] 이 팀장의 팀원들은 더 많은 시간을 일하면서도 성과가 낮기 때문에 불만이 많다. 불분명하고 불합리한 업무 지시가 문제다. 조직에서 보고가 형식적이고 불필요한 일을 하느라 삽질이 만연한 것은 경직된 지시 문화의 영향이 크다.

선후배 세대 간 더 세련된 업무 수행을 위해 염두에 두면 좋은 지시 및 보고의 기술을 몇 가지 살펴보자. 선배 세대는 <u>보스(BOSS)처럼 지시</u>해야 한다.

### 1. 맥락과 의도를 정확히 전달해야 한다(Background).

"왜 이 일을 하는가?" 업무적으로 후배 세대를 대할 때 꼭 유념해야 하는 질문이다. 하다못해 복사, 커피 심부름처럼 작은 일을 지시하더라도 지시받는 사람이 오해 없이 납득하도록 전달해야 한다는 것이다. 특히 요즘 젊은 후배 세대에게 일과 후 업무 지시나 SNS를 통한 일방적 지시는 자제해야 한다.

### 2. 기대하는 결과물을 명확히 해야 한다(Output).

선배가 업무 목표나 예상되는 결과를 구체적으로 제시할수록 불필요한 삽질을 줄일 수 있다. 노트나 화이트보드에 선배가 원하는 아웃풋의 이미지나 끝 그림을 명확하게 제시하는 방법을 추천한다.

### 3. 역량과 상황에 맞게 업무를 배분해야 한다(Scenario & Schedule).

지시하는 업무의 주요 일정과 마감 시한을 분명하게 제시해야 한다.

선배는 후배 직원이 보고할 때까지 기다리기보다는 먼저 자리로 가서 적절한 시기에 중간 상황을 챙길 필요가 있다.

### 4. 맡겼으면 신뢰해야 한다(Show your trust).

지시한 업무에 대해서는 후배 직원을 신뢰하고 권한을 위임해야 한다. 선배는 업무의 전폭적 지지자로서 결과에 대한 책임을 지면서 후배 직원이 맘껏 창의력을 발휘할 수 있도록 환경을 조성해야 한다.

선배 직원 못지않게 후배 직원의 역할도 중요하다. 후배 세대는 프로(PRO)답게 보고하기 위해 노력할 필요가 있다.

### 1. 상사의 의도를 정확히 파악해야 한다(Purpose).

선배가 업무를 지시한 이유와 맥락을 이해해야 한다. 이를 위해 모호한 내용에 대해서는 추가 질문을 함으로써 상사의 의도를 명확히 아는 것이 중요하다.

### 2. 논리적으로 구조화해서 보고해야 한다(Rational).

보고 내용은 논리적이어야 수용성이 높다. 전달하고자 하는 메시지를 콘셉트와 논리로 잘 포장해야 한다. 보고 내용의 품질 리스크를 줄이고 컨센서스를 확보하기 위해서는 수시로 중간보고를 통해 상사의 의중을 확인하고 진행 상황을 알리는 것이 효과적이다. 선배는 지시한 업무의 상황이 늘 궁금하기 때문이다.

## 3. 본인의 의견을 담아서 보고해야 한다(Opinion).

자신이 생각하는 의견과 대안을 담는 것은 보고하는 사람의 자존심과 같은 것이다. 보고서를 쓰는 데 여러 사람의 의견을 담았다고 하더라도 내 생각을 녹여낼 수 있어야 한다.

요즘 조직에서는 지시 및 보고문화 개선을 위해 다양한 시도를 하고 있다. 예컨대 1페이지 보고, 파워포인트(PPT) 없애기, 서면 결재 제로화(Paperless), 보고 시간 줄이기, 퇴근 후 업무지시 금지, 일·주·월별 보고 폐지, 직급 단순화, 호칭의 통일, 보고 및 결재 라인 간소화 등이 대표적이다.

지시하는 사람은 업무에 대해 더 사려 깊은 고민을 해야 한다. 명확한 지시를 위해 1분을 더 투자하면, 보고자가 보고와 자료를 준비하는 데 드는 시간을 1시간, 아니 1일을 더 절약할 수 있다. 요즘 선배들이 심심찮게 하는 얘기가 있다. 후배 직원이 시키는 일만 한다는 것이다. 하지만 선배들의 업무 지시에 대해 냉정하게 돌아볼 필요도 있다. "말 안 해도 알지?" 후배 세대는 말 안 하면 모른다. "일일이 설명을 해줘야 알겠니?" 일일이 설명을 해줄 필요가 있다. "척하면 척 아니야?" 아니다. 그럼 후배 세대는 일하는 척할 뿐이다. "어쩜 그렇게 딱 시키는 일만 하니?"라고 타박하기 전에 스스로 명확하게 업무 지시를 했는지 성찰해야 한다. 불명확한 업무 지시는 불필요한 업무를 만들고 업무의 생산성을 떨어뜨린다. 내가 아는 것을 타인도 알 것이라는 편견을 버려야 한다.

**"왜 9시에 딱 맞춰 출근할까?"**

모 금융회사 차장급 직원과 함께 '이해 안 되는 후배 직원'이라는 주제로 토론할 기회가 있었다. 김 차장이 최근 입사한 신입 사원 때문에 겪고 있는 고충을 토로했다. 그 신입 사원은 거의 매일 9시 정각에 출근한다는 것이었다. 신입 사원을 불러 상담을 하다가 적잖이 당황했다고 한다. 정각에 출근하는 것에 대해 대수롭지 않게 생각하고 있었기 때문이다. 이 차장이 함께 일하는 후배 사원 사례를 거들었다. 그 사원은 일과 시간에 인터넷 쇼핑을 하면서 업무에 집중하지 않는다는 것이다. 그는 고과 점수도 좋지 않았다. 이 차장이 출장 후 사무실에 복귀하면 그 사원이 인터넷 쇼핑이나 게임을 하는 것을 적잖이 목격했다고 한다. 퇴근 시간에는 하던 일도 서둘러 정리하거나 다음으로 미루고 선배 직원의 시선에 아랑곳하지 않고 먼저 퇴근한다는 것이었다. 함께 토론했던 다른 차장 중 상당수가 비슷한 입장이었다.

많은 선배 세대가 두 차장의 입장에 공감할 것이다. 당신들은 입사 초기부터 적어도 20~30분 전에 출근해서 일과 시간을 준비했기 때문이다. 선배 세대에게 일찍 출근해야 하는 논리는 다양하다. 9시가 되면 업무 전화부터 시작해 바빠지기 때문이다. 만약 9시쯤 출근해서 차 한 잔 마시고 업무를 시작하면 이미 늦다는 것이다. 사장이나 임원에게 하는 보고인데 9시 정시 출근해서 회의실 프로젝터 켜고 노트북 세팅하고 팀별 보고서를 준비할 시간이 부족하기 때문이다.

후배 세대의 입장은 사뭇 다르다. 15분씩만 일찍 와도 한 주면 1시간 15분이고, 한 달이면 5시간, 1년이면 60시간이나 초과 근무를 하는 셈이다. 2일하고도 반차 휴가를 하나 낼 수 있는 시간이라는 것이다. 직장에서는 이 시간을 누구도 보상해주지 않는다. 또 온종일 딴짓하는 것도 아니고 업무 시간 중에 인터넷을 하는 게 무슨 문제가 되느냐고 한다. 그도 그럴 게 점심시간 1시간 외에도 업무 중 휴식 시간은 법으로도 규정되어 있다. 근로기준법 제54조를 보면 '사용자는 근로시간 4시간에 대하여 30분 이상, 8시간에 대하여 1시간 이상 휴게 시간을 근로시간 도중에 주어야 한다'라고 규정하고 있다.

근태 기준에 대한 선후배 세대의 인식차가 적지 않다. 근태라는 용어부터 짚어보자. 근태는 한자어 부지런할 근(勤)과 게으를 태(怠)를 쓰며, 출근과 결근을 아울러 이른다. 근태는 근무 태도와 다른 말이다. 근무 태도는 '직장인으로서 일을 대하는 태도'다. 보통 '근태 관리'라고 함은 출근과 결근을 관리하는 것이다. 후배 사원의 근태 관리는 선배 세대가 고민하는 공통분모 중 하나다. 주 52시간제와 맞물려 다양한 조직문화 개선 활동이 시도되고 있다. 하지만 정시 출퇴근이 선배 세대에게는 아직 낯설다.

변화에 맞춰 근태에 대한 인식도 바뀌어야 한다. 선후배 세대에 몇 가지 제안하고자 한다. 선배 세대는 다음 3가지를 실천한다면 꼰대를 면할 수 있을 것이다.

### 1. 관점을 전환하고 관대해져야 한다.

과거의 기준과 규율을 잣대로 후배 세대를 옥죄는 건 아닌지 성찰해야 한다. 후배 직원의 지각이나 근무 태만이야 설득하고 질책할 수도 있겠지만, 정시 출퇴근은 이제 익숙해져야 하지 않겠는가? 만약 10~20분 일찍 출근해서 업무를 준비해야 한다면, 더 중요한 삶을 준비하기 위해서 퇴근도 몇 분 일찍 준비해야 하지 않느냐는 논리도 일면 타당하다.

### 2. 측은지심을 가진다.

선배 직원은 오랜 시간 업무가 익숙해져서 직장생활을 할 만하지 않은가? 하지만 젊은 후배 직원일수록 직장에서 업무도 관계도 모두 힘들다. 선배 세대는 자신의 직장생활 초기를 생각하면서 후배 직원의 입장에서 그들의 마음을 배려할 수 있어야 한다.

### 3. 적당한 거리를 유지한다.

이젠 예전처럼 끈끈한 관계를 기대하며 후배 직원과 가까워지기 위해 무리할 필요가 없다. 후배 직원은 공과 사를 분명히 구분하기를 원한다. 일찍 퇴근하는 이유를 묻지 않고, 일과 후 사생활은 보호해줘야 한다. 정시 출퇴근은 개인의 선택이니만큼 존중하고 간섭하거나 강제하지는 않는 것이 상책이다. 후배 직원들이 눈치를 안 보고 퇴근하도록 배려하는 문화를 만들어나갈 필요가 있다.

후배 세대도 근태 관련 문화를 긍정적으로 바꿔가기 위해 함께 힘을 합쳐야 한다. 그러기 위해 3가지를 실천했으면 한다.

### 1. 좋은 점은 발전시킨다.

선배 세대가 만들어놓은 것 중에서 계승할 것은 무엇인지도 고민해야 한다. 옛것을 잊지 않고 새것을 아는 온고이지신(溫故而知新)의 태도도 필요하다. 예컨대 남에게 일찍 출근하게 강요하는 것은 문제지만 자기개발을 위해 자발적으로 서둘러 출근할 수 있지 않을까?

### 2. 불합리한 관행에 과감히 도전한다.

관례에 따라 일찍 출근하고 늦게 퇴근하는 문화는 분명 개선해야 한다. 알고 보면 오너와 일부 임직원을 제외하고 누구도 반기지 않을 것이기 때문이다. 그렇다면 잘못된 관행에 반기를 들 필요가 있다. 예컨대 업무 시간 중에 충분히 할 수 있는 일이면 눈치 살피며 야근하지 않고 일찍 퇴근하는 것이다. 사실 그런 도전과 변화는 이미 시작되었다. 후배 세대의 역할이 크다.

### 3. 새로운 아이디어를 제공한다.

우리는 지금껏 "빨리빨리"를 부르짖으며 '패스트 팔로워(Fast Follower)' 전략으로 경제성장을 일궈냈다. 이제는 창의성으로 새 시대를 열어가야 하고, 여기엔 후배 세대의 참신한 아이디어가 필수적이다. 하지만 비판은 하되 절충점과 대안을 제시할 수 있어야 한다. 세련되게 표현할 수 있어야 한다는 얘기다. 조직은 여러 세대가 공존하는 곳이기 때문이다. 설령 자기 생각이 옳더라도 다른 사람들이 호응해주지 않는다면 힘을 얻기 어렵다.

이제 조직은 '관리와 통제의 문화'에서 '자율과 신뢰의 문화'로 변화해야 한다. 업무 시간과 공간, 일하는 방식은 생산성을 극대화하는 방향으로 바뀌어야 한다. 근태는 선후배 세대 누구 할 것 없이 기본으로 지켜야 하는 필요조건일 뿐이다. 조직은 공정한 평가 제도, PC나 모바일 오프제, 집중 근무 시간제, 자율 출퇴근제, 일괄 소등 및 강제 퇴근제, 출퇴근 기록 관리기 설치 등 제도나 시스템, 인프라가 구축돼야 한다. 개선 활동이 일회성 캠페인에 머물지 않도록 해야 근태 관련 문화의 변화를 위한 충분조건이 완성되는 것이다.

# 4장

요즘 것들과 옛날 것들은

어떻게 소통할까?

# 대화에서 요즘 것들과 옛날 것들의 동상이몽

## ☑ 요즘 것들과 옛날 것들의 소통 차이 6가지

세대 간 소통에 어려움을 겪는 것은 서로 사용하는 '문법'이 다르기 때문이다. 내가 속한 세대에서 일반적으로 통용되는 원칙이 다른 세대에는 반대일 경우도 있다. 얼마 전 생일을 맞은 지인에게서 전화가 왔다. 몇 주 전에 한 후배 직원에게 생일 선물과 함께 축하 메시지를 보냈다고 했다. 그런데 정작 자신의 생일이 되자 그 후배에게서 어떤 축하 인사도 없었다고 한다. 꽤 서운한 눈치길래 필자가 그에게 이렇게 얘기했다. "그렇게 선물이나 메시지를 바라면 꼰대니까 너무 개의치 마." 평상시 선후배 세대가 소통하다 보면 서로 생각이 다르고 이해가 안 될 때가 있다. 선후배 세대가 소통 시 인식의 차이를 보이는 대표적인 것은 무엇인지 살펴보도록 하자.

## 세대별 선호하는 소통

**"(카톡 메신저) 부장님, 저 퇴사하겠습니다."**

**세대별 선호하는 소통**

| 전통 세대 | 면대면 |
|---|---|
| 베이비붐 세대 | 면대면, 원하면 전화, 이메일 |
| X세대 | 전화, 이메일, 필요할 경우 면대면 |
| 밀레니얼 세대 | 온라인, 스마트폰 |

요즘 젊은 후배 세대는 연인과 이별할 때도 SNS로 통보한다고 한다. 회사에서도 마찬가지다. SNS를 통해 퇴사 통보를 하는 사례를 어렵지 않게 볼 수 있다. 가끔 업무적으로 후배 세대 직원과 소통하다 보면 세대 차이를 느낄 때가 한두 번이 아닐 것이다. 필자도 스스로 '영락없이 아저씨구나' 하는 생각이 들 때가 있다.

휴대폰에 짧은 메시지의 알림창이 떴다. "똑똑"이라고 적힌 내용이었다. 밀레니얼 세대 직원이 필자에게 메시지를 보낸 것이다. '문을 두드린 거구나, 기발한데?' 하는 생각과 함께 '좀 더 예의를 지켜야 하는 거 아닌가?' 싶은 마음도 들었다. 이런 메시지를 처음 받아서 살짝 당황했다. 내용을 보니 강의 가능 일정을 확인하려고 메시지를 보낸 것이었다. 아무렇지 않게 메시지를 주고받았지만, 마음속으로는 이렇게 생각했다. '똑똑이라는 간단한 메시지 하나에 당황하다니, 나는 꼰대인가? 어쩔 수 없는 아재인 건가?'

며칠 후에는 다른 밀레니얼 세대 직원으로부터 이메일이 왔다. 답장을 꽤 기다렸었는데 메일이 온 것을 알지 못해 거의 반나절이 훨씬 지난 후에야 확인했다. '메일을 보냈다고 짧게 메시지라도 보내주면 얼마나 고마울까?', '답장 보냈다고 메시지라도 보냈으면 좋았을 텐데' 하는 마음이 들었다. 그러면서 이런 것을 요구하는 내 모습을 보면서 이게 바로 세대 차이인가 싶었다. 메일을 자주 확인하면 될 일인데 말이다. 대부분의 후배 세대는 메일을 발송하는 것으로 자신의 역할이 끝난 것으로 생각하지만, 선배 세대는 그렇지 않다.

X세대의 소통방식은 밀레니얼 세대와 좀 다르다. 밀레니얼 세대와 선배 세대의 중간쯤 된다. 디지로그(디지털과 아날로그의 합성어) 세대답게 오프라인은 물론 온라인을 통한 소통도 비교적 능한 편이다. 업무 시 전화나 이메일을 통해 어지간한 소통이 가능하다. 꼭 필요한 경우가 아니라면 면대면 소통을 고집하지는 않는다. 다만 이메일 소통 시 수신자가 메일을 제때 확인하도록 메시지나 전화를 바란다. "김 부장님, 방금 보고 자료 보냈습니다. 확인 부탁드립니다." X세대는 밀레니얼 세대만큼 메일을 자주 확인하지는 않는다. 따라서 X세대에게 중요한 메일을 보냈다면 메일을 늦지 않게 확인하도록 메시지를 보내거나 전화를 하는 편이 효과적이다.

전통 세대나 베이비붐 세대는 면대면 소통에 능하다. 그리고 후배 세대에 비하면 온라인 소통에 덜 익숙하다. 만약 전통 세대나 베이비붐 세대에게 전할 메시지가 있다면 직접 만나서 전하는 게 효과적일 수 있다. 예컨대 식사나 회식처럼 가벼운 전달 사항의 경우 직접 만나서 참석 여부와 가능한 시간을 직접 확인하는 편이 낫다. 실제 면대면 소통이 잦은 후배에게 좀 더 친근함을 느끼게 마련이다.

세대에 따라 선호하는 소통이 조금씩 다르다. 우리가 주변에서 만나는 선후배 세대를 대할 때 이 점을 인식하고 세대의 특성에 맞게 소통을 하는 노력이 필요하다.

## 아버지도 얼리어답터셨다

**세대별 통신수단**

| | |
|---|---|
| 전통 세대 | 면대면 |
| 베이비붐 세대 | 전화 |
| X세대 | 문자, 이메일 |
| 밀레니얼 세대 | 문자, SNS |

필자의 학창 시절 아버지에 대한 기억을 떠올려보면 당신도 얼리어답터(Early Adopter)였다. 아버지는 남들보다 신제품을 빨리 구매해서 사용해야 직성이 풀리는 소비자였다. 초기 모델인 무겁고 까만 휴대폰에서 안테나를 뽑고 전화했던 기억이 난다. 그러셨던 아버지가 벌써 칠순이 되셨고, 얼마 전 느지막이 스마트폰을 사셨다. 아직 아들이 보낸 메시지에 답장을 하시지 못한다. 아버지처럼 누구나 젊은 시절엔 최신 기술에 관심이 많다. 하지만 전통 세대인 아버지의 학창 시절에는 휴대폰이 없었다. 집 전화기가 생긴 게 80년대였다. 그렇다 보니 전통 세대는 물론 베이비붐 세대는 서면 소통이 더 편하다. 여전히 이메일보다 복사한 자료를 보는 것이 편하다. 대부분의 자료를 컴퓨터나 모바일로 보는 데 익숙한 후배 세대와 비교된다. 혹시 전통 세대나 베이비붐 세대 상사를 모시고 있는 후배 세대라면 중요한 문서는 이메일 외에도 의도적으로

복사해서 전달하면 센스 있는 직원으로 평가될 수도 있다.

디지털 기술이 보편화되면서 이를 잘 활용하는 계층과 그렇지 못한 계층 간 정보의 차이가 커지는 '디지털 격차(Digital Divide)'가 심화되었다. 필자의 두 딸만 하더라도 신조어를 통해 커뮤니케이션하고, 많은 시간을 유튜브를 시청하며 보낸다. 정보도 주로 유튜브에서 검색해서 찾는다. 그들에게는 공영방송이나 종합편성 채널보다 유튜브 등 소셜 미디어 채널에서 '인플루언서(Influencer)'의 영향력이 훨씬 크다. 그들이 연예인 못지않은 인기를 누리고 있기 때문이다. 이제 SNS나 유튜브에 익숙하지 않으면 금세 후배 세대에 뒤처지게 될 수밖에 없다. 또 전화하더라도 영상통화를 자주 한다. 텍스트나 음성에 익숙한 선배 세대와 달리 후배 세대일수록 영상에 더 친숙하다. 정보를 찾을 때도 후배 세대는 책만 읽는 것은 비효율적이라고 생각한다. 구글이나 유튜브를 통해 정보를 찾는다. 실제 유튜브는 Z세대의 95%가 선호하는 가장 인기 높은 플랫폼이다.

직장에서도 통신수단에 따라 세대 간 소통의 특징이 대비된다. 회의가 많은 것은 회의를 주재하는 관리자급이 면대면 소통에 익숙한 선배 세대이기 때문이다. 향후 스마트 기기에 익숙한 후배 세대의 비중이 늘어날수록 회의의 모습도 변할 것이다. 그들은 비효율적인 회의는 딱 질색이기 때문이다. 후배 세대는 생산적이고 바람직한 회의를 위해 지속해서 아이디어를 제공해야 한다. 온라인 회의, 비주얼 도구의 활용, 생산성 애플리케이션, 다이내믹한 회의 방법, 세련된 회의 진행 스킬 등 다양한 회의 도구를 제안하면서 구태의연한 회의를 탈피하도록 도와야 한다.

## 소통 방식

### 동문 모임이 왜 줄어들까?

동문회 단체 대화방에 송년 모임 참석을 독려하는 메시지가 올라온다. 찬찬히 메시지의 내용을 읽다 보면 참석을 강요하는 선배 세대의 은근한 압력에 부담스러워진다. 왠지 선후배 간 상하 관계가 전제된 소통이라고 느껴져 마음이 편치 않다. 심지어 단체 대화방을 나가는 사람도 생긴다. 전통 세대 동문 선배의 경우 '상명하복'의 문화가 메시지에도 묻어난다. "내가 후배라는 이유만으로 반말을 듣고 왜 명령에

**세대별 소통 방식**

| 전통 세대 | 상명하복 |
|---|---|
| 베이비붐 세대 | 신중 |
| X세대 | 연결 (Hub and Spoke) |
| 밀레니얼 세대 | 협력적 |

따라야 하지?"라는 생각마저 든다. 나이 든 세대일수록 상명하복의 위계적 사고에 익숙하다. 특히 전통 세대는 상명하복의 수직적인 문화에 친숙하다. 유교 문화의 영향이 크다.

베이비붐 세대의 소통 방식의 특징은 '신중함'이다. 베이비붐 세대와 대화를 나눠보면 후배 직원보다 더 눈치를 보는 경우도 적지 않다. 그도 그럴 게 적지 않은 조직에서 실제로 사내 갑질, 미투 운동이 문제가 되고 있기도 하다. 베이비붐 세대는 피해자가 되고 싶지 않기 때문에 몸을 사리는 것이다.

X세대는 소통 시 '연결'이라는 특징을 보인다. 예컨대 동문회가 명맥을 이어가려면 X세대가 선후배 세대의 매개자 역할을 해야 한다. X세대는 선후배 세대의 특징을 모두 가진 세대이기 때문이다. 아날로그와

디지털의 감수성을 모두 가진 세대다. 문서, 대면 보고, 야근 등 아날로 그적 업무 방식에 익숙하면서 컴퓨터나 스마트 기기 등 디지털 도구를 활용한 업무에 장애가 덜하다. 도전적이고 개방적인 마인드로 후배 세대의 문화에 대한 저항도 적다. 창의적 아이디어를 제한하는 선배 세대의 폐쇄적 소통 문화를 지양하고, 협력에 익숙한 밀레니얼 세대의 문화를 접목해 디지로그 소통 문화를 만들기 위해 힘써야 한다. 그러기 위해서 X세대의 역할이 중요하다.

그리고 밀레니얼 세대의 역할도 중요하다. X세대의 바통을 이어받아 조직에서 낀 세대의 임무를 수행해야 하기 때문이다. 선후배 세대 사이에 매개자 역할을 해야 한다. 특히 밀레니얼 세대 중에서도 선배 세대에 대한 이해가 높은 80년대생 밀레니얼 세대가 선배 세대와 90년대생 밀레니얼 세대 사이에서 소통 시 중재자가 되어야 한다. Z세대가 조직에 들어오고 비중이 커갈수록 그 역할이 더 중요해질 것이다.

### 멘토링

**멘토링보다 마더링이다**[61]

멘토링도 세대 간 차이가 있다. 전통 세대는 필수적이지 않다고 여긴다. 베이비붐 세대는 부정적인 의견은 다루지 말라고 한다. X세대는 피드백을 받을 필요가 없다고 생각한다. 하지만 밀레니얼 세대는 일정한 피드백을 원한다. 많은 조직이 신입 사원의 조직 적응과 조기 전력화를 돕기 위해 멘토링 제도를 실행하고 있다. 하지만 별 효과 없이 형

**세대별 멘토링**

| | |
|---|---|
| 전통 세대 | 필수적이지 않다 |
| 베이비붐 세대 | 부정적인 의견은 다루지 않는다 |
| X세대 | 피드백을 받을 필요가 없다 |
| 밀레니얼 세대 | 일정한 피드백이 필요하다 |

식적으로 진행되는 경우도 많다. 왜 멘토링이 잘 통하지 않을까? 이유는 3가지로 볼 수 있다.

첫째, 시대의 패러다임이 바뀌었기 때문이다. 산업화 시대에는 조직 내 선후배 관계가 계층적이었다. 하지만 디지털 시대인 지금은 선후배 간 위계가 점차 줄어들고 있다. 명령과 통제에서 협업과 자율의 관계로 바뀌고 있다. 둘째, 세대가 변했기 때문이다. 과거에는 경험이 많은 선배 세대에게 능력이 있었다. 하지만 정보통신기술의 발달로 디지털 정보 격차가 생기면서 후배 세대의 전문성이 더 높은 경우도 적지 않다. 셋째, 자녀 교육 방식이 변했기 때문이다. 출생률이 3명 이상이던 선배 세대와 달리 후배 세대는 1~2명에 불과했다. 후배 세대의 부모(특히 엄마)는 자녀 교육에 집중하며 가부장적이기보다는 민주적인 방식으로 자녀를 양육했다. 그래서 후배 세대에게는 상하 관계를 전제로 하는 멘토링보다는 수평적인 마더링(Mothering)이 필요하다. 마더링은 인생 경험과 지혜가 풍부하고 신뢰할 수 있는 사람이 마치 엄마(Mother)처럼 상대방에게 조언하고 때론 학습하는 것을 의미한다.

리더십개발팀에 팀장 자리에 공백이 생기면서 박 팀장이 영입됐다. 박 팀장은 기업체 교육 담당자 출신으로 컨설팅 분야는 경험이 없었다. 팀원들은 박 팀장이 제 역할을 잘해낼지 걱정이 컸다. 하지만 박 팀장은 금방 팀원들과 가까워졌고 팀장 역할에 빠르게 적응했다. 그녀는 개인 면담, 워크숍 등을 통해 팀원들의 특성부터 파악했다. 각자 가진 장점을 발견하여 진심으로 칭찬하고, 팀원들의 특성에 맞게 업무를 효율적으로 배분했다. 팀원들은 박 팀장의 인간적이고 인격적인 모습에 믿음이 생기면서 사적인 고민도 상담할 정도였다. 팀원들이 자신보다 나이는 적었지만, 박 팀장은 존칭을 쓰면서 예의를 지켰다. 박 팀장의 부드러운 리더십 덕분에 팀은 최고의 성과를 내며 그 해를 마감할 수 있었다.

사실 박 팀장은 팀원들을 이끌기 쉽지 않은 상황이었다. 하지만 박 팀장은 두 아들을 둔 엄마로서 특유의 자상하고 따뜻한 리더십으로 팀을 이끌었다. 그녀가 성공적으로 팀을 이끌 수 있었던 비결 중 하나가 '마더링'이었다. 마더링은 3가지 차원에서 멘토링과 다르다. 첫 번째, 쌍방향적이다. 어느 한쪽만 일방적으로 가르치고 조언하는 것이 아니라 서로 조언하고 배우는 것이다. 두 번째, 수평적이다. 수직적이거나 권위적이지 않다. 어느 한쪽이 정보나 지위의 우위에 있는 개념이 아니다. 세 번째, 감성적이다. 이성적으로 옳고 그름을 판단하기보다는 상대방의 마음을 이해하고 공감하는 것이다. 상대를 좋아하게 되면 흠이 있더라도 판단하지 않기 때문이다.

선배 세대와 달리 후배 세대에게는 멘토링보다 마더링이 효과적이다. 만약 당신이 젊은 후배 세대와 함께한다면 마더링을 발휘해볼 것을 강력히 권한다. 마더링을 위해서는 다음의 3가지를 염두에 둬야 한다. 먼저, 상대에게 배운다. 마더링은 쌍방향으로 서로에게 배우는 것이다. 엄마가 자녀에게 배우는 경우도 있듯이 상황에 따라 선배도 후배에게 의견을 구하고 도움을 청할 수 있다. 역멘토링(Reverse Mentoring)처럼 말이다. 다음으로, 상대를 존중한다. 마더링은 수평적인 관계를 전제로 하므로 상하 관계의 언어나 표현보다는 존댓말을 하며 서로를 존중하는 것이 중요하다. 후배 세대는 수평적인 디지털 환경에 익숙하기 때문이다. 마지막으로, 상대를 공감하고 포용한다. 마더링은 이성적이기보다 감성적이기 때문에 장점은 칭찬하고 단점은 껴안고 보완해주는 것이다. 후배 세대는 어려서부터 칭찬에 익숙하고 질책에 민감하기 때문이다.

이제부터 젊은 후배 세대에게는 멘토링보다는 마더링을 해보면 어떨까? 후배 세대는 엄마의 애정과 관심 가운데 성장했기 때문에 직장에서도 엄마의 역할을 할 누군가가 필요하다. 선배가 그 역할을 대신해야 한다. 당신은 함께 일하는 후배에게 마더링(Mothering)을 하고 있는가, 머더링(Murdering)을 하고 있는가?

### 마더링을 100% 활용하기 위한 기술

마더링을 실천하면 멘토링보다 큰 효과를 얻을 수 있다. 방법도 어렵지 않다. 다음의 3단계 프로세스에 따라 마더링을 실행해보자.

1단계, 개발하고 싶은 능력을 찾는다. 직장생활을 하면서 개발하고 싶은 역량을 찾는다. 부족한 역량을 강

마더링 예시

| 구분 | 마더링 상대 | 미팅 |
|---|---|---|
| 발표력 | 김OO 대표<br>표OO 과장<br>탁OO 매니저 | 1년 1회<br>(00월 00일) |
| 글쓰기<br>능력 | 이OO 팀장<br>김OO 차장<br>유OO 과장 | 1달 1회<br>(00월 00일) |
| 대인 관계<br>능력 | 박OO 상무<br>이OO 책임<br>김OO 수석 | 1분기 1회<br>(00월 00일) |

화할 수도 있지만, 강점을 더욱 키우는 것일 수도 있다. 개발하고 싶은 능력을 단어로 적는다. '발표력', '글쓰기 능력', '대인 관계 능력'처럼 말이다.

2단계, (능력별로) 마더링 상대를 정한다. 개발하고 싶은 능력을 잘 발휘하고 있는 마더링 상대를 찾는다. 우선 일하는 조직에서 찾아보고, 그렇지 않으면 책이나 지인 등을 통해 찾아본다. 개발하고 싶은 능력별로 마더링 상대를 3~5명 정도 적는다. 그 이상도 상관없다. 하지만 상대는 업무 능력도 좋고 구성원들에게 존경받는 사람이면 금상첨화다. 간단하게 메모해도 되지만, 이왕이면 마인드맵, 상대 사진 등을 활용해 시각적으로 정리하면 더 좋다. 다 만들었으면 눈에 잘 보이는 곳에 둔다.

3단계, 직접 만나서 배운다. 마더링 상대가 유명인처럼 만나기 힘든 상대가 아니라면 만나서 배우는 것을 추천한다. 상대를 만나서 이렇게 질문해보자. "팀장님, 글을 잘 쓰시는 팀장님이 부럽습니다. 저도 팀장님처럼 글을 잘 쓰고 싶은데요. 어떻게 하면 글을 잘 쓸 수 있어요? 배우고 싶습니다"라고 말이다. 이런 질문을 듣고 싫어할 사람은 없다. 대부분은 배우려는 의지가 기특해서 기꺼이 가르쳐주고 싶어 할 것이다. 미팅 시간을 정해놓고 마더링 상대와 정기적으로 만나는 것은 좋은 방법이다.

## 피드백

### 예의 있게, 예측할 수 있게, 예사롭지 않게

**세대별 피드백**

| 전통 세대 | 필요할 때 충고식 전달 |
|---|---|
| 베이비붐 세대 | 공식적 문서 피드백 |
| X세대 | 솔직하고 즉각적인 피드백 |
| 밀레니얼 세대 | 클릭처럼 빠른 피드백 |

피드백 스타일을 보면 어느 세대인지 미뤄 짐작할 수 있다. 전통 세대는 필요할 때 충고식으로 전달한다. 상명하복의 관료적 조직문화에 익숙하기 때문이다. 하지만 충고는 언제나 암묵적인 비판이다. 베이비붐 세대는 공식적 문서 피드백에 익숙하다. 직장생활을 한 후 느지막이 컴퓨터를 배운 영향이 크다. X세대는 솔직하고 즉각적인 피드백이 특징이다. 그들은 독립적이며 대학 때부터 컴퓨터를 접했기 때문이다. 밀레니얼 세대는 클릭처럼 피드백이 빠르다. 어려서부터 컴퓨터, 인터넷, 스마트 기기 등을 접해 IT 친숙도가 높기 때문이다. 조직은 이런 다양한 특성을 보인 세대가 함께 일한다. 그래서 때론 사소한 피드백으로도 감정의 골이 생기고 소통의 장벽이 생기기도 한다. 특히 선배 세대는 긍정적 피드백에 서툴다.

최 전무가 오랜만에 아이디어 미팅을 소집했다. 새로운 협업 도구에 대한 구성원들의 의견을 구하기 위해서였다. 프로그램 도입에 반대하는 김 팀장과 달리 입사 2년차인 유 매니저는 다른 회사 사례를 인용하면서 꼭 도입해야 한다고 주장했다. 본부 구성원들의 의견을 수렴한 최 전무는 협업 도구를 도입하기로 했다. 유 매니저의 의견이 의사 결정에 큰 영향을 미쳤다. 도입 초기 투명하게 업무 상황이 공개되는 이유로 불만이 일부 있었다. 하지만 본부의 업무 효율성이 높아지면서 구성원들의 만족도가 높았다.

최 전무는 탁월한 소통가로 사내에서 정평이 나 있다. 그는 62년생으로 베이비붐 세대에 속하지만, 다른 본부장처럼 권위적이지 않다. 최 전무는 팀장과 매니저를 대상으로 여러 차례 개별 면담과 워크숍을 통해 본부장에 대한 기대 사항과 본부 발전을 위한 의견을 수렴했다. 그리고 '수평적 본부 문화 만들기'를 기치로 내걸고 본부 분위기를 쇄신하기 위해 노력했다. 6개월이 지나자 수평적이고 개방적인 의사소통으로 상향식(Bottom-up) 의견 수렴이 잘 이뤄졌다. 최 전무는 김 사원으로부터 회의에 자주 늦는다는 피드백을 듣고 회의에 늦지 않기로 약속하기도 했다. 구성원 간 솔직하게 피드백할 수 있는 본부 분위기가 조성된 것이다. 피드백을 보면 조직과 사람을 알 수 있다.

세대 간 원활한 소통을 위해서는 세련된 피드백이 필수다. 선후배 세대가 서로 소통할 때 알아야 할 피드백의 방법을 정리하면 다음과 같다. 먼저 후배 세대가 선배 세대에게 피드백하는 방법은 다음의 3가지를 기억할 필요가 있다.

### 1. 예의를 갖춰 피드백한다.

후배 세대는 어려서부터 컴퓨터와 인터넷을 통해 디지털 문명의 정체성을 만들어갔다. 그래서 선배 세대처럼 오프라인에서 이뤄지는 면대면보다는 온라인에서 소통하면서 말투, 예의를 내재화했다. 따라서 후배 세대는 온라인 환경의 영향으로 수평적 사고와 평등한 관계에 익숙하다. 연구에 따르면 인터넷은 실제보다 자신의 지식 수준을 과대평가하게 만드는 경향이 강하다고 한다.[62] 후배 세대는 자기도 모르게 의도하지 않게 선배 세대에게 겸손하지 않고 예의 없게 보일 수도 있다. 따라서 후배 세대가 선배 세대를 대할 때는 오프라인에서 통용되는 예의범절을 알고 익히면 유익하다.

### 2. 예측할 수 있게 피드백한다.

많은 선배 세대가 공통으로 후배 세대에 아쉬워하는 것 중 하나가 이것이다. 업무 지시를 한 선배 입장에서는 일의 진척 상황이 궁금할 수밖에 없다. 별다른 피드백이 없이 마감이 다가오면 불안해진다. 선배가 업무 상황을 예측할 수 있도록 적절한 시기에 중간 피드백을 할 필요가 있다. 그렇지 않으면 선배가 감시하듯 챙기게 되며 신뢰 비용이 생기게 마련이다. 선배가 궁금하지 않게 자주 피드백을 해야 업무 산출물의 완성도도 높일 수 있다.

### 3. 예리하게 피드백한다.

나이 많은 선배가 젊은 후배 세대에게 기대하는 것이 무엇일까? 선배 세대가 놓치고 있는 톡톡 튀는 아이디어와 통찰을 주는 것이다. 날카로운 의견은 선배 세대가 가장 좋아하는 것이다. 예리한 피드백은 꼭 직무 전문성이 높거나 업무 경험이 많아야 가능한 것은 아니다. 좋은 아이디어는 고민에서 나오니 말이다.

다음으로 선배 세대가 후배 세대에게 피드백하는 방법은 아래 4가지로 요약할 수 있다. 공정성(평등), 속도, 빈도, 투명성이 중요하다.

## 1. 동등하게(Equally) 피드백한다.

선배 세대는 후배 세대에게 한 수 가르치려고 드는 태도를 자제해야 한다. 평등한 입장에서 의견을 구하는 마음가짐이 바람직하다.《중용》 6장에서 공자는 어른의 전형인 순임금에 대해 다음과 같이 표현한다.

> 공자께서 말씀하시길, 순임금은 크게 지혜로운 분이다(子曰, 舜其大知也與).
> 순임금은 무엇이든 묻기를 좋아하고 가까운 말이라도 살피기를 좋아하고(舜好問而好察邇言),
> 타인의 나쁜 점은 덮어주고 타인의 좋은 점은 드러내고(隱惡而揚善),
> 양극단을 고려해 치우치지 않고, 중용을 백성에게 베풀었다(執基兩端, 用其中於民).

바람직한 선배는 후배에게 가르치려고 하기보다는 상대의 장단점에 맞게 격려하고 치우치지 않아야 한다. 젊은 후배 세대일수록 선배 세대의 수직적이고 권위주의적인 모습에 반감이 크다. 후배 세대는 동등하게 대접받고 수평적 관계일 때 자신의 의견을 잘 얘기한다.

## 2. 즉시(Quickly) 피드백한다.

선배 세대의 느린 피드백은 후배 세대를 속 터지게 한다. 젊은 세대는 피드백이 빠른 사람에게 더 매력을 느낀다. 호주 퀸즐랜드대 윌리엄 폰 히펠 교수의 연구에 따르면 피드백이 빠른 사람이 그렇지 않은 사람보다 카리스마도 강하고 더 능력이 있다고 한다.[63] 좋은 소식이든 아니든 빠른 피드백은 유언비어의 확대 재생산을 막을 수도 있다. 그리고 젊은 세대는 선배 세대보다 촘촘하게 연결된 네트워크를 통해 정보가 삽시간에 퍼트린다. 젊은 세대에게는 즉각적인 빠른 피드백은 필수적이다.

## 3. 자주(Frequently) 피드백한다.

선배 세대가 다소 의외로 느낄지 모르지만 후배 세대는 온라인 소통보다 대면 소통을 더 원한다. 그래서 잦은 비공식적 피드백이 중요하다. 평소 스몰 토크를 자주 하는 것은 효과적인 소통의 방법이다. 소통이 부족한 선배는 회의나 평가 면담 등 정기적 피드백에 의존한다. 하지만 후배의 성장을 돕기 위해서는 피드백 기회를 늘릴 필요가 있다. 피드백을 자주 하기 위해서는 선후배 세대 간 상호 신뢰가 전제되어야 한다. 이를 위해서는 선배 세대의 개방적 태도가 중요하다.

## 4. 사실 기반으로(Fact-based) 피드백한다.

많은 선배 세대가 부정적인 피드백을 피한다. 하지만 이를 두려워하지 말아야 한다. 진짜 리더십은 여기서 출발하기 때문이다. 후배 세대

| 피드백의 종류 | 이성적 | 감성적 |
|---|---|---|
| 긍정적 | 지지적 피드백 | 공감적 피드백 |
| 부정적 | 지시적 피드백 | 감정적 피드백 |

에게 피드백하는 것을 두려워하는 '꼰대 신드롬'까지 생겼다. 그만큼 피드백이 말처럼 그렇게 쉽지 않다는 방증이기도 하다. 특성이 다른 세대가 서로 소통할 때는 더더욱 그렇다. 피드백은 사실을 기반으로 구체적으로 해야 한다. 그래야만 후배 세대가 납득할 수 있다. 특히 부정적 피드백을 할 때는 구체적이어야 한다.

최근 인재개발(HRD) 분야에서 성과 평가가 화두가 되는 것도 맥을 같이 한다. 어느 조직이든 공통으로 성과 평가가 가장 뜨거운 현안 중 하나다. 이제 피드백도 과거와 달라져야 한다. 앞으로 우리에게 필요한 피드백은 일방적인 지시적 피드백이 아니라 인정하고 동기부여를 하는 '지지적' 피드백이어야 한다. 먼저 지지를 해야 지도도 가능하기 때문이다. 또 자신의 기분에 충실한 감정적 피드백이 아니라 상대방을 배려하는 공감적 피드백이어야 한다. 더 이상 상대방을 무시하고 모독하는 학대적 피드백이나 힘과 권위를 앞세운 일방적인 교정적 피드백은 삼가야 한다. 서로의 성장과 성숙을 돕는 건설적이고 솔직한 피드백이 자연스러운 문화를 만들어야 한다.

## 소비 의사 결정 시 선호
### 정보는 아래에서 위로 흐른다

세대별 소비 의사 결정 시 선호

| 전통 세대 | 대면 미팅 |
|---|---|
| 베이비붐 세대 | 대면 미팅<br>온라인 선호 증가 |
| X세대 | 온라인<br>시간이 허락하면<br>면대면 |
| 밀레니얼 세대 | 면대면 친구 &<br>온라인 전문가<br>집단(덕후) |

휴가철을 맞아 베트남으로 해외여행을 계획하는 상황이라고 가정해보자. 전통 세대는 여행사나 최근에 베트남 여행을 다녀온 지인에게 정보를 얻은 다음 대강의 여행 경비에 맞춰 다낭 휴양 패키지 상품을 선택한다. 베이비붐 세대는 가까운 인맥을 활용해 기본 여행 정보를 얻고, 컴퓨터와 스마트폰을 통해 여행지에 대한 최신의 정보를 찾는다. 밀레니얼 세대 자녀의 도움을 받아 여행지를 결정한다. X세대는 인터넷 검색을 통해 자녀와 휴양하기에 안성맞춤인 다낭으로 정한다. 비교적 합리적인 가격으로 숙소를 정하고, 부담 없이 갔다 올 수 있는 근처 호이안이라는 곳을 여행 동선에 포함한다. 밀레니얼 세대는 주변 지인은 물론 인스타그램, 유튜브 등 온·오프라인 전문가를 최대한 활용해 다양한 최신 베트남 여행 정보를 얻는다. 그리고 색다른 경험을 위해 나트랑이라는 소도시로 여행 계획을 세운다.

세대별 경제적 의사 결정 시 기준과 선호가 사뭇 다르다. 전통 세대는 주로 대면 미팅을 통해 제한된 정보를 얻는다. 베이비붐 세대는 대면 미팅은 물론 온라인을 통해서도 필요한 각종 정보를 찾는다. X세대는 주로 온라인을 통해 정보를 구한다. 시간이 허락하면 주변 지인을 직접 만나 정보를 얻는다. 밀레니얼 세대는 컴퓨터와 많은 채널을 가진 환경에서 자라난 세대답게 온·오프라인 할 것 없이 다양한 지인과 전문가를 활용해 양질의 최신 정보를 찾아낸다. 선배 세대는 밀레니얼 세대가 만들고 누리는 트렌드와 정보를 한 템포 늦게 뒤따라 접한다. 실제 구매 의사 결정에 관한 연구 결과를 보면 밀레니얼 세대는 베이비붐 세대나 X세대 소비자들보다 인터넷을 더 많이 활용하는 것으로 나타난다.[64]

직장에서도 마찬가지다. 전통 세대나 베이비붐 세대는 온라인을 통한 소통보다는 대면 미팅 등 오프라인 만남을 통해 정보를 얻고 의사 결정을 한다. X세대는 온·오프라인을 모두 활용하여 정보를 얻고, 사실관계를 꼭 확인해야 하는 경우가 아니라면 대면 미팅을 고집하지는 않는다. 밀레니얼 세대는 사내·외 다양한 온·오프라인 정보 출처를 통해서 거의 실시간으로 정보를 얻고 신속하게 의사 결정을 한다.

세대 간 다른 소비 의사 결정 시 각 세대의 선호를 고려할 필요가 있다. 그래서 상대가 어떤 세대인가에 따라 상황에 맞게 의사소통을 할 필요가 있다. 선후배 세대 간 원활한 소통을 위해서는 내 선호를 상대에게 요구할 것이 아니라 상대의 선호를 이해하고 맞출 필요가 있다. 그러려면 선배 세대에게는 대면 미팅을 효과적으로 활용하고, 후배 세대에게는 온라인을 잘 활용해야 한다. 훌륭한 소통자일수록 자신보다는 상대의 관점에서 배려할 줄 안다.

# 소통,
# 오해에서 이해로

## ☑ 소통에서 세대 공존의 기술 5가지

### 시간

**세대 간 시간의 상대성 원리**

시간처럼 인간에게 공평한 것이 있을까? 하지만 모든 인간에게 시간은 상대적이다. 세대 간 시간에 대한 인식도 사뭇 다르다. 그것을 알면 세대 간 이해의 문이 열린다.

**1. 시간의 길이가 다르다.**

후배 세대는 선배 세대보다 시간을 길게 인식한다. 젊은 시절을 '실

**세대별 소통의 차이**

| 구분 | 옛날 것들 | 요즘 것들 |
|---|---|---|
| 시간 | 느린 소통 속도<br>직원 간 소통은 근무 후에도 | 빠른 소통 속도<br>직원 간 소통은 근무 중에만 |
| 공간 | 오프라인에서 온라인으로 | 온라인 소통에 능함 |
| 사람<br>(생각) | 공사 구분 모호, 오프라인 친구 중심 | 공사 구분 확실, 오프라인 친구 + 온라인 친구 |
| 도구 | 서면, 전화, 이메일 중심 | 스마트 기기 |
| 방법 | 칭찬 못하고, 질책에 익숙함 | 칭찬에 익숙함, 질책에 대한 부담이 큼 |

험을 위한 시간'으로 받아들인다. 평균 기대수명이 120세로 늘어난 까닭에 여유가 생긴 것이다. 그래서 후배 세대는 젊은 시기에 새로운 도전을 꿈꾼다. 어려운 취업 관문을 통과해도 의미 있는 삶을 꿈꾸며 직장을 그만두기도 한다. 실제 입사 후 1년 이내에 퇴사했다는 사람이 66%나 된다.[65] 직장을 포기하고 다른 꿈을 꾸며 워킹홀리데이에 참가하는 사람도 2005년 2만 1,103명에서 2017년 4만 1,434명으로 꾸준히 느는 추세다.

## 2. 시간의 속도가 다르다.

후배 세대는 선배 세대보다 시간의 속도를 더 빠르게 인식한다. 선배세대는 시간이 더디게 흐르는 시대에 성장했지만, 후배 세대는 시간이 빨리 흐르는 기하급수의 시대에 성장했기 때문이다. 선배 세대는 컴퓨터나 인터넷이 없던 시절 아날로그 방식의 업무 처리를 경험했다. 지금 같으면 하루면 될 일을 일주일, 한 달 넘게 하기도 했다. 그래서 아날로

그의 비효율적인 것에 더 인내할 수 있다. 후배 세대는 다르다. 컴퓨터나 스마트 기기의 영향으로 인내심을 발휘할 필요가 없게 됐다. 그래서일까. 그들은 조급하며 의사 결정이 빠르다. 퇴사할 때도 빛의 속도다.

### 3. 시간의 소유 개념이 다르다.

선배 세대는 '우리'의 시간이 중요하다면, 후배 세대는 '나'만의 시간이 더 중요하다. 선배 세대는 함께 나누는 시간이 소중하지만, 후배 세대는 혼자 있는 시간을 존중받는 게 더 소중하다. 선배 세대는 시간을 공유재로, 후배 세대는 시간을 사유재로 인식한다. 그래서 선배 세대는 정시 출퇴근을 부정적으로 보지만, 후배 세대는 정시 출퇴근을 당연시한다. 선배 세대는 갑자기 회식 약속을 잡는 게 문제가 안 될 수도 있지만, 후배 세대에게는 시간을 도둑질당한 기분이 든다.

### 4. 시간의 방점이 다르다.

선배 세대는 미래에, 후배 세대는 현재에 방점을 둔다. 선배 세대는 미래의 행복을 위해 기꺼이 현재를 인내하지만, 후배 세대는 미래의 행복을 위해 현재를 희생하고 싶어 하지 않는다. 현재와 미래의 행복을 다 놓친 선배 세대의 시행착오를 봤기 때문이다. 후배 세대는 선배 세대처럼 미래의 행복을 위해 현재 자신을 속박하고 야망, 의무, 과로로 불행을 자처하는 '행복의 신기루'[66]에 빠지고 싶어 하지 않는다. 선배 세대는 내 집 마련, 노후 준비 등 미래를 위해, 후배 세대는 여행 등 현재를 위해 돈을 모은다. 실제 국내 외제차 시장의 절반 가까이가

20~30대 고객이다. 선배 세대가 미래를 중시하는 미래주의자라면, 후배 세대는 지금을 사는 현실주의자다.

## 5. 시간의 빈부 개념이 다르다.

선배 세대보다 후배 세대는 시간 빈곤자(Time Poor)다. 후배 세대는 학창 시절에 스펙을 관리하느라 자유를 빼앗겼다. 선배 세대는 부모의 느슨한 관심에 방목되었다면, 후배 세대는 부모의 높은 교육열에 시간을 저당 잡혔다. 그래서 주 52시간 근무제 시행으로 생긴 저녁 시간의 활용법에 선후배 세대 간 차이가 난다. 선배 세대는 가족과의 식사나 건강을 위해, 후배 세대는 자기 개발을 위해 투자하고 싶어 한다. 2018년 7~9월을 기준으로 백화점 문화센터의 매출이 이전 해 같은 기간보다 27.1% 늘었다. 40대(7%)와 50대(-1.6%)보다 20대(34.8%)와 30대(20.3%)의 자기 개발 관련 소비가 증가했기 때문이다.[67]

같은 시대, 같은 공간에 살아가면서도 세대 간 시간에 대한 인식이 다르다. 세대 간 소통을 위해서는 서로 다른 입장의 '시간의 상대성'에 대한 이해와 공감이 필요하다.

공간

## 공간 경험의 차이는 소통 방식의 차이를 만든다[68]

어릴 적 학교를 마치고 집에 돌아오면 매고 있던 가방을 마루 위로 휙 던져버리고 밖으로 튕겨 나갔다. 집이나 방구석에 틀어박혀서는 즐

**선후배 세대 간 공간 경험의 차이**

| 구분 | 옛날 것들 | 요즘 것들 |
|---|---|---|
| 실내·외 공간 | 야외 공간 | 실내 공간 |
| 온·오프라인 공간 | 오프라인 공간 | 온라인 공간 |
| 경험의 반경 | 국내 | 해외 |

길 게 마땅치 않았기 때문이다. 방에서는 어른 흉내 내며 민화투를 치거나 마당에서 공놀이하는 것 정도였다. 가을에 감나무에 올라가 홍시를 따던 기억도 좋았다. 집에 있으면 괜스레 사고만 치기 일쑤였다. 거름으로 쓰기 위해 어른 키 높이로 쌓아둔 두엄에서 불장난하다 태운 기억이 아직도 선하다. 하지만 요즘은 다르다. 둘째 딸만 하더라도 방과 후에 더 바빠진다. 바이올린, 피아노, 영어, 학습지, 태권도 등으로 학원과 집을 오가며 빡빡한 일정을 소화한다. 늦은 저녁이 돼서야 다크서클이 짙은 얼굴로 집에 들어온다. 엄마는 오후 내내 학원에 딸을 실어 나르고 일정을 관리하는 매니저 역할을 하느라 피곤하다. 이렇게 해를 볼 틈도 없이 유년 시절을 보낸 게 밀레니얼 세대부터다.

경제 발전의 속도만큼이나 세대별로 유년 시절을 보낸 공간도 사뭇 달랐다. 사람의 생각과 행동은 공간의 영향을 받는다. 공간은 사람의 소통 방식에도 영향을 준다. 세대 간 공간에 대한 경험의 차이는 소통 방식의 차이를 만들었다. 선후배 세대 간 공간 차원의 대비되는 3가지 특징을 정리해보자.

**첫째, 선배 세대는 야외 공간, 후배 세대는 실내 공간에서 많은 시간을 보**

**냈다.**

선배 세대가 유년 시절을 보냈던 1950~1970년대에는 주택 유형 중 단독주택 비중이 90%가 넘었다. 마당은 사계절 다른 추억을 만들어 냈다. 외양간의 느린 황소 소리, 양철 처마를 두들기는 후드득 빗소리, 마당에 소복이 쌓인 눈, 양지바른 마당에서 볕을 쬐고 낮잠 자는 누렁이. 많은 선배 세대의 어릴 적 추억은 그랬다. 아파트의 등장은 아날로그 추억을 점점 지워갔다. 1932년 서울 충정로 3가에 세워진 5층짜리 '충정 아파트'를 시작으로 지방 구석구석까지 아파트가 들어섰다. 애초 아파트는 급격한 도시화로 인한 인구 밀집을 해소하기 위한 것이었다. 후배 세대는 주로 아파트에서 살았다. 컴퓨터와 침대가 있는 나만의 방에서 홀로 있거나 마당 역할을 대신하는 거실에서 가족 대신 TV와 마주했다. 장작과 연탄 등 연료를 아끼기 위해 한 방에서 다닥다닥 살을 부대끼며 온 가족이 함께 삶을 나누던 선배 세대와 비교된다. 후배 세대에게 집은 혼자서도 즐길 거리가 넘치는 넓은 공간이었다. 이 때문에 직장에서 워크숍을 할라치면 선후배 세대 간 기호가 확연하게 갈린다. 선배 세대(특히 베이비붐 세대)는 등산, 체육대회처럼 야외 활동을, 후배 세대는 보드게임이나 방 탈출 게임을 하는 실내 공간을 더 선호한다.

**둘째, 선배 세대는 오프라인 공간, 후배 세대는 온라인 공간에서 활동했다.**

선배 세대는 콩나물처럼 좁은 교실에서 공부했다. 또래 학생들이 많아 2부제로 9시, 2시 반을 나눠야 할 정도였다. 방과 후에는 동네 아이들이 밖으로 쏟아져 나와 골목이 시끌시끌했다. 종일 햇볕에 그을리며

### 한국 현대사의 세대 지형[69]

| 세대 구분 | 핵심적 역사 경험 | 사회적 공간 | 정치·사회의식 |
| --- | --- | --- | --- |
| 베이비붐 세대 | 산업화, 유신 시대 | 과밀·경쟁의 오프라인 공간 | 순응적 현실주의 |
| X세대 | 1980년대 민주화운동 | 오프라인 → 온라인 | 관념적 민중주의 |
| 밀레니얼 세대 | 인터넷 혁명 | 수평적 온라인 공간 | 탈정치적 문화주의 |

땅거미가 지도록 흙먼지를 뒤집어쓰고 싸우기도 하며 산, 들, 강에서 온종일 놀았다. "○○야~." 농사일을 마치고 귀가하는 부모들이 소환하는 소리에 하나둘 집으로 흩어졌다. 반면 후배 세대는 인터넷 혁명으로 귀가 후 과외나 학원 수업이 아니면 집이나 동네 피시방에서 컴퓨터와 마주했다. 온라인 세상으로 빠져든 것이다. 그래서 직장에서 정보를 찾을 때도 선후배 세대 간 차이가 난다. 선배 세대가 관련된 책부터 찾는다면 후배 세대는 키워드를 바꿔가며 인터넷 서핑부터 한다. 여행을 가더라도 선배 세대가 주변 지인에게 의견을 구한다면, 후배 세대는 거미줄처럼 연결된 온라인 '덕후'에게 최신 고급 정보를 얻는다. 선배 세대는 서열이 명확한 3차원의 오프라인을, 후배 세대는 투명하고 수평적인 온라인이라는 2차원의 공간을 닮았다. 스마트 기기, 유튜브는 젊은 후배 세대를 더 온라인 친화적으로 만들고 있다.

**셋째, 선배 세대는 경험의 반경이 주로 국내였지만, 후배 세대는 해외로 넓어졌다.**

해외여행 자유화와 인터넷 상용화의 영향이 크다. 선배 세대는 어른이 돼서야 배낭여행을 하거나 지사 파견 등으로 느지막이 해외 경험을 했다. 1989년 해외여행이 자유화되면서 후배 세대는 어려서부터 해외 경험이 쉬워졌다. 선배 세대보다 소통의 범위가 확장되고 국제 감각을 갖게 하는 데 영향을 미쳤다. 후배 세대는 수시로 휴가를 내 해외여행을 떠난다. 휴가 시즌이 돼야 가족과 휴가를 떠나는 선배 세대와 비교된다. 해외 파견 근무에 대한 생각도 다르다. 선배 세대는 해외 근무를 선호한다면, 후배 세대는 해외 생활의 어려움을 일찍 체험했기 때문에 해외 근무에 대해 동경이 덜하다. 또한 1994년 인터넷 상용 서비스의 시작은 선후배 세대 간 활동 무대의 차이를 만드는 중요한 사건이었다. 필자가 대학 시절에 교수님께서 과제물을 이메일로 제출하라고 해서 당황했던 기억이 있다. 컴퓨터 자판도 익지 않아 한동안 큰 도전 과제였다.

"사람은 공간을 만들고 공간은 사람을 만든다"는 말이 있다. 선후배 세대 간 사뭇 다른 공간에 대한 체험은 이해와 공감의 단절을 만들어냈다. 지금 선후배 세대는 같은 공간에 살고 있지만 다른 생각을 하며 살아간다. 선후배 세대 간 소통의 틈을 좁히기 위해서는 공간에 대한 교차 경험이 필요하다. 선후배 세대는 서로 즐기는 공간을 바꿔가며 체험해 보는 것이다. 예컨대 그동안 회식이나 워크숍을 할 때 선배 세대가 지정한 장소를 갔다면 후배 세대가 좋아하는 맛집과 명소로 바꿔보는 것이다. 또 회의를 사무실에서만 했다면 카페나 야외로 장소를 옮겨보는 것이다. 저마다의 목적으로 사무 공간의 혁신을 꾀하는 조직들이 늘고 있다. 세대 간 소통을 돕는 공간도 꼭 염두에 두고 기획할 필요가 있다.

## 그들은 우리와 생각의 속도가 다르다[70]

가끔 혼자 엉뚱한 상상을 한다. 만약 냉동인간이 되어 10년 후에 다시 깨어난다면 어떨까? 아마 지난 10년보다 많은 변화에 소스라치게 놀라지 않을까? 그도 그럴 게 지난 2년간 만들어낸 데이터의 양이 인류 역사 동안 생산해낸 양보다 9배나 많다고 한다. 또 하루에 만들어내는 데이터의 양도 8제타바이트에 이른다고 한다. 솔직히 감이 잘 안온다. 1제타 바이트가 1조 1,000억 기가바이트라고 하니, 2기가짜리 영화가 자그마치 4조 편이나 되는 데이터가 하루 만에 만들어지는 셈이다. 세대 차이가 심하게 나는 이유가 여기에 숨어 있다. 후배 세대가 겪은 유년 시절은 선배 세대와 비교되지 않을 정도로 빠르게 변했다. 시대 변화의 속도만큼이나 세대 간 생각의 차이도 크다. 선후배 세대 간 생각의 차이를 이해하지 않으면 좋은 관계를 맺기는커녕 갈등을 피할 수 없다.

직장은 가정이나 학교와 근본적으로 다르다. 다른 경험을 한 사람들이 모여서 소기의 목표를 가지고 일하는 곳이다. 조직과 구성원 간 생각이 한 방향으로 정렬이 되지 않아 관계나 업무 차원의 다양한 갈등이 존재한다. 조직에서 갈등이 있는 것은 당연하다. 세대 간 갈등도 마찬가지다. 예를 들어보자. 무심한 듯 챙겨주는 '츤데레' 삼촌 같은 윤 팀장, 프로젝트로 미뤘던 휴가를 떠나는 유 대리에게 얘기한다. "휴가 때 뭐해? 어디로 가니? 이번 휴가는 누구랑 가?" 윤 팀장은 예전에 선배에게 이런 질문을 받는 게 익숙했다. 하지만 지금은 다르다. 이런 질문에 유 대리는 당황할 확률이 높다. 윤 팀장의 마음은 알지만 유 대리는 이런 생각이 든다. '왜 저런 질문을 하지? 그건 사생활 영역인데.'

선후배 세대 간 생각의 차이는 무엇일까? 3가지가 대표적이다.

### 하나, 일과 삶에 대한 태도의 차이다.

선배 세대는 삶보다 일을 우선시했다. 회사에서 야근하고 주말 근무하는 것을 대수롭지 않게 여겼다. 하지만 후배 세대는 일보다는 삶이 중요하다. 일하는 이유는 더 여유 있는 삶을 누리기 위해서다.

### 둘, 계층의 사다리가 약해졌다.

예전엔 근속 연수만 채워야 으레 진급할 수 있었다. 하지만 지금은 능력 있는 직원이 더 빠르게 승진할 수도 있는 시대다. 게다가 후배 세대는 한 직장에서 오래 근무하기보다 회사를 옮기며 다양한 경험을 하고 싶어 한다. 보직보다는 연봉이나 복지, 문화 등에 더 관심이 많다.

### 셋, 관계에 대한 정의가 변했다.

선배 세대는 직장에서 혈연, 지연, 학연 등으로 네트워크를 형성하는 데 익숙했다. 비공식 모임에 인사이더가 되면 실제 보이지 않는 혜택을 누릴 수 있었다. 그래서 그들은 후배를 대할 때도 마치 연줄처럼 끈끈한 관계를 유지하려고 한다. 하지만 후배 세대에게는 회사에서의 만남은 계약관계일 뿐이다. 후배 세대는 선배 세대보다 혈연, 지연, 학연에 관심이 덜하다.

<u>후배 세대에게 뒷방 늙은이 취급받지 않으려면</u> 선배 세대가 생각을 바꿔야 한다. 다음 3가지를 실천해보자.

**첫째, 개인의 삶을 침범하지 않는다.**

이사 때문에 하루 휴가를 낸 사원에게 "어디로 이사해? 몇 평이야? 얼마야?" 또는 "요즘 SNS 보니까 좋은데 많이 다니던데, 어제는 남자(여자) 친구랑 뭐했니?" 이런 질문은 되도록 삼가야 한다. 후배는 관심이라기보다 참견으로 받아들일 수 있기 때문이다.

**둘째, 어떻게 도울 수 있을지 물어본다.**

직장 내 상하 관계는 불편할 수밖에 없다. 선배가 먼저 마음을 열어야 관계가 편해질 수 있다. 후배 직원에게 일을 맡겼다면 진행 상황을 수시로 확인하면서 도울 일이 있는지 챙겨야 한다. 힘들어 보이는 후배 직원이 있다면 다가가 힘이 되는 말 한마디를 건네거나 가끔 차 한잔할 마음의 여유가 있어야 한다.

**셋째, 때론 적절히 선을 긋는다.**

착한 선배가 꼭 좋은 선배는 아니다. 남이 보는 나를 지나치게 의식하여 인기에 휘둘리는 착한 아이 증후군(Good Boy Syndrome)을 경계해야 한다. 후배 직원이 잘못했을 때는 따끔하게 질책할 수도 있어야 한다. 마음의 거리를 의식하느라 쓴소리를 하지 못한다면 후배를 아끼는 진정한 선배라고 할 수 없다.

후배 세대는 선배 세대에 못마땅한 태도로 일관할 게 아니라 적극적으로 변화 매개자 역할을 해야 한다. 후배 세대에게 2가지를 제안한다.

### 첫째, 선배 직원의 관심이나 호의를 매몰차게 거절하지는 않는다.

선배 직원의 행동이 나쁜 의도가 아니라면 마음을 열고 수용할 수도 있어야 한다. 선배가 갑자기 저녁에 회식하자고 하면 가끔 시간을 내주면 어떨까? 만약 선약이 있다면 기분 나쁘지 않게 거절하는 기술도 필요하다. "팀장님, 저 오늘 친구 집들이하는데 가야 해서요. 죄송한데 다음에 하면 안 될까요?" 이렇게 얘기하는데도 한사코 회식해야 한다고 우기는 선배가 몇이나 있을까?

### 둘째, 선배 직원의 잘못은 기분 나쁘지 않게 교정해준다.

선배 직원의 요구와 행동이 부당한 갑질이라고 판단되면 거절 의사를 명확히 표현해야 한다. 또 원하는 것을 얻는 요청의 기술도 필요하다. "선배님은 편하게 생각해서 제 몸을 터치하시는 거겠지만, 저는 마음이 불편하니까. 그렇게 하지 않았으면 좋겠습니다"라고 말이다.

지금은 변화의 속도가 어느 때보다 빠르다. 시대 변화의 속도만큼이나 생각의 속도가 빨라야 뒤처지지 않는다. 생각의 속도가 다른 선후배 세대가 서로 이해하고 공감하기 힘든 점이 많다. 선후배 세대가 다른 세대를 이해하려고 서로 손을 붙잡지 않는다면 개인은 물론 어느 조직이나 국가도 거센 변화의 물살을 견뎌내기 쉽지 않을 것이다.

　최근 프리미엄 차량 공유서비스 '타다' 사업이 택시업계의 거센 반대와 당국의 미온적인 태도에도 꾸준히 성장하고 있다. 밀레니얼 세대는 '타다'의 편리하고 안전한 서비스에 열광하고 있다. 과거 1928년 3월 14일 〈조선일보〉에 이런 기사가 게재되었다고 한다. "저가의 대중교통 서비스 운영하겠다고 했을 때, 인력거꾼들이 시청에 몰려가 항의 시위까지 벌였다. 하지만 불과 1년도 안 돼 택시가 증가하고 버스 운행이 시작되면서 인력거꾼은 곧 사라졌다."[71]

　바야흐로 지금은 세계표준 전쟁이라고 할 수 있는 디지털 트랜스포메이션 시대로 문명이 교체되는 시기다. 하지만 선배 세대의 느린 시계와 생각의 속도가 후배 세대의 다양한 미래 기회 포착 노력에 발목을 잡고 있지는 않은지 심각하게 숙고해볼 일이다.


도구

**"메일을 보냈으면 전화나 메시지 한 통 하면 얼마나 좋아"**


　예전에 비해 음식점이 꽤 조용해졌다. 아이들은 소란스럽게 뛰어다니는 대신 다소곳하게 제자리에 앉아서 뭔가를 응시하고 있다. 바로 스마트 기기다. 유튜브 채널을 통해 제 기호에 맞는 영상을 뚫어지라 쳐다보고 있다. 하나같이 무표정하지만 늘 흥미로운 무언가를 찾는 중이다. 부모는 스마트 기기 덕에 아이를 통제하기 쉬워졌다. 하지만 스마트폰에서 눈을 떼지 않는 아이가 걱정돼 시간으로 아이를 통제한다. "조금만 더 볼래!" "5분만 더 보고 끄는 거야!" 영상을 더 보겠다며 보채는 아이와 실랑이하는 상황이 늘었다. 인류가 만든 최고의 소통 도구인 스마트 기기로 인해 역설적이게도 부모와 자녀 간 대화는 오히려 줄고 있다.

소통 도구가 서면, 전화, 이메일 중심이던 선배 세대와 달리 후배 세대는 스마트 기기까지 더해지면서 다양해졌다. 소통 도구 측면에서 선배 세대와 후배 세대는 다음의 3가지 차이가 있다.

**먼저, 선배 세대일수록 대면 소통에, 후배 세대일수록 온라인 소통에 능하고 익숙하다.**

선배 세대는 메일을 발송했으면 직접 만나서 구두로도 전달해줬으면 한다. 아니면 확인 문자라도 보내주기를 바란다. 하지만 후배 세대는 온라인에서 메일이나 메시지를 보내는 순간 업무가 끝난 것으로 생각한다. 선배 세대는 오프라인 공간에서 면대면으로 하는 소통에 익숙하다. 하지만 후배 세대일수록 어려서부터 컴퓨터와 인터넷, 스마트 기기에 익숙하기 때문에 온라인 소통에 능하다. 선배 세대에게 메일을 보냈으면 확인 메시지를 보내면 더욱 좋다. 좀 번거롭더라도 확인 전화를 하면 눈치 있는 후배라는 평을 들을 수 있다.

**다음으로, 선배 세대일수록 서면 소통이, 후배 세대일수록 이메일 소통이 편하다.**

필자도 영락없이 선배 세대구나 싶을 때가 있다. 후배 직원이 작업한 문서를 컴퓨터 화면으로 충분히 검토할 수 있음에도 불구하고 출력해서 문서로 가져올 때 고마운 마음이 들기 때문이다. 사실 출력을 하면 눈에 피로가 덜하고 메모하기 편할지 모르지만, 잉크나 종이 비용이 발생하고 속도도 느리다. 컴퓨터 화면으로 내용을 확인하고 피드백을 하는 게 더 효과적이다. 형식적인 보고로 인한 비용을 줄이기 위해 문서나 종이를 없애자고 하는 종이 없는 사무실(Paperless) 트렌드와 대치되는 것이기도 하다.

**마지막으로, 선배 세대일수록 최신 기술의 도입에 저항적이며, 후배 세대일수록 개방적이다.**

회사에서 소프트웨어 사양을 업그레이드하는 이슈를 놓고 찬반 양론이 대립한 적이 있다. MS오피스의 최신 사양이 출시되면서 기존 버전보다 기능이 많이 개선되어 바꾸자는 것이었다. 주로 선배 세대의 반대가 심했다. 최신 사양으로 바꿀 경우 새로운 기능에 적응하느라 힘들기 때문이다. 결론부터 얘기하자면 최신 사양을 도입했다. 초기에 불편함을 호소하는 직원이 몇 명 있었지만, 구성원들은 바뀐 소프트웨어에 금방 적응했다. 더군다나 며칠간 작업한 파일을 날려버리는 일 없이 훨씬 안정적이었다.

선후배 세대 간 소통 도구의 차이에서 오는 소통의 간극을 좁히기 위해서는 어떻게 해야 할까? 선배 세대는 수고스럽더라도 온라인이나 이메일 소통에 익숙해져야 하고, 후배 세대는 중요한 메일을 보냈을 경우 확인 전화나 메시지를 남겨보는 것은 어떨까? 그리고 선배 세대는 바뀌는 최신 기술에 더 수용적이어야 한다. 디지털 기술 역량을 더 강화할 필요가 있다.

### 방법

**"난 칭찬이 참 어색해"**

필자가 교육 컨설팅 기관에서 리더십개발팀의 팀장으로 일할 때의 얘기다. 일 잘하기로는 둘째가라면 서러울 최 책임과 대화를 하는데 그가 이런 얘기를 했다. "팀장님은 업무에 대한 기대치가 높아서 힘들어요. 열심히 작업해서 가져가도 칭찬하신 적이 거의 없어요. 늘 보완사항이 생겼고, 그 수준을 맞추려면 쉽지 않아요." 신뢰하고 아끼는 후배의 피드백이라 계속 마음에 남았다. 그러다 '칭찬'에 대해 큰 깨달음을 갖게 한 사건이 생겼다. 회사에서 팀장급 이상을 대상으로 리더십 진단을 했는데, 50여 개 문항 중에서 "같이 일하는 팀원들은 칭찬한다", "팀원들을 신뢰한다"라는 항목이 다른 항목과 비교해 유독 점수가 낮게 나왔다. 정말 팀원들에게 칭찬에 인색한 리더라는 것을 객관적으로 확인한 것이다. 되돌아보니 직장생활 중 후배들에게 칭찬을 잘 하지 않았음을 깨달았다.

선배 세대는 대개 칭찬에 익숙하지 않다. 상대에게 칭찬하는 것도 자신이 칭찬받는 것도 어색하다. 강의하다 보면 청중의 생생한 사례를 종종 듣게 된다. 한번은 질책의 사례로 필자가 초등학교 때 준비물을 챙기지 않아 선생님께 발길질까지 당한 얘기를 했다. 그러자 베이비붐 세대 학습자는 그 정도는 약과라며 자신의 사례를 들려줬다. 방학이 끝나면 과목별로 숙제 검사를 하는데, 한 주 내내 매를 맞았다는 것이다. 선배 세대일수록 칭찬보다는 질책에 더 익숙한 환경에서 성장했다.

후배 세대는 좀 다르다. 질책보다는 칭찬에 더 익숙하다. 과목별 상은 물론 갖은 명목의 상들이 넘쳐났다. 대회에 참가했으면 장려상이라도 받았다. '학종'이라고 불리는 학생부종합전형 등 교육제도의 영향이 크다. 무엇보다 선배 세대와 다른 것은 자녀 양육 방식의 차이다. 선배 세대 부모는 하나같이 엄하게 자녀를 키웠다. 이에 비해 후배 세대 부모는 자녀의 기를 꺾지 않고 자존감을 높여준다는 이유로 질책보다는 칭찬으로 키웠다. 하지만 후배 세대는 직장에 들어와서 '나는 특별하지 않다'는 것을 금방 깨닫는다. 직장은 여전히 칭찬보다는 질책 위주의 신상필벌 시스템으로 운영되기 때문이다.

선배 세대는 성장을 위해 따끔한 피드백과 질책도 필요하다고 생각한다. 하지만 질책보다는 칭찬에 익숙한 후배 세대는 되도록 칭찬받고 싶어 한다. 이 부분이 세대 간 충돌의 지점이다. 선배 세대는 부정적인 피드백을 받으면 기분은 좋지 않아도 성장을 위해 감수해야 한다고 생각했다. 때로는 억울해도 이런 게 직장생활이거니 생각하면서 참았다. 하지만 후배 세대는 질책에 대해 인내심이 약하다. 부정적인 피드백을 굳이 참으려고 하지 않는다. 질책의 사유가 명확하지 않다면 더더욱 그렇다. 그래서 후배 세대에게는 질책하더라도 명확한 이유와 함께 사실 위주로 피드백할 필요가 있다. 그렇지 않으면 마음을 닫고 퇴사하겠다고 마음먹을지 모르기 때문이다.

　세대 간 소통과 화합을 위해서는 서로가 자신의 처지에 맞추기만 바랄 게 아니다. 세대 간 칭찬과 질책에 대한 온도 차를 이해할 필요가 있다. 후배 세대는 선배 세대가 질책에 익숙하다는 것을 이해해야 하고, 선배 세대는 후배 세대가 칭찬에 익숙하고 질책에 예민하다는 것을 알아야 한다. 그리고 상대의 입장에서 서로 양보하며 생각을 좁혀 가면서 세련된 소통의 방식을 찾아가야 한다. 필자도 칭찬하는 것이 익숙하지 않지만, 의도적으로 후배 직원들에게 칭찬하려고 노력한다. 처음에는 어색하고 쉬운 일은 아니지만, 자꾸 하다 보니 요령이 생기는 것 같다. 사람의 본성은 자신보다 남에게 더 엄한 판단의 잣대를 대기 마련이다. 질책하기는 쉽지만, 칭찬은 노력이 필요하다.


## ☑ 디지로그 소통 문화로 거듭나기

　소통의 어원은 '공유하다'라는 의미의 라틴어 'communis'에서 유래했다. 소통은 공유하고 나누는 것이다. 서로 공유하지 않으면 온전한 소통이 이뤄지는 것이라고 할 수 없다. 소통은 서로 굳게 닫힌 문을 여는 것에서 시작된다. 그러려면 선배 세대와 후배 세대가 닫힌 마음의 문을 열어야 한다. 선배 세대의 아날로그적인 경험과 디지털 네이티브인 후배 세대의 경험이 어울려져야 한다. 선후배 세대의 디지털과 아날로그의 경험과 생각이 공존하고 화합하는 디지로그 소통 문화를 만들어야 한다. 디지로그 소통 문화를 조성하기 위해 다음 4가지를 실천해보면 어떨까?

### 1. 서로의 역사를 이해하기(Period & Personal History)

세대 간 소통은 선후배 세대가 서로에 대해 아는 영역을 넓혀가는 것이 중요하다. 그러기 위해서는 상대의 과거나 역사를 알아야 한다. 마치 관계가 깊어질수록 과거에 대해 이해하고 포용하는 범위가 넓어지듯이 말이다. 선후배 세대가 서로 겪은 사건과 경험에 대해 이해하기 위해서는 대화가 필요하다. 평소 날씨, 드라마, 운동 등 시시콜콜한 작은 주제에 대해 잡담하면서 서로에 대해 알아가는 것이다. 스몰 토크는 상대방의 가치관, 기호, 취미 등 코드를 파악할 수 있는 가장 효과적인 방법이다. 최고의 소통가들은 하나같이 스몰 토크의 달인이다.

### 2. 만남의 기회 늘리기(Place & Platform)

소통은 높은 담장을 허물듯이 경계를 허무는 것에서 출발한다. 세대 간 소통을 위해서는 의도적으로 함께 대화하는 기회를 늘릴 필요가 있다. MIT 교수인 알렉스 샌디 펜틀랜드(Alex Sandy Pentland)의 연구에 따르면 커뮤니케이션을 성공으로 이끄는 3대 요인은 '외부 지향(Exploration)', '참여(Engagement)', '에너지(Energy)'라는 것을 발견했다.[72] 즉 자신과 다른 사회집단에 속한 사람들과 교류하는 것, 같은 사회집단 내의 사람들과 균등하게 교류하는 것, 많은 사람과 교류하는 것이다. 많은 회사에서 우연한 만남(Chance Encounter)이 가능하도록 공간을 전략적으로 확보하는 것은 이 때문이다. 예컨대 페이스북이 축구장 7개 크기 규모의 단층 건물에 통상적인 벽, 문, 칸막이가 없는 세계 최대의 오픈 공간을 만들었다. 또 애플은 임직원의 협업과 수시 미팅을 지원할 수 있는 열린 공간을 목적으로 건물을 설계했다.[73] 우연한 만남은 작은 변화를 통해서도 가능하다. 회사 한구석에 물건들이 방치된 탕비실 대신 쉴 수 있는 장소를 확보해야 한다는 것이다. 그래서 선후배 세대가 자연스럽게 섞이도록 해야 한다. 비공식적 커뮤니케이션이 일어나도록 공간과 플랫폼을 만들어 소통을 돕는 것이다. 유명 회사처럼 거창하고 화려하게 꾸밀 필요는 없다. 구성원들이 가고 싶어 하고 편하게 대화할 수 있는 공간이면 충분하다. 세대 간 소통을 위해서는 사무 공간보다 휴게 공간의 설계가 더 중요할지 모른다.

### 3. 사람에 대한 이해 높이기(People)

과학기술이 발전할수록 사람에 대한 이해는 더 중요해진다. 과학기술도 결국 사람을 위한 것이기 때문이다. 세대 간 소통도 사람에 대한 이해를 전제로 한다. 심리학, 뇌과학은 물론 문·사·철(문학, 역사, 철학)로 대표되는 인문학(영어로 'Humanities'이기 때문에 사람에 대한 학문을 의미하는 '人學'이라는 표현이 적합함) 전반에 관해 관심을 가질 필요가 있다. 모든 세대가 선후배이기 전에 모두 사람이라는 점을 알아야 한다. 사람에 대한 이해는 소통 시 상대방을 불쌍히 여기는 긍휼과 관대함을 갖게 하는 마중물과 같은 역할을 한다.

## 4. 같은 방향 바라보기(Purpose)

온전한 소통은 서로 마주 보는 것이라기보다는 같은 방향을 바라보는 것이다. 다시 말해 생각을 한 방향으로 정렬하는 것이다. 세대 간의 소통도 마찬가지다. 같은 방향을 바라보기 위해서는 서로의 무의식 속에 자리 잡고 있는 믿음, 인식, 가치관을 이해해야 한다. 그래야 서로를 깊게 이해할 수 있고 실마리를 찾을 수 있기 때문이다. 예컨대 서로의 처지를 깊이 이해하고 공통분모를 발견하면 대화 시 공통의 화두를 찾고 공감대를 만들기 수월하기 때문이다.

새로운 시대 변화로 소통방식이 바뀌면서 세대 간 소통은 갈수록 어려워지고 있다. 지금은 역사상 그 어느 때보다 세대 간 이해와 융합이 절실한 시기다. 선배 세대는 디지털 지능을 높이기 위해 힘써야 하고, 후배 세대는 아날로그 지능을 높여야 한다. 선후배 세대가 서로의 약점을 보완하고 장점을 융합하여 공존하는 디지로그 소통 환경을 조성해야 한다. 최근 퇴사한 베이비붐 세대가 새로운 출발을 위해 디지털 기술 배우기에 열풍이다. 한편 20~30세대는 경기침체로 살림이 팍팍해지자 과거의 추억들에서 위로를 얻으려는 듯 레트로(회상, 추억을 뜻하는 Retrospect의 약어)가 열풍이다. 이런 현상들이 서로 다른 세대를 알기 위한 것이라면 얼마나 좋을까 하는 꿈을 꿔본다.

# 5장

## 요즘 것들과 옛날 것들은
## 어떻게 공존하면 될까?

# 요즘 것들이 옛날 것들과 공존하려면?

## ☑ 세대별 역할 찾기

선배 세대에게 밀레니얼 세대의 특징을 물으면 종종 "말대꾸를 잘한다"라고 대답한다. 사실은 '말대꾸'가 아니라 '의견'을 얘기하는 데 주저함이 없는 것일 수도 있다. 반대로 밀레니얼 세대에게 선배 세대의 특징을 물으면 '답정녀(답은 정해져 있으니 너는 대답만 해)' 같다고 한다. 결론을 내려놓고 형식적으로 의견을 묻는 식의 회의에 익숙한 선배 세대로서는 추진력 있게 일을 끝내려는 의도도 깔려 있다. 이렇듯 세대 간에 입장과 인식이 다르다.

세대 간 인식의 차이에는 긍정적인 면과 부정적인 면이 공존한다. 전통 세대는 의지력과 도전 정신이 강하고 경험과 노하우가 풍부하지만,

## 세대별 상호 인식과 역할

| 구분 | 전통 세대 | 베이비붐 세대 | X세대 | 밀레니얼 세대 |
|---|---|---|---|---|
| 긍정적 상호 인식 (Plus) | 의지력 도전 정신 열정적 경험·노하우 풍부 | 성실 책임감 추진력 헌신적 경험·노하우 풍부 | 수용성 온·오프 능함 일과 삶 조율 상하 관계 조율 일에 대한 열정 | 자기주장 강함 학습·습득 능력 뛰어난 적응력 빠르고 민첩함 아이디어 풍부 |
| 부정적 상호 인식 (Minus) | 권위적·위계적 의견 중시 형식·격식 중시 | 관습 중시 상상·창의력 부족 성과·경쟁 지향 | 회피 중재 역할 기피 비판적 | 개인적 상하 개념 부족 게으름 |
| 타 세대에게 원하는 것 (Wants) | 인정 | 인정 협력 | 인정 협력 독립 | 인정 공감, 위로 칭찬 자유 |
| 타 세대가 기대하는 역할(Role) | 경험 공유 지원, 조언 일깨움 → 지지·조언자 | 권한 위임 후배 육성 창의 환경 조성 → 분위기 조성자 | 실패 독려 동기부여 솔선수범 상하 조율(연결) → 중재·매개자 | 몰입 끈기 팔로워십 아이디어 제공 → 변화 주도자 |
| 할 수 있는 일 (Competency) | 격려 노하우 전수 | 경청 평가 및 기여 | 안정 상담·칭찬 | 도전 및 성장 협력 및 팀워크 |
| | 상호 존중 및 배려, 소통과 협력, 상호 학습 | | | |

권위적이고 격식을 중시한다. 베이비붐 세대는 성실하고 책임감이 강하며 헌신적이지만, 관습을 중시하고 성과 중심적이며 경쟁 지향적이다. X세대는 수용성이 높고 온·오프라인 소통에 모두 능하며 일과 삶, 상하 관계를 조율하는 능력이 있지만, 중재 역할을 못하면 회피적이고 비판적이라는 인식을 준다. 밀레니얼 세대는 자기주장이 강하고 학습 및 적응 능력이 뛰어나고 빠르지만, 개인적이고 상하 개념이 부족하며 게으르다는 인식이 있다.

모든 세대가 "다른 세대에게 원하는 것이 무엇인가?"라는 물음에 공통으로 답하는 것이 있다. 바로 '인정'이다. 어느 세대든 자기 세대를 이

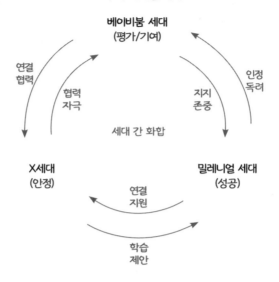

**조직 내 세대별 기대**

베이비붐 세대
(평가/기여)

연결
협력

협력
자극

지지
존중

인정
독려

세대 간 화합

X세대
(안정)

밀레니얼 세대
(성공)

연결
지원

학습
제안

해하고 알아달라는 것이다. 선배 세대는 경험과 지위를 인정해달라고, 후배 세대는 나이로 차별하지 말고 동등하게 대우해달라는 것이다. 상대적으로 보면 기득권을 지닌 선배 세대보다 후배 세대의 인정에 대한 욕구가 더 강하다. 후배 세대일수록 삶의 영역을 더 인정받고 싶어 하고 개인의 자유를 침범받는 것에 예민하다.

조직이나 가정에서 매일 마주하는 모든 세대가 서로 이해하고 인정받기 위해 어떤 역할을 해야 할까? 세대별로 다른 세대에 기대하는 역할이 좀 다르다. 전통 세대에게는 쌓인 경험과 노하우를 공유하면서 후배 세대에게 지원과 조언을 아끼지 않고 위기 시마다 경각심을 일깨우는 '지지자와 조언자' 역할을 요구한다. 베이비붐 세대에게는 후배에게 권한을 위임하고 배우며 성장할 수 있도록 환경을 조성하는 '분위기 조성자' 역할을 기대한다. X세대에게는 후배의 실패를 격려하고 동기부여를 하며 솔선수범할 것을 요구하고, 선후배 세대를 조율하고 연결하는 '중재자 내지는 매개자' 역할을 기대한다. 밀레니얼 세대에게는 몰입하고 끈기 있게 일하며 팔로워십을 발휘할 것을 요구하고, 새로운 아이디어와 의견 제시를 통해 '변화 주도자' 역할을 기대한다.

세대별로 요구되는 역할을 잘 수행하기 위해서 꼭 해야 할 것이 있다. 전통 세대는 후배 세대를 진심으로 격려하고 자신의 노하우를 전수해야 한다. 베이비붐 세대는 들음으로 마음을 얻는 이청득심(以聽得心)의 자세로, 말하기보다 경청에 힘쓰고 공정하게 평가하면서도 조직에 이바지할 수 있어야 한다. X세대는 선후배 세대에 안정적인 디딤돌이 되어 솔직하게 상담하고 긍정적 피드백을 아끼지 않아야 한다. 밀레니얼 세대는 새로운 도전을 두려워하지 않고 성장을 위해 투자하며, 개인의 삶이 중요한 만큼 조직원으로서 협력과 팀워크를 발휘할 수 있어야 한다. 어느 세대 할 것 없이 공통으로 상호 존중 및 배려, 소통과 협력, 상호 학습을 위한 노력이 전제되어야 할 것이다.


## ☑ 세대 간 화합은 70~80년생이 매개하라[74]


대형 프로젝트가 종료되고 생산 본부에 두 명의 신입 사원이 들어왔다. 베이비붐 세대인 양 본부장은 전 팀장에게 본부 워크숍을 위해 차주 금요일 등산을 기획해보라고 지시했다. 오전까지 일하고 오후에

산행 후 하산하여 저녁에 회식하는 일정이었다. 전 팀장이 팀원들에게 워크숍 계획을 전달하자 최 주임은 그날 저녁에 약속이 있다며 난감해했다. 김 사원도 싫은 내색이 역력하다. 다른 젊은 직원들도 마찬가지다. 워크(Work)도 좋고, 숍(Shop)도 좋은데, 워크숍(Workshop)은 싫다. 2주 전 방 탈출 카페에 가서 재미있게 시간을 보낸 관리 본부와 비교된다. 전 팀장은 팀원들의 시큰둥한 반응에 어쩔 줄 모른다. 어떻게 해야 할까?

직장에는 전 팀장과 비슷한 입장에 있는 사람들이 많다. 이런 상황에 등장하는 단어 중 하나가 '낀 세대'다. 낀 세대는 누구를 가리키는가? 자녀 양육과 부모 부양의 책임으로 끼인 상황에 놓인 베이비붐 세대를 일컫는 것이 일반적이었다. 하지만 누구에게 물어보든 너 나 할 것 없이 자신이 낀 세대라고 한다. X세대는 베이비붐 세대와 밀레니얼 세대 사이에서, 80년대생은 70년대생과 90년대생 사이에서 낀 세대라고 생각한다. 심지어 10대에게 물어도 마찬가지다. 각 세대가 위아래 세대 사이에 끼어 어려움을 느낀다. 낀 세대라는 인식 속에는 긍정적인 의미보다는 피해 의식, 답답함이 묻어 있다. 그만큼 중간자 역할은 누구에게나 쉽지 않다.

지금 많은 조직에서 낀 세대로는 위아래 세대의 특성을 부분적으로 가지고 있는 X세대가 많다. 젊은 조직의 경우 80년대생 밀레니얼 세대이기도 하다. 낀 세대는 세대 간 간극을 좁히기 위해 어떤 역할을 해야 할지 3가지로 나눠 살펴보자.

## 먼저, 완충지대(Buffer Zone) 역할이다.

전 팀장은 70년대 중반의 X세대이다. 베이비붐 세대 임원진과 밀레니얼 세대 실무진 사이의 이해 부족에서 생기는 오해와 갈등의 완충과 중재 역할을 해야 한다. 비단 워크숍만의 문제가 아니다. 얼마 전에는 한창 바쁜 프로젝트 마무리 단계에 갑자기 휴가를 낸 방 사원 때문에 곤욕을 치렀다. 전 팀장은 양 본부장에게 방 사원의 휴가 사유를 설득하느라 진땀을 뺐기 때문이다. 양 본부장에게는 후배 세대의 입장을 얘기했다. "요즘 젊은 애들 다 그렇죠." "일도 중요하지만, 삶을 더 소중하게 생각하잖아요." 방 사원에게는 양 본부장에게 꾸지람 들은 얘기는 빼고 잘 타일렀다. "휴가 잘 다녀오고, 다음엔 미리 얘기 좀 해줘. 업무 조정을 해야 하니까." 서로 오해 없도록 충분히 설명했다. 긴 세대인 전 팀장은 역할에 충실했다.

## 다음으로, 디딤돌(Stepping Stone) 역할이다.

긴 세대는 서로 무관심한 선후배 세대가 소통할 수 있는 디딤돌을 놓아야 한다. 자문 회사에서 업무성과팀을 이끄는 박 팀장은 김 상무가 혼자 있는 모습이 안쓰러워 보인다. 김 상무는 임원이기 때문에 집무실에서 혼자 있기 일쑤다. 박 팀장은 팀원과 식사할 때 김 상무에게 함께 식사하자고 권한다. 지난주에는 팀 회식에 김 상무를 초대했다. 박 팀장의 팀원들은 임원인 김 상무를 대하기 어려워 대화할 기회가 없었다. 하지만 김 상무와 함께하는 시간을 통해 가까워지면서 그와 대화하는 상황이 자주 생겼다. 김 상무도 싫지 않은 눈치다. 종일 팀원들과 말 한마디 안 하고 퇴근하는 경우도 있었기 때문이다. 박 팀장은 팀원들과 김 상무가 서로 소통하도록 디딤돌 역할을 잘한 것이다.

**마지막으로, 연결 고리(Link) 역할이다.**

긴 세대는 다른 세대를 연결하여 서로의 요구를 충족하고 시너지가 나도록 도와야 한다. 사람 좋기로 둘째가라면 서러운 윤 팀장에게는 남다른 장점이 있다. '연결'이다. 최근 팀에 새로 합류한 김 사원에게 허 실장을 소개했다. 허 실장은 그 분야의 최고 전문가로 통한다. 윤 팀장이 허 실장을 소개한 이유가 있다. 김 사원이 업무적으로 멘토로 삼으면서 배웠으면 하는 마음이었다. 허 실장 입장에서도 좋은 점이 있다. 김 사원을 통해 요즘 후배 세대의 생각과 트렌드를 들으면서 학습할 수 있기 때문이다. 긴 세대는 선후배 세대가 서로 소통하고 배울 수 있게 연결 고리 역할을 해야 한다.

2018년은 베이비붐 세대로 대변되는 58년 개띠가 정년을 맞은 해였다. 베이비붐 세대의 빈자리를 X세대가 채우고 Z세대가 들어오면서 조직 내 세대 전환이 가속화되고 있다. 세대 간 소통의 어려움도 그만큼 커지고 있다. 세대 간 소통과 화합을 위해 중간 세대의 역할이 어느 때보다 중요해졌다. 70~80년대생인 긴 세대가 세대 간 소통을 위한 동시 통역자이자 중재자로서 역할을 해주기를 바라는 선후배 세대의 기대도 크다. 특히 497세대(40대, 90년대 학번, 70년대생)의 역할이 크다. 그들은 산업화, 민주화, 4차 산업혁명의 시기를 모두 경험한 독특한 세대이기 때문이다. 20·30세대와 50·60세대를 잇는 가교 구실을 하기에 안성맞춤이다. 낀 세대는 선배 세대의 경험과 전통을 존중하면서 후배 세대에게는 업무적·도덕적으로 모범을 보여야 한다. 낀 세대는 선후배 세대 사이에서 윤활유 역할을 해야 한다. 그래야 선후배 세대의 삐걱거리는 소음을 줄일 수 있다.

## ☑ 옛날 것들과 소통하려면 'RESPECT'하라[75]

얼마 전 대한상공회의소에서 국내 100대 기업의 인재상을 분석한 결과를 발표했다. 보고서에 따르면 인재가 갖춰야 할 역량으로 '소통과 협력'이 가장 많았다. 소통과 협력을 꼽은 기업은 무려 63개사나 됐다. 많은 기업에서 소통이 예전 같지 않음을 방증하는 것이다. 참고로 2008년에는 창의성, 2013년에는 도전 정신이었다. 갈수록 조직에서 소통과 협력이 더 요구되는 이유는 시대 변화의 영향도 있지만, 직장 내 인구구조가 바뀌고 있기 때문이다. 산업화의 주역이었던 베이비붐 세대가 조직에서 퇴직하고, 그 빈자리를 밀레니얼 세대가 채우고 있다. 많은 조직에서 밀레니얼 세대가 조직 구성원의 50%를 차지할 정도다.

조직 내 세대 교체로 후배 세대와 선배 세대 간 오해와 갈등이 더 커지고 있다. 최근 세대 간 이해와 공감의 일환으로 밀레니얼 세대를 이해하기 위한 노력이 점차 활발해지고 있다. 하지만 이에 못지않게 중요한 것이 있다. 바로 후배 세대의 선배 세대에 대한 이해다. 실제 많은 후

## 100대 기업이 선호하는 인재상 덕목

| 구분 | 2008 | 2013 | 2018 |
|------|------|------|------|
| 1 | 창의성 | 도전 정신 | 소통 · 협력 |
| 2 | 전문성 | 주인의식 | 전문성 |
| 3 | 도전 정신 | 전문성 | 원칙 · 신뢰 |
| 4 | 원칙 · 신뢰 | 창의성 | 도전 정신 |
| 5 | 소통 · 협력 | 원칙 · 신뢰 | 주인의식 |
| 6 | 글로벌 역량 | 열정 | 창의성 |
| 7 | 열정 | 소통 · 협력 | 열정 |
| 8 | 주인의식 | 글로벌 역량 | 글로벌 역량 |
| 9 | 실행력 | 실행력 | 실행력 |

배 세대가 선배 세대와 소통하는 데 어려움을 호소하고 있으며, 선배 세대도 후배 세대가 당신을 더 잘 알았으면 하고 아쉬움을 토로한다. 후배 세대가 어떻게 선배 세대와 소통할 것인가? RESPECT의 머리글자로 소통의 방법을 7가지로 정리해본다.

### 1. 세련되게 거절하고 요청한다(Refuse & Require).

밀레니얼 세대는 역사상 가장 똑똑한 세대로 일컬어진다. 문제의식도 강하다. 매사에 "그게 맞을까?" 하며 의문부호를 던진다. 조직은 이런 젊은 세대의 호기심과 창의적인 유전자가 필수적이다. 하지만 그들의 반골 기질이 선배 세대에게 불편함을 줄 수 있다. 그래서 후배 세대는 선배 세대가 기분 상하지 않게 세련되게 거절하고 요청하는 기술을 발휘할 필요가 있다. 매몰차게 거절하기보다 질문을 통해 숨은 의도를 파악하고 상대의 답을 유도할 줄 알며, 거절의 이유를 설명하고 다른 대안을 제시하는 노력도 필요하다.

### 2. 선배 세대가 만든 유산을 포용한다(Embrace).

후배 세대는 선배 세대가 만든 유·무형의 유산을 물려받게 마련이다. 후배 세대는 선배 세대가 물려준 좋은 전통은 유지하되, 개선할 것은 과감하게 바꿔야 한다.

### 3. 잘못된 부조리에 맞서면서도 대안을 제시한다(Solution).

후배 세대는 선배 세대가 만들어놓은 관례와 구습에 불만을 느끼게 마련이다. 역사는 그렇게 정반합을 이루며 발전해왔다. 후배 세대는 건설적인 비판과 아이디어를 통해 새로운 변화를 일궈가야 한다.

### 4. 선배 세대의 노고와 호의를 당연하게 여기지 않는다(Praise).

임정 시대와 한국전쟁을 겪으며 보릿고개를 넘은 전통 세대, 세계적으로 유례없는 산업화를 일군 베이비붐 세대, 정보화 시대의 포문을 연 X세대까지 선배 세대는 맡겨진 시대적 소임에 충실했다. 후배 세대는 선배의 경험과 성공을 인정하고 감사할 필요가 있다.

### 5. 권위에 굴복하지 않으면서 예의를 지킨다(Etiquette).

후배 세대는 선배 세대의 비위나 불법에 타협하지 않아야 한다. 정보의 비대칭이 줄고 커뮤니케이션 수단이 발전할수록 개인과 조직은 수평화되고 있다. 그럴수록 구성원 간 서로를 존중하는 비즈니스 매너는 더 중요해질 것이다.

### 6. 세대 간 다양성과 차이를 이해한다(Celebrate Difference).

갈등이 생기는 것은 다름에 대한 이해가 부족하기 때문이다. 갈등(葛藤)이라는 단어는 시계 반대 방향으로 줄기를 감아 올라가는 칡(葛)나무와 시계 방향으로 줄기를 감아올리는 등(藤)나무가 서로 얽히는 것처럼 서로 간의 입장 차이를 말한다. 세대 간의 갈등을 넘어 세대 간 협력과 시너지를 위해서는 서로의 차이를 존중하고 다름을 이해해야 한다.

### 7. 개인의 자유를 챙기면서도 팀 플레이를 한다(Team Play).

선배 세대가 개인보다는 조직, 업무보다는 관계를 중시했다면, 후배 세대는 삶의 영역과 일의 성취도 소중하게 여긴다. 선배 세대와 함께해야 하는 후배 세대는 때론 팀과 조직을 위해 헌신할 수 있어야 한다. 팀워크는 직장인에게 꼭 필요한 인격과도 같은 것이기 때문이다.

세대 간 소통은 갈수록 조직의 성과와 직결되는 중요한 쟁점이 될 것이다. 그럴수록 후배 세대와 선배 세대가 서로의 처지를 이해하고 배려하려는 노력이 절실하다. 또 후배 세대는 선배 세대를 존중하고 인정하면서 뒤를 이을 후배 세대를 위해 새로운 디딤돌을 놓아야 한다. 이제 조직의 미래는 후배 세대의 역할에 달려 있다.

## ☑ 《노인과 바다》 소년 마놀린에게 배우는
## 후배 세대의 소통 노하우

《노인과 바다》는 1952년 발표된 중편소설로 어니스트 헤밍웨이에게 1953년 퓰리처상, 1954년 노벨문학상을 안긴 작품이다. 이 책을 읽노라면 헤밍웨이의 바다와 낚시에 대한 해박한 지식과 짧고 담백한 필체에 매료된다. 그는 낚시가 취미였고 기자 출신이었다. 그의 압축적이고 절제된 문장은 '하드보일드 문체'로 불린다.

작품은 쿠바의 고즈넉한 항구 도시 아바나를 배경으로 한다. 어부 할아버지 산티아고와 소년 마놀린의 삶은 독자들로 하여금 여러 감정을 퍼 올리고 옛 추억을 소환하게 한다. 필자는 이 책을 여섯 번쯤 읽은 것 같다. 매번 새로운 감흥이었다. 책을 거듭 읽을수록 노인과 소년의 진한 사랑과 우정이 더 선명하게 느껴졌다. 그래서 문득 이런 생각이 들었다. 책 제목을 '노인과 소년'이 아니라 왜 '노인과 바다'라고 했을까? 실제 작품 속에는 바다에서 청새치를 잡기 위해 외롭게 사투를 벌인 상황에서 노인은 하나님(5회)보다 소년(12회)을 더 많이 부르짖으며 간절히 찾는다. 노인의 소년을 향한 마음이 작품 곳곳에 묻어난다.

필자가 세대에 대한 연구로 고민이 한창이던 때에 이 책을 읽었던 터라 세대 관점에서 보물과 같은 교훈을 얻을 수 있었다. 다섯 살부터 노인과 배를 탄 소년, 그의 마음은 노인을 향한 측은지심과 사랑으로 넘친다. 가슴 따뜻한 소년이다. 소설 속에 등장하는 소년을 미끼로 요즘 후배 세대가 가지면 좋은 소통 노하우 몇 가지를 낚았다.

**첫째, 따뜻하고 바른 성품이다.**

여든 날하고도 사십 일이 지나도록 고기 한 마리 잡지 못하자 소년의 부모는 소년에게 노인은 '살라오'가 되었다고 말한다. 더는 그와 함께 배를 타지 말라고 한다. 살라오는 스페인어로 '가장 운이 없는 사람'이다. 소년은 부모가 시키는 대로 다른 배로 옮겨 타게 된다. 소년이 탄 배는 첫 주에 큼직한 고기를 세 마리나 잡는다. 하지만 소년은 날마다 노인이 빈 배로 돌아오는 것을 보고 가슴 아파한다. 소년은 늘 노인을 마중 나가 노인이 사려 놓은 낚싯줄과 갈고리를 챙기는 등 노인을 돕는다. 노인은 소년에게 고기 잡는 법을 가르쳐준다. 그래서 소년은 그를 무척이나 따른다. 소년은 진심으로 노인을 존경하며 친할아버지 이상으로 살뜰히 챙긴다. 함께하는 후배가 이런 소년의 모습이라면 어떤 선배가 좋아하지 않을까?

"제가 나가서 내일 쓰실 정어리를 좀 구해다 드릴까요?"
"아냐, 괜찮아. 가서 야구나 하고 놀렴. 나는 아직 노를 저을 수 있고, 로헬리오가 그물을 던져줄 테니까."
"그래도 구해다 드리고 싶은걸요. 할아버지와 함께 고기잡이를 하지 못한다면, 다른 거라도 도와드리고 싶어요."
"넌 내게 맥주를 사 주지 않았니. 너도 이젠 어른이 다 됐구나." 노인이 말했다.
"할아버지, 몸을 따뜻하게 하고 계세요. 9월이라는 걸 잊지 마시고요."

소년은 침대에서 낡은 군용 담요를 가져와 의자 뒤쪽에서 펴서 노인의 어깨를 덮어주었다.

"식사예요. 같이 먹으려고요. 제가 살아 있는 동안은 할아버지가 굶은 채 고기잡이를 하시게 내버려 두지 않을 거예요."

### 둘째, 존경과 칭찬이다.

어린 소년은 나이답지 않게 성숙하다. 예의도 지킬 줄 안다. 단지 나이 든 노인이어서 챙기는 것이 아니다. 소년은 노인을 진심으로 존경할 줄 안다. 장유유서와 예의범절에 익숙한 선배 세대에게 이런 소년과 같은 모습은 배울 만하다. 모시는 선배가 있다면 되도록 예의를 지켜야 한다. 설령 선배가 좀 부족하더라도 어른으로서 최소한의 예의를 갖춰야 한다.

"할아버지가 드실 준비를 다 하실 때까지 뚜껑을 열고 싶지 않았어요."

"그리고 가장 훌륭한 어부는 할아버지시고요."

"고기를 잘 잡는 어부는 많이 있고, 또 아주 뛰어난 어부도 더러 있죠. 하지만 할아버지에 비길 만한 사람은 없어요."

"고맙구나, 넌 나를 기쁘게 해주는구나."

### 셋째, 역지사지다.

노인을 배려하는 소년의 마음은 어지간한 어른 이상이다. 소통에 관

한 폼 나는 그 어떤 수식어나 정의가 무의미하게 느껴지게 한다. "소통
은 그냥 사랑이구나" 하는 생각이 들게 한다. 노인에게 더 잘해주지 못
해 아쉬워할 정도의 마음이니 말이다. 선배 세대를 대하는 후배의 마음
도 이러면 어떨까? 소년처럼 선배를 배려하고 진심으로 위하는 것이다.

할아버지에게 물을 길어다 줘야 했는데 그랬구나 하고 소년은 생각
했다.
비누와 수건도 가져와야 했는데 말이야. '나는 왜 이다지도 생각이
모자랄까? 할아버지에게 셔츠도 한 장 더 준비해드려야 하고, 겨울
재킷과 신발 그리고 담요도 한 장 더 갖다드려야 되겠는걸.'

### 넷째, 자존감이다.

소년은 그 누군가가 자신을 깨우는 것에도 자존심이 상한다. 다른
사람에게 게으르게 보이는 게 싫은 것이다. 참 기특하다. 관계에서도
마찬가지다. 후배 세대는 선배 세대에게 배우되 최소한의 자존심은 지
켜야 한다. 자신이 하는 일에는 최선을 다하면서 말이다. 선배 세대에
게 만만하게 보여서도 안 되고 호구가 되어서도 안 된다.

"전 주인아저씨가 깨워주는 게 싫어요. 제가 그 사람보다 못난 것 같
은 생각이 들거든요."

이 책을 '노인과 바다'가 아니라 '노인과 소년'이라는 관점에서 일독

을 권한다. 노인과 소년을 선배 세대와 후배 세대의 소통과 화합 측면에서 해석해본다면 책을 읽는 또 다른 재미가 있을 것이다. 이 책에서 얘기하는 소통의 본질은 '사랑'이 아닌가 싶다. 세대 간 소통을 위해서도 '사랑'이 전제되어야 한다. 세대 간 소통도 결국 사랑이 전제되지 않으면 소용없다. 이 책을 읽는 내내 몇 가지 질문이 머릿속을 떠나지 않았다.

"인생 조각배를 같이 타고 싶은 사람은 누구인가?"
"가장 감격스럽고 아름다운 순간을 함께하고 싶은 사람은 누구인가?"
"과연 함께 일하는 사람에게 나는 어떤 의미인가?"

## ☑ 개저씨를 대하는 슬기로운 자세

개저씨는 '개'와 '아저씨'의 합성어다. 개념 없게 행동하는 40~50대 중장년층 남성을 일컫는 말이다. 아재나 꼰대와는 또 다른 차원의 단어다. 아재가 아저씨를 낮춰 부르는 말이고, 꼰대는 앞뒤가 꽉 막힌 나이 든 사람을 일컫는 조롱이 내포된 풍자적인 단어다. 하지만 개저씨는 비하를 넘어 혐오의 의미가 담겨 있다. 요즘 말로 극도로 혐오하는 '극혐' 인물이다. 최근 사회 각처에서 일었던 미투 운동과 함께 추악한 모습의 아저씨를 빗대어 쓰면서 사용 빈도가 높아졌다. 개저씨는 사회

도처에 도사리고 있다. 직장에서도 요즘 것들을 괴롭히는 주범이다. 이런 개저씨나 꼰대 상사를 만났을 때 어떻게 대처해야 하는지를 아는 것은 직장생활의 질을 좌우하는 중요한 요소 중 하나다.

한 취업포털에서 설문 조사한 바에 따르면 꼰대 때문에 퇴사하고 싶었던 적이 있다고 응답한 비율도 88%나 됐다. 많은 직장인이 꼰대에 대한 대처법도 개발하고 있는 것으로 나타났다. 대표적인 방법으로 '일로만 부딪히고 개인적인 친분은 쌓지 않기'(33%), '한 귀로 듣고 한 귀로 흘리기'(28%), '적당한 거리 유지'(17%), '흠 잡힐 일 없도록 공손히 대하기'(11%), '업무적으로 완벽한 태도를 보이기'(9%) 등이었다.[76] 만약 직장에서 개저씨나 꼰대 상사를 만났다면 어떻게 해야 할까? '개저씨는 똥 상사다'라는 발칙한 가설을 바탕으로 개저씨를 대하는 5가지 방법들을 제시해본다.

### 방법 1. 피하는 게 상책이다. 애써 감정 소모하지 마라.

개저씨는 되도록 피하는 게 상책이다. 모시는 선배가 개저씨이거나 불가피하게 업무적으로 함께하는 상황이라면 될 수 있으면 그의 눈에 잘 띄지 않는 게 낫다. 고객1팀 조 팀장은 성실하고 착하다. 고객과 미팅이나 약속이 없으면 어김없이 사무실 제자리를 지킨다. 일과 시간을 허투루 보내는 일 없고 늘 뭔가에 쫓기는 듯 부산하다. 가끔 화가 치밀면 활화산처럼 터져버리는 폭발형 개저씨인 전 본부장은 사무실에 앉아 있는 조 팀장을 걸핏하면 집무실로 부른다. 그래서 조 팀장에게는 전 본부장의 별도 지시가 많다. 마치 선임 팀장 역할을 하는 것이다. 누구나 하기 귀찮아하는 회색 지대(Gray Zone)의 업무는 모두 그의 몫이다. 조 팀장은 갈수록 심해지는 스트레스 때문에 혼잣말처럼 하는 욕설이 늘었다. 반면 옆자리에 있는 고객2팀 윤 팀장은 사무실에 있는 법이 거의 없다. 본부장 등쌀을 피하기 위해서다. 심지어 팀 회의도 근처 커피숍에서 할 정도다. 개저씨의 눈에서 되도록 멀어져야 불필요한 감정 소모를 줄일 수 있다.

**방법 2. 도움을 청하라. 내 손을 더럽히지 말고 누군가의 지원을 받아라.**

직장생활 최고의 복지는 탁월한 동료와 함께하는 것이다. 반대로 직장생활 최악의 조건은 무능하거나 요즘 말로 인쓰(인간쓰레기)라고 불리는 인성이 좋지 않은 동료와 함께하는 것이다. 생각만 해도 아찔하다. 그동안 개저씨 때문에 어려움을 겪었던 사람을 꽤 봐왔다. 후배 직원이 개저씨라면 그래도 낫다. 지위를 활용해 적절한 대응 방법을 찾을 수도 있으니까. 하지만 개저씨를 상사로 둔 후배 입장은 상황이 전혀 다르다. 원하는 대로 선배 직원을 바꿀 수도 없고 난감하기만 하다. 그럴 땐 주변 지인에게 도움을 구하는 게 현명하다. 이왕이면 멘토로 삼는 사람이면 좋다. 여러 사람에게 불만을 토로하고 다니면 경솔하게 비칠 수도 있다. 되도록 믿을 만한 회사 선배나 지인에게 도와달라고 협조를 구하는 게 현명하다. 비록 해결책을 얻지 못하더라도 실마리를 찾을 수도 있다.

## 방법 3. 내가 놓치고 있는 것은 없는지 점검한다.

필자도 개저씨 같은 선배를 직접 모시기도 했고, 비슷한 입장에 있는 후배와 대화도 꽤 한 편이다. 개저씨 때문에 힘들어하는 후배는 공통으로 선배 직원을 바꾸려 하거나 감정적으로 부딪히는 경우가 많았다. 혼자 끙끙 앓다가 개저씨의 핍박을 못 견디고 퇴사하는 후배도 있었다. 후배 중에는 개저씨에게 처신을 잘못해서 평판이 나빠진 경우도 있다. 이 대리가 그랬다. 그는 조직 개편과 함께 신생팀에서 일하게 되었다. 안타깝게도 그가 모시는 이 팀장이 개저씨였다. 그들은 시작부터 서로 맞지 않았다. 이 팀장은 매사에 부정적인 이 대리의 태도가 눈엣가시였다. 게다가 경험이 부족한 이 대리가 이 팀장에게는 힘이 되기는커녕 짐이 될 뿐이었다. 이 팀장은 본부장에게 이 대리를 다른 팀으로 발령을 냈으면 좋겠다고 건의를 했다. 몇 주 후 이 대리는 옆 팀으로 이동했지만 거기서도 환영받지 못했다. 이 대리에 대해 좋지 않은 평판이 문제가 되었다. 이 대리는 이 팀장에게 좀 더 긍정적으로 팔로워십을 발휘했어야 했다. 기본적으로 자신의 역할은 해야 했는데 그렇지 못한 것이다.

## 방법 4. 나의 성장을 위한 퇴비로 활용한다.

이 대리는 불협화음을 이 팀장의 탓으로만 돌렸다. 하지만 임 사원은 다르다. 그가 조직 개편으로 유 부장의 팀이 되었을 때 동료들은 그를 위로했다. 유 부장은 사내에서 '또라이'로 통했기 때문이다. 임 사원은 입사한 지 6개월밖에 되지 않았지만, 업무를 통해 배우려는 열정이 남달랐다. 유 부장은 사원급에 잘 맡기지 않는 어려운 프로젝트도 맡겼다. 늘 늦게까지 사무실에 혼자 남아 야근하는 게 일상이었다. 1년도 안 돼 대리나 과장이 돼야 할 수 있는 일을 척척 해내게 되었다. 유 부장은 별 불만 없이 업무를 곧잘 해내는 임 사원에게 고마움을 느낄 정도였다. 가끔 유 부장이 상식적이지 않은 업무 지시를 해도 바로 'No'라고 하지 않았다. 시간을 두고 충분히 고민 후에 자기 생각을 유 팀장에게 논리적으로 설명해 승낙을 받기도 했다. 임 사원은 유 부장의 성격을 잘 알고 있었고, 제 역할을 충실히 해낸 것이다. 덕분에 임 사원은 입사 동료보다 이르게 승진할 수 있었다. 또 짧은 기간이었지만 좋은 평판을 얻어 조직 개편으로 자신이 희망했던 업무도 할 수 있게 되었다.

### 방법 5. 건드리면 끝장이다. 화가 나더라도 건드리지 마라.

진상인 개저씨를 내 편으로 만들지는 못하더라도 적어도 적으로 만들지 않아야 한다. 개저씨의 심기를 건드려서 좋을 게 없다. 세일즈 분야에서 알 만한 사람은 다 아는 '250 법칙'이라는 것이 있다. 세일즈왕 조 지라드가 얘기한 것인데 사람은 경조사에 초대할 정도로 친한 사람이 250명 정도 있다는 것이다.[77] 직장생활이 힘든 건 한 명의 적 때문인 경우가 많다. 만약 개저씨를 적으로 만든다면 그의 지인 250명에게 좋지 않은 입소문이 날 수도 있다. 지혜로운 직장생활을 위해서는 내 편을 만드는 것보다 적을 만들지 않는 게 중요하다.

만프레드 케프 데브리스 인시아드(INSEAD) 교수는 〈하버드비즈니스리뷰〉에서 개저씨 같은 '나쁜 상사를 다루는 방법'을 소개한다.[78] 참고해볼 만하다.

1. 공감 훈련을 하라.

직장 선배가 느끼는 외부 압력도 생각해본다. 대니얼 골먼은 공감도 학습이 가능하다고 얘기한다. 공감을 의식적으로 훈련하면 다른 사람들의 감정을 인지하는 능력이 정교해진다.

2. 자신의 역할을 생각하라.

자기 자신을 되돌아본다. 최대한 객관적인 마음으로 상사의 피드백을 생각해본다. "자신이 어떤 분야에서 개선이 필요한가?" "자신의 어떤 행동이 상사를 짜증 나게 했을까?" 자신의 잘못된 행동을 인정하고 그것이 무엇인지 파악하여 그것을 고치면 회복할 수 있다.

3. 변화의 기회를 제공하라.

서로 잘 지내는 척하지 말고 솔직하게 둘 다 상황 개선에 나서야 한다. 서로 방해받지 않고 건설적인 대화를 할 수 있는 장소를 택해 사적인 대화를 나눈다.

4. 반란을 도모하라.

만일 자신의 행동을 변화시키고 상사와의 소통 채널을 열어도 상황이 개선되지 않거나 동료들도 당신과 같은 생각을 한다면 인사 부서나 상사의 상사에게 고발해야 한다.

5. 시간을 끌거나 직장을 옮겨라.

다양한 노력을 했음에도 버티는 것밖에 답이 없다면 재직 중인 상태에서 다른 일자리를 구하는 것이 가장 좋은 해결책이다.

《성경》 골로새서 3장 23절에 "무슨 일을 하든지 마음을 다하여 주께 하듯 하고 사람에게 하듯 하지 말라"라는 말씀이 있다. 인간관계에서 어려움을 겪을 때 필자가 되새기는 구절이다. 직장생활을 하다 보면 개저씨가 아니라도 온갖 종류의 인간 군상을 만나게 된다. 인간관계에 좀 더 지혜롭고 의연할 필요가 있다. 내가 만나는 상대가 하나님이 보낸 숨겨둔 천사일 수도 있다고 생각하면 어떨까? 어려운 상대를 대할 때마다 내게 새로운 기회를 열어줄 천사라고 생각하는 것이다. 개저씨도 위로가 더 필요한 사람일 수도 있으니 말이다. 인생에서 마주치는 손님을 가벼이 또 무례하게 대하지는 않아야 한다.

## ☑ 나이 많은 부하 직원과 소통하는 기술[79]

인사팀에 근무하는 곽 대리는 새로 입사한 탁 사원 때문에 불편하다. 탁 사원은 하필 대학 토론 동아리 2년 선배다. 호칭부터가 고민이다. 말을 놓을 수도 없다. 또 박 팀장은 고교 동기인 심 과장을 직속 부하 직원으로 맞이했다. 심 과장은 미국 명문대 박사학위 취득 후 뒤늦게 특채로 입사했다. 박 팀장 입장에서는 직장 경험도 없는 심 과장에게 어디서부터 어떻게 조언할지 막막하다.

취업난이 심해지면서 대학생들에게 1~2년 휴학은 기본이다. 통계로는 평균 구직 기간이 3.1개월이라지만 실제 체감 구직 기간은 훨씬 길다. 신입 직원 10명 중 4명은 30대다.[80] 나이 제한까지 폐지되면서 신입 사원 고령화가 심화되고 있다. 공공, 민간 조직 할 것 없이 일명 족보가 꼬이는 현상이 심심찮게 발생하고 있다. 탁 사원과 심 과장처럼 나이 많은 부하 직원과의 소통 문제는 갈수록 심해지고 있다. 우리나라는 장유유서, 연공서열로 대표되는 나이 문화가 일상이다. '슈퍼 루키'라고 불리는 나이 많은 부하 직원을 맞이한 나이 적은 상사의 마음은 편치 않다. 상사가 더 눈치를 보는 경우가 많다.

이런 사례들이 과거에는 흔치 않아서 정보를 얻으려고 해도 조언을 구할 사람이 별로 없다. 그래서 대책이나 계획 없이 서먹하게 지내는 경우가 의외로 많다. 뭔가 다른 리더십이 더 요구되는 상황이다. 좋은 리더는 지위나 나이에 상관없이 모든 사람에게 영향력을 동일하게 발휘한다. 필자가 인터뷰를 통해 만난 좋은 리더의 공통점은 성품이 좋다는 점이었다. 그들 중 상당수는 나이 많은 부하 직원과 일하면서 별문제를 겪지 않았다. 왜 그랬을까? 좋은 성품을 지닌 리더들이 나이 많은 부하 직원과 소통할 때 보이는 특징 몇 가지를 살펴보면 좋을 것이다.

### 1. 언어의 수직적 권력 구조를 없앤다.

좋은 성품의 리더는 사용하는 언어의 권력부터 내려놓는다. 그들은 나이가 많든 적든 부하 직원에게 존칭을 쓰는 경우가 많다. 존칭은 스스로 권력을 내려놓는 연습이다. 존칭은 스스로 상하 관계의 권력 구조를 허무는 것이다. 최근 필자도 모든 사람에게 존칭을 쓰는 훈련을 하고 있다. 쉽지 않지만 변화가 생겼다. 언어를 바꾼 건데 생각과 행동이 변하는 것을 느꼈다. 말을 할 때 조심스러움이 업무에도 이어졌다. 좋은 성품의 리더들은 나이 많은 부하 직원에게 존칭을 쓰기 모호한 상황일 때 이름이나 직급 뒤에 '~님'을 붙여 부르고 공손한 말투를 쓰려고 노력한다. 언어의 권력 구조는 외국인에게도 낯설고 불편하다. 유독 우리나라에서 강하게 나타나는 특징이기 때문이다. 창의적이고 수평적인 문화를 위해서 조금씩 개선해나갈 필요가 있다.

**2. 상호 존중하는 파트너 관계를 만든다.**

좋은 성품의 사람 중 상당수는 나이 많은 부하 직원을 협력자 내지는 파트너처럼 대한다. 종속 관계가 아니라 공존 관계로 인식하는 것이다. 윤 본부장은 나이 많은 부하 직원인 김 차장의 장점을 잘 활용한다. 김 차장은 나이에 걸맞게 업무 노하우가 출중하다. 윤 본부장은 김 차장이 본부 구성원들에게 프로젝트 전문성을 전파하도록 격려하고 학습 분위기를 조성한다. 영업통인 윤 본부장은 자신에게 부족한 직원 육성 역량을 김 차장을 통해 보완한 것이다. 윤 본부장에게 김 차장은 든든한 파트너 그 이상이다.

**3. 주저하지 않고 의견을 말할 수 있는 팀 분위기와 규칙을 만든다.**

코넬대의 제임스 R. 디터트와 텍사스 오스틴대의 이선 R. 버리스의 연구에 따르면 직원들이 의견을 제시하는 데 주저하는 이유는 '두려움

(Fear)'과 '무익함(Futility)' 때문이라고 한다.[81] 즉 직원들이 편하게 속마음을 털어놓을 자유로운 분위기가 조성되어 있지 않고, 의견을 제시해도 별다른 조처를 하지 않기 때문이다. 하지만 좋은 성품을 가진 사람들은 솔직하게 자기 의견을 얘기할 수 있도록 자율적이고 수평적인 문화를 조성한다. 요즘 많은 조직이 관료적인 문화를 타파하기 위해 사용하는 대표적인 방법의 하나는 직급을 뺀 호칭이나 영어 이름을 사용하는 것이다. 지인 중 최 대표는 직원을 대할 때 영어 이름을 부른다. 신입 사원도 편하게 자신의 의견을 얘기할 수 있도록 배려한다. 또 다른 지인 중 박 팀장은 조직 개편으로 대학 1년 선배인 임 차장을 부하 직원으로 맞이했다. 박 팀장은 임 차장과 술자리를 만들어 규칙을 정했다. 공적으로 만날 때는 서로 존칭을 쓰고 사적인 자리에서는 편하게 지내자고 한 것이다. 임 차장은 허드렛일을 마다하지 않고 나서서 하며 적극적으로 팀장을 도왔다. 팀장이 없는 자리에서 얘기할 때도 의식적으로 '팀장님'이라고 존칭을 썼다.

필자가 인터뷰한 나이 많은 부하 직원 중에는 자신의 역할을 제대로 하지 못하면서 나이를 인정해주지 않는다고 하소연하는 사람들도 적지 않았다. 나이로 대접받으려고 하기보다는 먼저 솔선해야 하지 않을까? 어색한 관계를 깨뜨리기 위해 서로 힘써야 한다.

세대와 나이를 초월해 존경받는 리더들은 공통으로 부하 직원을 동등한 인격체로 대한다. 그들은 권력에 취하지 않으려고 스스로 노력하는 사람들이다.

## ☑ 과연 수평적 조직문화가 최선일까?[82]

《손자병법》 구지편(九地篇)에 이런 내용이 나온다. "장수의 하는 일
은 심산유곡처럼 냉정하고 엄정하게 통치해야 한다. 병졸의 이목을 우
매하게 만들어 중요한 군사 계획을 알지 못하도록 하며, 용병술을 역으
로 바꾸어 그 책모를 개혁하고, 병사들을 무식하게 만들어 고급 정보
를 알지 못하게 해야 한다." 손자는 기원전 6세기경 춘추시대 오나라의
합려 아래에서 군사를 총괄하면서 명장으로 이름을 떨친 인물이다. 무
패의 전적에 명장 중의 명장이다. 그 시절에는 장군에게 모든 정보가
편중되어 있었다. 장군과 병졸 간의 정보의 비대칭이 심했다는 것이다.
하지만 지금은 어떤가?

조직 구성원도 의지만 있다면 경영자보다 더 많은 정보를 지닐 수
있는 세상이다. 리더와 직원 간 정보의 비대칭이 현저히 줄었다. 조직
이 수평으로 변화할 것을 요구받는 상황으로 바뀐 것이다. 하지만 여
전히 위계적인 조직이 대부분이다. 위계적인 조직의 대명사라고 할 수
있는 관료제는 역사라는 실험실에서 이미 효율성과 안정성이 뛰어난
조직의 유형이라는 것이 검증되었다. 관료제를 능가하는 조직의 유형
은 아직 없다. 관료제는 인간적인 조직의 모습을 닮았다. 사람은 나이
가 들수록 기력이 쇠하지만 전문성과 관록은 더해진다. 관료제는 리더
가 중요한 의사 결정과 같은 머리를 쓰는 일을 하고, 몸을 쓰는 실무는
젊은 사람이 하도록 하는 구조다.

최근 관료제 조직이 3가지 이유로 도전을 받고 있다. 하나는 지나치

게 위계질서를 강조하면서 절차와 규정에 얽매여 폐쇄적으로 되고 혁신을 이루기 어렵게 되었다는 점이다. 또 하나는 과거에 통용됐던 윗사람의 경험과 노하우가 지금은 더 이상 도움 되지 않는 상황으로 바뀌었다는 점이다. 마지막으로 조직이 크고 계층적일수록 젊은 세대의 의견이 관리자에게 전달되거나 의사 결정하기까지 시간과 비용이 많이 든다는 점이다. 연구에 따르면 한국인이 선호하는 가치가 수직적 집단주의에서 수평적 개인주의로 바뀌고 있다.[83] 그렇다고 거대한 관료제 조직을 하루아침에 수평 조직으로 바꿀 수는 없다. 수평적인 조직을 지향함과 동시에 수평 조직이 지닌 장점을 이식시켜가는 게 현실적인 방법이다. 상대적으로 몸집이 작은 기업은 수평 조직을 지향하면서 새로운 시도로 최적화해야 한다. 이상적인 수평 조직의 모습은 조직의 특성에 맞게 차별화하는 것이다. 국가와 조직에 따라 위계 구조가 다르기 때문이다.

《21세기 초일류 기업으로 가는 기업문화혁명》이라는 책에서 찰스 햄프든 터너와 알폰스 트롬페나르는 우리나라를 위계 구조가 심한 국가로 분류했다. 좌편향과 포퓰리즘으로 사단이 나고 있는 베네수엘라

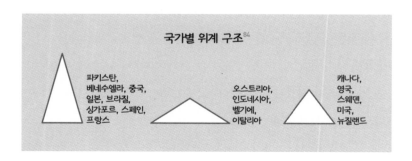

국가별 위계 구조[84]

파키스탄,
베네수엘라, 중국,
일본, 브라질,
싱가포르, 스페인,
프랑스

오스트리아,
인도네시아,
벨기에,
이탈리아

캐나다,
영국,
스웨덴,
미국,
뉴질랜드

를 비롯해 일본, 프랑스 등이 대표적인 국가다. 우리나라처럼 후배가 선배에게 의견이나 반론을 제시하기 힘든 위계적인 국가에서 수평 조직을 만든다는 것은 더욱더 쉽지 않다.

수평 조직을 만들기 위해서는 5가지 전제되어야 할 것이 있다.

첫째, 합의된 명확한 원칙이 있어야 한다. 성과 평가 등 상벌 규정을 공정하고 엄중하게 하는 신상필벌(信賞必罰)이 명확해야 한다 (Motivation).

둘째, 상호 신뢰가 있어야 한다(Trust). 구성원들이 자유와 통제감을 느끼면서 일할 수 있게 해야 한다.

셋째, 리더(경영진)의 수평 조직에 대한 신뢰와 솔선수범이 있어야 한다(Leadership).

넷째, 구성원 누구도 예외 없이 권한과 책임을 나눠서 짊어져야 한다(Responsibility). 모든 개인이 주인의식을 가져야 한다.

다섯째, 실패를 독려하고 주저하지 않으면서 말할 수 있는 창의 문화를 조성해야 한다(Celebrate Failure).

많은 조직이 수평적 조직문화를 지향하며 개선을 위해 노력하지만 어려움이 이만저만이 아니다. 조직문화를 바꾸기는 쉽지 않다. 사람에 비유하자면 문화는 그 사람에게 풍기는 분위기 같은 것이다. 사람마다 분위기는 나무의 나이테처럼 오랜 시간 동안 형성되기 때문에 바꾸는 것도 그만큼 힘들다. 조직문화는 그런 개인이 모여 형성된 것이어서 바꾸기가 더 어렵다. 문화는 독립변수나 매개변수가 아니라 종속변수다. 수직적인 문화를 가진 조직이 마음먹고 수평 문화로 바꾸려고 한다고 해서 쉽게 되는 게 아니다. 조직의 좋은 전통과 문화는 계승하면서 새로운 문화를 점진적으로 이식시켜나가야 한다. 선배 세대와 후배 세대가 정서적 유대를 형성하면서 서로의 가치를 수용하는 것에서 출발해야 한다.

## ☑ 옛날 것들과 일하는 6가지 방법

선배 세대가 사회 초년생이던 시절과 비교하면 격세지감을 느낀다. 지금은 조직 내 업무 환경뿐 아니라 인적 구조도 많이 바뀌었다. 조직에 따라 많게는 다섯 세대가 함께 일한다. 전통 세대부터 베이비붐 세대, X세대, 밀레니얼 세대, Z세대까지 말이다. 특성이 전혀 다른 세대가 공존하다 보니 업무에서 적잖은 어려움이 발생하는 건 당연하다. 세대 간 일하는 방식과 생각이 사뭇 다르기 때문이다. 후배 세대는 과거에 머물러 있는 일하는 방식에 적응하느라 애를 먹고 있다. 그들은 선배 세대와 일할 때 어떻게 대해야 할지 고민이다. 후배 세대가 선배 세대와 조화를 이루면서 변화(CHANGE)를 이끌기 위해서는 다음의 6가지를 챙기면 어떨까 싶다.

## 1. 일에 집중(Commitment)하되 관계도 챙긴다.

갤럽 보고서에 따르면 직장인 중 13%만 몰입을 느끼고 있고, 63%는 몰입을 느끼지 않으며, 나머지 24%는 자신을 회사의 방해꾼으로 여긴다고 한다. 즉 87%의 전 세계 직장인이 좀처럼 일터와 자신이 연결되어 있다고 느끼지 못하는 것이다. 지금은 야근이 관행이던 시절처럼 일해서는 어려움을 겪기 십상이다. 제한된 시간에 업무를 마쳐야 하기에 업무 생산성이 중요하다. 그래서 업무 몰입은 필수 요소다. 업무 생산성을 극대화하기 위해서는 '나만의 업무 루틴'을 만드는 것이 중요해졌다. 예를 들어 하루 업무 계획하기, 컴퓨터 대신 노트부터 펼치기, 나만의 집중 근무시간 만들기, 업무 마감 시한보다 일찍 끝내기 등 개인의 특성에 따라 최적의 업무 루틴을 만들어야 한다. 또한, 직장에서는 누구도 종일 혼자서 일만 하다가 퇴근할 수 없다. 선배 직원과 협력하며 일해야 한다. 그들과 신뢰할 수 있는 관계를 만드는 것은 업무만큼 중요하다.

## 2. 내 의견은 겸손(Humility)이라는 그릇에 담아 전달한다.

유 과장은 업무 능력만큼은 군계일학이다. 일 처리도 빠르고 산출물도 준수하다. 하지만 그를 향한 선배들의 시선은 곱지 않다. 그는 매사에 자신의 능력을 어필할 수 있는 업무만 챙기고 선배 직원의 의견을 귀담아듣지 않기 때문이다. 차라리 늘 마주하는 선배 직원이나 지인에게는 겸손하고, 친분이 없는 다른 부서 직원에게 똑똑하게 보이는 편이 더 낫지 않았을까. 선배 세대의 기대 가치는 '똑똑함'보다는 '겸손함'

이다. 설령 선배가 좀 부족하더라도 겸손하게 경청하고 배우려는 태도가 필요하다. 그래야 내 의견을 주장할 때 선배도 반감 없이 수용하기 때문이다.

### 3. 맡은 업무는 끝까지 책임(Accountability)진다.

후배가 작성한 문서를 검토할 때면 아쉬운 마음이 들 때가 종종 있다. 응당 선배가 손을 볼 것으로 생각한 듯 제 의견과 마무리가 부족하기 때문이다. 물론 서로 도우며 일하는 건 당연하지만, 후배 직원도 업무 책임자 못지않게 주인의식을 발휘해줬으면 하는 마음이 간절하다. 내가 안 해도 상대가 할 것이라고 미뤄 짐작하기보다는 내가 맡은 업무에 최선을 다하는 것이다. 선후배 세대 간 사려 깊은 업무 태도는 팀워크 및 성과와 직결된다.

### 4. 최신 기술(New Technology)의 전파자가 된다.

D 기업에 일하는 방식을 진단하면서 내부 시스템을 살핀 적이 있다. 업무 시 비용과 시간을 줄이고자 큰 예산을 들여 IT시스템을 도입했는데, 불필요한 문서 작성이나 보고가 여전했다. 관리자들의 낮은 시스템 활용률이 문제였다. 하지만 이 본부장은 좀 달랐다. 그는 시스템을 활용해 웬만한 실적 데이터를 직접 확인했다. 그래서 그는 형식적으로 진행되던 본부 실적 보고를 없앴다. 그 대신 실적 개선을 위한 아이디어를 도출하는 데 시간을 알토란같이 사용했다. 이 본부장이 시스템을 잘 다루게 된 것은 유 대리의 공이 컸다. 유 대리는 이 본부장에게

시스템 활용법을 잘 가르쳐준 것이다. 선배 세대는 후배 세대보다 최신 기기 활용에 서투르다. 후배 직원은 최신 기기 활용법뿐 아니라 업무 생산성을 높이는 도구를 전파하는 데 적극적일 필요가 있다.

### 5. 참신한 아이디어(Good Ideas)로 선배 세대를 자극한다.

K사는 매년 연례행사로 전 직원이 주말에 등반했다. 하지만 젊은 직원이 늘면서 참여도와 만족도가 떨어졌다. 고민 끝에 권 사장은 CFO(Chief Fun Officer, 최고 재미 책임자)를 임명했다. 팀 멤버는 주로 밀레니얼 세대로 구성하고, 모든 예산과 활동은 자율에 맡겼다. 그러자 신선한 아이디어가 넘쳐났고 직원들의 참여가 몰라보게 늘었다. 소위 요즘 잘나가는 조직은 하나같이 젊은 직원의 아이디어를 적극적으로 비즈니스에 활용한다. 후배 세대는 구태의연한 생각에 함몰되기 쉬운 선배 세대와 조직에 최신 트렌드와 아이디어를 제공하면서 긍정적인 변화를 지원해야 한다. 후배 세대의 아이디어를 적극적으로 활용한 사례도 있다. 삼성전자는 '더 세로'라는 세로로 보는 TV를 개발할 당시 기성세대의 고정관념을 깨기 위해 밀레니얼 커미티(위원회)를 운영했다. 밀레니얼 커미티는 30여 명의 신입 사원과 연차가 낮은 직원으로 꾸려진 회의체였다. 밀레니얼 커미티에서 '더 세로' 디자인에 대해 지적하면 바로 수정해 반영했다.[85]

### 6. 현자의 노하우를 더 진화(Evolution)시킨다.

D사 승진자 교육 프로그램을 개발할 때의 일이다. 풍부한 경험을 가

진 이 소장이 프로그램의 이론적 근거와 교육의 뼈대를 설계하고, 젊은 컨설턴트들이 보드게임을 응용한 활동(Activity)을 개발했다. 선배의 논리적인 교육 프로그램 설계 노하우와 후배의 참신한 아이디어가 결합하면서 재미와 의미를 모두 충족하는 결과물을 만들어냈다. 이렇듯 조직 내 나이 든 현자들의 노하우와 젊은 후배들의 신선한 두뇌가 융합될 때 시너지가 극대화된다. 선배 세대의 의견은 구식이어서 안 되고 후배 세대의 생각은 현실적이지 않다는 식의 흑백 논리는 위험하다. 업무 혁신을 원한다면 선배 세대의 장점으로 업무를 개선하려는 후배 세대의 협력적 자세가 필수적이다. 24년간 호텔기업 주아 드 비브르의 CEO였다가 52세에 에어비앤비의 인턴으로 입사해 회사의 성장에 크게 기여한 칩 콘리는 그의 책《일터의 현자(Wisdom at Work)》에서 이렇게 얘기한다.

"전 직원이 500명일 때 한 부서를 책임지던 매니저가 3년 후에 직원이 2,500명으로 늘어나면 더 이상 그 자리에 적합한 인물이 아닐 수도 있다. 하지만 과도하게 빠른 성장으로 인해 곧 발생할지도 모르는 위험을 미리 알려주는 경험 많은 리더가 팀에 있으면 큰 도움이 된다. 우리는 전 세계 어디에서도 이렇게 빠르게 성장하는 회사들을 본 적이 없기 때문에, 노련한 리더십과 젊은 창업자가 결합하여야만 한다."[86]

한 취업포털에서 설문 조사한 바에 따르면 실제 중·장년 직원을 채용해본 경험이 있는 중소·중견기업의 69.9%가 이들의 채용이 회사 경영

성과에 도움이 된다고 응답했다.[87] 선배 세대와 일하는 후배 세대라면 경험 많은 선배 직원의 아이디어를 계승하여 더 진화할 수 있어야 한다.

많은 조직에서 선배 세대가 먼저 후배 세대를 이해하고 포용하라고 독려한다. 하지만 선배 세대 못지않게 후배 세대의 역할도 중요해 보인다. 토착민격인 선배 세대가 후배 세대에게 기대하는 것은 조직에 순응하듯 애늙은이처럼 일하는 것은 아니다. 고인 물과 같은 조직에서 변화를 만들어내는 작은 샘물 같은 역할이 필요하다. 후배 세대는 예의바르되 선배 세대의 고리타분한 관행에 반기를 드는 발칙한 용기가 필요하다. 《논어》이인편(里仁篇)에 나오는 '눌언민행(訥言敏行)'의 자세를 가져야 하지 않을까? 말은 더디게 하고 행동은 민첩하게 하는 것이다.

## ☑ 프리랜서처럼 일하기

"월급 받는 만큼만 일하면 되는 것 아닌가요?" "헌신하면 헌신짝 된다잖아요?" "열심히 일한다고 누가 알아주나요?" 젊은 후배들과 대화를 하다 보면 이런 얘기를 종종 듣곤 한다. 백번 이해도 되고 공감도 된다. 사실 세상이 많이 변하기도 했다. 예전에 선배 세대가 일하던 때와 비교가 안 된다. 하지만 곰곰이 생각해볼 일이다. 지금은 그런 얘기를 하면서 위로를 얻을 수도 있지만, 언제까지나 그럴 수는 없다. 직장생활은 '정글'로 비유한다. 냉정한 약육강식이 적용되는 곳이다.

그런 정글 같은 직장에서 지혜롭게 살아남기 위해서는 어떻게 해야 할까? '프리랜서처럼 일하기'를 추천한다. 한마디로 모든 업무에 대해 주인의식을 갖고 내 사업처럼 생각하며 일하는 것이다. 왠지 거부감이 드는가? 주인도 아닌데 주인의식을 어떻게 가질 수 있느냐고. 이 역시 맞는 말이다. 하지만 직장생활을 즐겁게 하는 노하우가 여기에 숨어 있다. 그래야만 일에 대해 동기부여가 되고 통제감과 자율성이 생긴다. 그렇지 않으면 수동적으로 남이 시키는 일만 하느라 다람쥐가 쳇바퀴를 돌 듯 반복되는 답답함을 느끼게 될 것이다. 당신이 프리랜서처럼 업무에 대해 주도성을 가지고 임하면 비로소 일의 주인이 될 수 있다.

바야흐로 프리랜서의 시대가 오고 있다. 기업들이 필요에 따라 단기 계약직이나 임시직으로 인력을 충원하는 경제를 의미하는 '긱(Gig) 이코노미 시대'가 도래하면서 프리랜서를 더욱 부추기고 있다. 기업은 더 이상 신입 사원을 교육하는 데 비용을 투자하고 싶어 하지 않는다. 적시에 숙련된 전문가를 쓰려고 한다. 훨씬 비용이 적게 들기 때문이다. 이런 변화 때문일까? 이미 미국에서는 밀레니얼 세대의 47%가 프리랜서로 일하고 있다고 한다. 우리도 이런 모습으로 바뀌는 것은 시간문제이지 않을까? 그렇다면 프리랜서처럼 일하기 위해서는 어떻게 해야 할까?

### 첫째, 무엇보다 전문가(Professional)가 되기 위해 힘쓴다.

프리랜서의 세계는 냉혹하다. 전문성이 생명이다. 전문성이 담보되지 않으면 누구도 찾아주지 않는다. 전문가가 되는 게 말처럼 쉬운 일은 아니다. 직장인이 전문성을 쌓는 가장 빠른 방법은 회사에서 내게 주어지는 모든 일을 마치 내 프로젝트인 것처럼 대하는 것이다. 누구나 하는 일이라도 내 일처럼 남다르게 대하는 것이다. 그러기 위해서는 일 잘하는 선배를 벤치마킹하는 것은 물론이고, 여기에 나만의 일하는 방식과 업무원칙을 더하는 것이다. 그렇게 하루하루가 쌓이고 해가 거듭되면 비로소 함께 일하고 싶어 하는 직원이 되고 조직이 필요로 하는 사람이 된다. 전문성이 쌓였다는 증거다. 꼭 전문성은 아니라도 그에 버금가는 DNA가 생겼다는 것이다. 특히 직장에서 일할 때 전문성을 쌓아야 한다. 직장을 나와서 전문성을 쌓으려 한다면 시간과 비용이 너무 많이 들기 때문이다.

**둘째, 회사를 미래 내 사업을 위한 인큐베이터(Incubator)로 삼는다.**

특정 직업을 제외하고는 한 번 취업으로 평생직장에 정년을 보장받는 시대는 이미 지난 지 오래다. 5년, 10년 뒤 업계 판도가 어떻게 바뀔지 누구도 예측할 수 없다. 100세 시대를 준비해야 하는 지금은 평생직장보다 평생 수입원이 될 수 있는 평생 직업을 가져야 살 수 있는 시대다. 직장인이라면 하는 일을 잘하는 것은 기본이고, 1~2가지의 다른 직무에도 능통할 필요가 있다. 그러기 위해서는 직장생활 중 새로운 업무를 맡거나 다른 부서 업무를 경험하게 되면 좀 더 능동적일 필요가 있다. 수업료를 지불하지 않고 업무를 확장할 기회가 될 수 있기 때문이다. 이렇게 쌓인 작은 경험 하나하나는 미래의 어느 순간 전문가로 당당히 서는 데 자양분이 된다. 무엇보다 함께 일하는 직원을 미래의 네트워크로 생각하고 최적의 파트너처럼 대해야 한다. 언젠가 서로 도움을 주고받을 일이 생기기 때문이다. 적을 만들지 않는 것도 중요하다. 불편한 자리에서 조우할 수 있기 때문이다. 지금 만나는 고객도 마찬가지다. 미래의 내 고객이 될 수 있다. 회사에서 만나는 인연을 귀히 대접해야 한다. 미래의 든든한 사업 밑천 노릇을 할 것이기 때문이다.

**셋째, 누가 뭐래도 주인(CEO)처럼 일한다.**

"충성된 사자는 그를 보낸 이에게 마치 추수하는 날에 얼음냉수 같아서 그 주인의 마음을 시원케 하느니라" 《성경》 잠언 25장 13절

하루는 늦은 퇴근길에 동네 빵집을 지나고 있었다. 문득 창문 너머로 두툼한 지폐를 세며 결산하는 직원이 보였다. 수북이 쌓인 돈으로 미뤄보아 매상이 꽤 좋아 보였다. 하지만 그 직원의 표정은 밝아 보이지 않았다. 지나치며 본 그 직원의 모습이 계속 잔상처럼 마음에 남았다. "내가 저렇게 일하고 있지는 않은가?" 직장에서 일을 대하는 태도는 구성원마다 천양지차다. 하는 일을 대할 때 마치 그 조직의 주인인 것처럼 최선을 다하는 사람은 얼마나 될까? 종종 그렇게 일하는 사람들을 본 적이 있다. 10년이 넘게 지난 지금 그들은 어떤 모습일까? 하나같이 그 분야에서 전문가 소리 꽤 듣는 사람이 돼 있다. 하지만 투덜이처럼 리더와 조직의 문제를 쏟아내던 사람들은 지금 뭐 하고 있을까? 그건 상상에 맡긴다. 불평가가 되지 말아야 한다. 불만을 늘어놓을 시간에 차라리 내가 만들고 싶은 회사의 문화를 그려보라고 권하고 싶다.

# 옛날 것들이 요즘 것들과 공존하려면?

## ☑ 요즘 것들과 소통하는 기술

선배 세대가 후배 세대보다 오히려 눈치를 더 본다. 선배 세대 중에 적지 않은 분들이 공통으로 하는 얘기다. 그만큼 선배 세대가 요즘 후배 세대와 소통하는 데 어려움을 겪고 있음을 알 수 있다. 누가 먼저 소통의 물꼬를 터야 할까? 조직에서는 리더가, 가정에서는 부모가 그 역할을 해야 하지 않을까? 물론 예외는 있겠지만, 선배 세대가 먼저 마음을 열고 다가가야 한다. 약자보다는 권력을 가진 자가 어른답게 배려하는 게 모양새가 더 낫지 않은가?

전제되어야 할 것이 있다. 밀레니얼 세대가 원하는 소통이 무엇인지 알아야 한다. 희대의 바람둥이 카사노바가 했던 얘기에 귀 기울여보자.

"내가 남들과 다른 1가지가 있다면 그것은 상대가 무엇을 원하는지 알기 위하여 내 전부를 걸었다는 점이다." 상대의 마음을 얻기 위한 노력이 있었기에 당대 뭇 여성들의 마음을 빼앗지 않았을까? 젊은 세대의 마음을 얻고 싶다면, 그들이 보이는 소통의 특징을 알 필요가 있다.

첫째로 질문자인 요즘 것들은 말을 자르는 순간 마음을 닫는다. 자유롭게 말할 수 있는 분위기가 아니면, 그들은 얘기하지 않는다. 둘째, 조급증 어른이인 요즘 것들은 10분 이상 답을 기다리지 않는다. 셋째, 학습자인 요즘 것들은 배울 게 없으면 무시한다. 소위 말해서, '쌩깐다'는 것이다. 넷째, 최신 기술 숙련자인 요즘 것들은 혼자가 편한 온라인 소통 전문가다. 다섯째, 의미 추구자인 요즘 것들은 명확한 설득 논리를 원한다. 여섯째, 현실주의자인 요즘 것들은 멘토가 아니라 진솔한 소통의 파트너를 원한다. 일곱째, 성취주의자인 요즘 것들은 연줄 따위 관심 없고 공정한 평가와 대우를 원한다.

선배 세대와 너무 다른 특징을 가진 이런 요즘 세대와 어떻게 소통해야 할까? 선배 세대가 옳다고 생각했던 소통 방식이 통하지 않는 경우가 많다. 다음 3가지를 제안하고자 한다.


**우선, '권위적 언어' 대신 '사적인 언어'를 써보자.**

모 기업에서 '세대 이해'를 주제로 과장급 직원을 대상으로 워크숍을 한 적이 있다. 80년대생이 90년대생과 소통 시 어려운 점을 토론하게 했다. 모든 조에서 공통으로 '공식적이지 않은 언어 사용', '줄임말'이라고 표현한 '신조어 사용'이라고 했다. 잘되는 부서, 잘되는 집안은 다 이유가 있다. 공통점은 대화가 많다는 것이다. 또한, 대화의 주제나 사용하는 단어부터 다르다. 자신의 삶을 공유하면서 사적인 언어 즉 또래 언어를 곧잘 활용한다. 관종, 소확행, 케바케, 사바사… 필자가 잘 아는 베이비붐 세대 김 소장은 직원들과 일할 때 이런 단어를 정말 자연스럽게 잘 쓴다. 그는 자녀뻘인 밀레니얼 세대 직원과 소통에 어려움이 없다.

**다음으로, 빨리, 자주, 정확하게 피드백하자.**

밀레니얼 세대는 컴퓨터, 인터넷 등 최신 기기의 영향으로 빠른 커뮤니케이션에 익숙하다. 그래서 그들에게는 되도록 빠른 피드백이 효과적이다. 실제 요즘 세대는 피드백이나 의사 결정이 빠른 리더를 유능한 리더라고 생각한다. 밀레니얼 세대 54%가 일주일 내지는 매일 피드백 받기를 원한다는 조사 결과도 있다. 혹시 평가 시즌같이 그럴싸한 기회가 만들어져야만 마지못해 대화하는가? 평상시에 티타임을 통해 스몰 토크를 하면서 그들의 목소리에 귀 기울여보자. 또 밀레니얼 세대는 칭찬에 익숙하고 특권의식도 강한 편이다. 그래서 충고, 질책 등 부정적인 피드백에 유의할 필요가 있다. 되도록 감정을 배제하고 정확하게 할 얘기를 솔직하게 전달하는 기술은 필수적이다.

**마지막으로, '말하기'보다는 '듣기' 위해 노력하자.**

나이가 들면 자연히 말이 많아진다. 인생 경험이 쌓이면서 하고 싶은 얘기도 많아지는 게 당연하다. 그래서 경청이 갈수록 더 어려워진다. 의식적으로 처음 5분은 요즘 세대의 얘기를 듣는 연습을 해보면 어떨까? 후배가 선배에게 조언하는 역멘토링(Reverse Mentoring)을 하는 조직이 점차 늘고 있다. 역멘토링을 통해 신입 사원이 경영에 훈수를 두기도 한다. 실제 구찌, 버버리 같은 회사들은 역멘토링을 활용해 밀레니얼 세대의 의견을 사업에 반영하면서 새로운 성장의 계기를 맞기도 했다. 《논어》 공야장(公冶長)에 '불치하문(不恥下問)'이라는 단어가 나온다. "손아랫사람이나 지위나 학식이 자기만 못한 사람에게 모르는 것을 묻는 일을 부끄러워하지 않는다"는 의미다. 모르는 게 있으면 후배에게 물어서 배워야 한다.

## ☑ 《노인과 바다》 노인 산티아고에게 배우는 선배 세대의 소통 노하우

《노인과 바다》에서 노인 산티아고가 보여준 소통은 어른답다. 노인이 전하는 선배 세대의 소통 노하우를 4가지로 정리해본다.

### 첫째, 겸손함과 배려심이다.

누구나 노인이 된다. 하지만 모두가 아름답게 나이 들지는 않는다. 늙는 것과 성숙한 것에는 차이가 있다. 늙는 것은 누구나 할 수 있지만, 성숙하기 위해서는 변화를 두려워하지 않아야 한다. 늙는 것은 필연이지만 성숙하는 것은 선택할 수 있다. 노인 산티아고는 바다와 오래 함께

해서 바다를 닮은 것일까? 그에게서는 넓은 마음과 배려가 절로 흘러 나온다. 선배 세대는 자신이 후배처럼 젊었을 때를 생각하면서 후배 세대에게 겸손해야 하고 배려심이 깊어야 한다. 그래야 어른다운 것이다. 단지 나이가 많고 직급이 높다는 이유로 후배 세대를 무시하거나 하대 해선 안 된다. 후배가 먼저 인사하지 않는다고 서운해할 게 아니다.

그는 너무 단순한 사람이어서 자신이 언제 겸손함을 배웠는지조차 생각해본 적이 없었다.

비록 노인은 이 마을 사람들이 자기 물건에 손대리라고는 생각하지 않았지만, 갈고리와 작살을 배 안에 그냥 놔두는 것은 공연히 사람들의 마음을 유혹하는 짓이라고 생각했다.

**둘째, 인색하지 않은 칭찬, 그리고 측은지심이다.**

상대를 칭찬하는 것은 생각처럼 쉽지 않다. 선배 세대는 칭찬보다는 질책에 익숙하기 때문에 더욱더 그렇다. 그래서 후배의 모습을 보면 칭찬거리보다는 질책거리가 눈에 더 잘 보인다. 하지만 노인은 칭찬에 인색하지 않았다. 친절하게 노인의 식사를 챙기는 소년의 태도에 칭찬을 아끼지 않는다. 적절한 시기에 상대방에게 던지는 사소하지만 진실한 칭찬은 마음을 움직인다. 심지어 노인은 자연에 대해서도 측은지심을 가진 사람이다. 강자보다는 약자의 편이었다.

"넌 참 친절하기도 하구나. 자, 그럼 어디 먹어볼까?" 노인이 말했다.

소년은 아직도 졸렸고, 그래서 노인은 한 팔로 소년의 어깨를 감싸며 말했다. "미안하구나."
(중략) 그들은 바다를 두고 경쟁자, 일터, 심지어 적대자인 것처럼 불렀다. 그러나 노인은 늘 바다를 여성으로 생각했으며, 큰 은혜를 베풀어주기도 하고 빼앗기도 하는 무엇이라고 말했다.

### 셋째, 역지사지, 탁월한 감정이입이다.

노인의 역지사지는 가히 끝판왕 수준이다. 청새치와 사투를 벌이는 순간에도 고기의 마음을 읽어내는 능력은 놀랍다. 급기야 "저 고기 놈이 되어보고 싶구나"라고 말하기까지 한다. 노인이 소년을 대하는 모습도 그랬다. 망망대해에서 혼자 있는 동안 소년을 그리워한다. 그리고 대화하는 내내 소년의 마음을 읽고 배려한다. 선배 세대는 노인처럼 타인의 입장이 되어 소통해야 한다.

"저 고기 놈이 되어보고 싶구나."하고 그는 생각했다.
그렇게 생각하니 노인은 아무것도 먹지 못한 큰 고기가 왠지 불쌍하다는 생각이 들었다.

"이젠 할아버지하고 같이 나가서 잡기로 해요."
"그건 안 돼. 내겐 운이 없어. 운이 다 됐거든."

"그런 소리 하지 마세요. 운은 제가 갖고 가면 되잖아요."

"네 가족이 뭐라고 하지 않을까?"

### 넷째, 긍정성이다.

노인은 다른 어부들이 비웃으면서 수군거려도 아랑곳하지 않고 초연했다. 또 노인은 계획했던 것보다 멀리 떠나 망망대해에서 고기와 결투를 벌이는 와중에도 긍정성을 잃지 않는다. 고난 가운데서 그 사람의 본질이 드러나게 마련이다. 위기 속에서 더 긍정성을 잃지 않은 노인을 본받을 만하다. 선배 세대는 후배가 불평을 쏟아내더라도 당신도 같이 불평하며 부정적인 언어를 써서도 안 된다. 후배에게 상처가 될 뿐 아니라 함께 일하는 부서나 조직의 문화가 되기 때문이다. 선배 세대는 긍정성을 유지해야 한다.

노인과 소년이 테라스에 들어가 앉자 많은 어부들이 노인을 놀려댔지만, 노인은 조금도 화를 내지 않았다.

"이 늙은이야, 뭔가 좀 유쾌한 일을 생각해봐. 이제는 시시각각 집으로 가까이 다가가고 있지 않은가. 게다가 고기 무게가 20킬로그램이 줄어 배는 그만큼 가볍게 달리고 있고 말이야."

그가 말했다. '희망을 버리는 건 어리석은 일이야' 하고 그는 생각했다. '더구나 그건 죄악이거든. 죄에 대해서는 생각하지 말자' 하고 그는 생각했다.

## ☑ 세대 간 충돌은 꼰대어와 신조어의 충돌?

한때 서점가에는 '언어'를 주제로 한 책이 잘 나갔다. 그만큼 많은 사람이 말에 마상(마음의 상처)을 받거나 위로받기도 한다는 의미일 것이다. '꼰대 육하원칙'이라는 것이 있다. "내가 누군지 알아(Who)." "뭘 안다고(What)." "어딜 감히(Where)." "왕년에(When)." "어떻게 나한테 (How)." "내가 그걸 왜(Why)." 꼰대들이 평소에 자주 쓰는 일명 '꼰대어'다. 선배 직원의 권위적인 꼰대어 때문에 후배들이 어려움을 겪는 경우가 많다. 반면 선배 직원은 정체를 알기 힘든 후배 직원의 '신조어' 때문에 낯설다. 신조어를 사용하는 후배들 사이에 끼어서 소외감을 느끼기도 한다. 공적인 자리에서 후배 직원들끼리 신조어를 쓸 때면 선배 세대는 여지없이 '아싸(아웃사이더)'가 된 기분이다. 한 취업포털에서 실시한 신조어 관련 조사에서 이를 확인할 수 있다. '신조어로 인해 의사소통에 어려움을 겪은 적이 있습니까?'라는 질문에 응답자 36%가 '그렇다'고 답했다.[88]

세대 간 의사소통에 어려움을 겪는 가장 큰 이유 중 하나는 '언어' 다. 꼰대어와 신조어의 충돌이 그것이다. 이는 사회 전반에 걸쳐 나타난다. 가정에서는 부모와 자녀, 학교에서는 교사와 학생, 직장에서는 선배와 후배 사이에서 찾아볼 수 있다. 특히 직장에서 꼰대어가 자주 출몰하는 곳은 회식 현장이다. 술이 얼큰하게 취한 선배들은 후배들이 듣기 싫어하는 자기 자랑을 늘어놓기 시작한다. 조언이라고 포장은 하지만 철 지나고 일방적인 선배의 넋두리가 대부분이다.

일본의 수제 맥주 회사에서 개발한 '선배풍' 의자가 한때 화제였다. 이 장치는 수평적인 분위기의 회식 문화를 확산하기 위해 고안했다고 한다. 이 의자는 IBM 왓슨의 인공지능(AI) 기술을 활용해 2,000여 개 꼰대어를 인식하게 했다. 꼰대어 사용 수준에 따라 3단계 바람 세기로 선풍기가 작동하는 것이다. 이 장치를 실제 우리의 회식 자리에서 활용한다면 어떨까? 선풍기가 쉬지 않고 쌩쌩 불어대지는 않을까? 젊은 후배들이 회사 가기 싫게 만드는 꼰대어에는 몇 가지 특징이 있다. 첫째, 과거의 무용담이다. 여러 번 우려낸 차처럼 맹물이 된 밍밍한 과거의 얘기다. 둘째, 배려와 공감 없는 언어다. 듣는 사람의 마음을 헤아리지 않고 자신의 입장에서만 일방적으로 하는 얘기다. 셋째, 권위적인 언어다. 직급이나 지위가 높은 선배가 하는 얘기니 나이 어리고 경험이 부족한 후배는 그냥 듣기만 하라는 것이다.

또 신조어가 자주 등장하는 것은 회의 상황이다. 아재들은 좀처럼 감을 잡기 힘든 신조어가 툭툭 튀어나온다. 사실 선배 세대만 신조어를 모르는 건 아니다. 전기 밀레니얼 세대인 80년대생도 후기 밀레니얼 세대인 90년대생 젊은 후배들이 쓰는 최신 신조어에 생소할 때가 많다. 상황이 이렇다 보니 신조어 백과사전이 등장했을 정도다. 존맛탱(JMT), 핵인싸, 댕댕이, 혼노코, 렬루, 별다줄, TMI, 좋페, 톤그로, 롬곡옾눞, 발컨, 혼모노, 법블레스유…. 요즘 젊은 후배 세대들이 쓰는 신조어들이다. 몇 개나 알겠는가? 혹시 너무 몰라 당황스러운가? 취업포털에서 20~40대 직장인 854명을 설문 조사한 결과에 따르면 응답자의 89.2%가 '신조어 때문에 세대 차이를 느낀 적이 있다'고 답했다.[89] 어느 시대를 막론하고 선후배 세대를 가르는 신조어가 존재했다. 100년 전인 1920년대에도 그랬다. 고리타분한 취향을 거부하고 서구적이고 새로운 스타일의 패션과 소비를 추구하는 후배 세대를 가리켜 '모뽀' 와 '모껄'이라고 불렀다. 모던 보이(Modern Boy)와 모던 걸(Modern Girl)의 줄임말이다. 신조어는 시대상과 유행을 반영한다. 신조어는 금방 대중적으로 유행하면서 소비되는 편승 효과(Bandwagon Effect)가 크다. 그래서 신조어 중에는 표준어로 지정되기도 하지만 대부분의 신조어는 유행이 지나면 사라지게 마련이다.

지금 우리는 전통 세대부터 베이비붐 세대, X세대, 밀레니얼 세대, Z 세대, 알파 세대까지 다양한 세대가 뒤엉켜 살고 있다. 겉으로는 하나의 언어를 사용하고 있는 것처럼 보이지만 그렇지 않다. 과거, 자아, 권위에 갇혀 있는 꼰대어를 쓰는 사람도 있고, 선배 세대와 구별 짓기를 하듯 신조어를 쓰는 후배 세대도 있다. 신조어는 선배 세대가 만든 철옹성 같은 꼰대 문화의 바벨탑에 대한 도전과 저항 같기도 하다. 특히 컴퓨터와 인터넷의 발달로 게임이나 SNS로 하는 빠른 소통은 언어의 경제성, 최신성, 창의성을 높였고 언어의 홍수를 부추기고 있다. 한글을 만든 세종대왕 덕이다. 만약 그가 타임머신을 타고 현재로 온다면 어떤 느낌일까?

언어는 미래의 삶을 예언하는 주문이다. 개인의 인생과 문화를 담는 그릇이기도 하다. 개인의 수준은 그가 사용하는 언어의 수준이고, 조직의 수준은 구성원이 사용하는 언어의 수준이다. 후배 세대는 선배 세대가 어떻게 꼰대어를 쓰게 됐는지 시대상을 이해하면 도움이 될 수

## 세대별 신조어와 특징

| 구분 | 전통 세대 | 베이비붐 세대 | X세대 | 밀레니얼 세대 | Z세대 |
|---|---|---|---|---|---|
| 신조어 및 은어 | [1920~30년대] 모뽀(모던 보이) 모껄(모던 걸) [1950년대] 빽 38따라지 골로 간다 낙하산부대 | [1960년대] 뺑뺑이세대 치맛바람 전업주부 [1970년대] 애나 봐라 아더매치 옥떨메 나체팅 | [1980년대] 복부인 노찾사 별밤 토토즐 [1990년대] 아타족 미시족 짱 몰카 신·쉰세대 | [1990년대 후] 안냐세요 방가 츠ㅋ 냉무 드뎌 악플러 [2000년대] OTL(좌절) 뷁(브레이크) 뭠미(뭐임?) | [2010년대] 개이득 핵노잼 혼밥 답정녀 케바케 펫티켓 금·은·흙수저 창렬·혜자스럽다 |
| 특징 | 줄임말 | 줄임말 합성어 | 줄임말 합성어 | 줄임말 오타 초성 문자모양 착안 (특수문자 결합) | 줄임말 합성어 초성 접두사 |
| 시대상 | 남존여비, 서구 문화 도입 | 경쟁, 교육열 | PC 통신(천리안, 하이텔, 나우누리) 언어, 여권 신장 | 컴퓨터, 인터넷 영향으로 게임, 채팅 발달 신조어 급증 | 정보 홍수 SNS, 메신저 영향 |

있다. 선배 세대는 꼰대어가 아니라 어른다운 언어를 써야 한다. 꼰대 탈출은 물론 후배 세대와 열린 소통을 위해 때론 후배 세대의 눈높이에 맞는 신조어도 가끔 구사하는 감각도 필요하지 않을까? 이제 엄근진(엄격·근엄·진지)으로 일관하는 선배는 매력 없다. 과거에 갇혀 "나 때는 말이야"라는 말을 일삼고 필요 이상 진지 모드라면 '진지충'으로 취급받을 수도 있다. 언어 습관이 바뀌어야 개인의 삶도 조직의 문화도 변화한다.

# ☑ 신조어는 어떻게 생기는가?

요즘은 새로운 말이 생기고 사라지는 언어의 생애 주기가 빨라졌다. 심지어 10대들도 의도적으로 신조어를 학습하지 않으면 친구들과 소통에서 소외감을 느낀다고 하소연한다. 상황이 이렇다 보니 인터넷에 익숙하지 않은 선배 세대는 더 말할 것도 없다. 낯선 신조어는 선배 세대에게 세대 간 소통의 장애가 된다고 느낄 정도다. 하지만 조금만 애착을 가지고 신조어를 알면 후배 세대를 이해하는 데 도움이 될 수 있다. 한 통신사에서 조사한 바에 따르면 20~30대가 신조어를 사용하는 이유의 68%는 "내 감정이나 상황을 표현하고 싶은데 마땅한 단어가 없어서"였다. 신조어를 알면 그만큼 후배 세대의 감정과 상황을 엿볼 수도 있다는 얘기다.

과거와 다르게 신조어가 범람하는 이유는 무엇일까? 가장 큰 이유는 인터넷의 영향으로 언어의 사용 공간이 오프라인에서 온라인으로 이동했기 때문이다. 누구나 컴퓨터나 스마트 기기만 있으면 언제든 소통할 수 있으니 말이다. 컴퓨터가 보급되던 90년대에 PC 통신과 PC 게임이 유행하면서 신조어들이 양산되었다면, 지금은 SNS 영향으로 신조어가 증가하는 추세다. SNS를 할 때는 언어를 효율적으로 사용해야 하므로 자연히 신조어 사용 빈도가 높아질 수밖에 없다. 미국의 시장조사 기관인 가트너(Gartner)에서 전 세계 이동통신 음성과 데이터 서비스를 조사한 바에 따르면 2004년에 음성과 데이터 서비스 비중이 88:12이던 것이 2016년에는 50:50이 되었다. 음성 서비스 사용량은 점차 줄고 데이터 서비스의 소비가 늘고 있다.

신조어가 늘어나는 또 다른 이유는 온라인이라는 가상 공간이 익명성과 표현의 자유가 보장되기 때문이다. 가짜뉴스가 넘치고 미투 운동이 퍼지며 각종 집회가 금방 확산하는 것도 맥을 같이한다. 온라인 상에서 표현에 대한 제한이 사라져버린 것이다. 후배 세대의 스마트폰 보급률의 급속한 증가도 한몫한다. 정보통신연구원에서 조사한 세대별 스마트폰 보유 비율을 보면, 2016년에 이미 10대의 경우 91.7%가 되었다. 50대(81.9%), 60대(32.1%)의 스마트폰 보유 비율보다 높다. 온라인 공간에서는 10대도 엄연히 어른과 다를 바 없이, 아니 더 강력한 누리꾼이 되어 자신의 의견을 표현하고 있다.

최근 신조어가 늘면서 '신조어 아카이브(Archive, 기록보관소)' 즉 신조어의 수집, 분석, 관리를 하는 활동의 필요성에 대한 논의가 생겨났다. 시대의 변화에 맞춰 사회적 현상을 반영하여 생성되는 신조어와 함께 관련 기록들을 아카이빙(Archiving: 파일을 수집·관리·서비스하기 위해 한곳에 모아두는 것)하는 것이 중요해졌다. 신조어가 반영하고 있는 당대의 사회현상을 기억하고 분석하는 좋은 도구가 될 수 있기 때문이다.[90] 신조어가 세대 간 소통의 장애가 되는 일부 부작용이 있을 수 있지만, 사실 걱정할 문제는 아니다. 언어는 인간처럼 생로병사의 과정을 거치며 진화하고 발전하기 때문이다. 다만 특정 계층을 비하하거나 인권 침해의 소지가 있는 말은 사용하지 말아야 한다.

## ☑ 21세기형 리더의 7가지 무지개 언어[91]

세상은 빠른 속도로 변하는데 리더의 언어 습관은 아직 20세기에 머물러 있는 듯하다. 21세기를 살아가는 요즘 것들은 그런 조직에 적응하며 살아가기가 여간 힘든 게 아니다. 잘못된 언어는 사람과 조직을 병들게 한다. 리더의 언어가 바뀌어야 요즘 것들이 잠재력을 발휘할 수 있다. 다채로운 요즘 것들의 특성에 맞게 리더의 언어도 무지갯빛이어야 한다. 요즘 것들의 기를 살리는 리더의 7가지 언어를 살펴보자.

### 1. '책임의 언어'다.

"당신이 책임질 거야?" "그게 말이 돼?" 요즘 것들은 상대를 하대하며 자신을 과시하는 '보스형 언어'와 결정적인 순간에 은근슬쩍 발을 빼는 '책임 회피형 언어'에 마음을 닫는다. "맘껏 해봐. 내가 책임질 테니." "괜찮아, 실수할 수도 있지." 요즘 것들과 소통하기 위해서는 요즘 것들이 새로운 시도를 하도록 독려하고 실패를 두려워하지 않게 힘이 되는 '책임의 언어'를 사용해야 한다.

### 2. '대안의 언어'다.

"내가 잘못 생각한 것 같아." "이렇게 해보는 건 어때?" "이런 면도 있을 수 있겠네." 요즘 것들과 소통하기 위해서는 잘못이 있다면 솔직하게 인정하고, 가능성과 실행 대안을 찾는 '대안의 언어'를 사용해야 한다. 요즘 것들은 "그게 아니지." "요즘 사람들은 말이야." "그게 말이 되니?" 대안 없는 '불평의 언어'에 부정적이다.

### 3. '가정의 언어'다.

"안 해봤는데 어떻게 알아?" "아, 그건 아니고. 이렇게 해야지." 요즘 것들에게 세월을 역행해 자기 방식을 고집하는 선배는 정말 밉상이다. 요즘 것들은 상대의 생각을 무시하는 자기 확신으로 가득 찬 '단정적인 언어'에 거부 반응이 크다. "이런 면도 있지 않을까?" 요즘 것들을 대할 때는 나도 틀릴 수 있다는 전제로 의견을 묻는 '가정의 언어'를 사용해야 한다.

### 4. '합의의 언어'다.

"내 말대로 해." "이게 원칙이야, 그건 아니야." 요즘 것들은 권위와 경험으로 제압하는 것에 반감이 높다. 관례와 규정의 틀에 갇힌 '교조주의적 언어'에 질색한다. "이렇게 해보면 어떨까?" 요즘 것들과 소통하기 위해서는 만장일치를 끌어내는 '합의의 언어'를 사용해야 한다.

### 5. '설득의 언어'다.

"까라면 까." "하던 대로 하면 돼." 요즘 것들은 상명하복의 수직적 권위에 따라 일방적으로 강요하는 '지시의 언어'가 불편하다. "네 생각도 좋은데." 요즘 것들의 참여를 끌어내기 위해서는 명분과 실리를 통해 이해시키는 '설득의 언어'가 효과적이다.

## 6. '존중의 언어'다.

"제발 시키는 대로 하면 안 돼?" "말대꾸하지 말고." 요즘 것들은 진심인 척하면서 주제넘은 '훈계투의 언어'에 매우 예민하다. "힘들죠?" "제 생각엔." 그들과 온전하게 소통을 하기 위해서는 수평적이고 동등한 입장에서 상대를 세우는 '존중의 언어'를 사용해야 한다.

## 7. '공감의 언어'다.

"(영혼 없이) 좋은데." "(영혼 없이) 수고했어." 요즘 것들은 상대의 기분과 상황에 대한 이해와 배려 없이 하는 형식적인 칭찬은 오히려 역효과다. "실력이 많이 늘었네." "자네 아니면 못했을 거야." 소통하기 원한다면 그들의 입장을 고려하며 세심하게 관심을 쏟는 '공감의 언어'를 사용해야 한다.

이와 같이 사람들에게 동기부여를 하는 언어에는 특성이 있다. 텍사스A&M대 재클린과 밀턴 메이필드 부부는 30년 가까이 연구한 결과

**요즘 것들의 기를 살리는 리더의 언어**

1 회피형 언어 ──────▶ 책임의 언어
2 불평의 언어 ──────▶ 대안의 언어
3 단정적 언어 ──────▶ 가정의 언어
4 교조주의적 언어 ─────▶ 합의의 언어
5 지시의 언어 ──────▶ 설득의 언어
6 훈계투의 언어 ──────▶ 존중의 언어
7 영혼 없는 칭찬 ─────▶ 공감의 언어

를 토대로 동기부여를 하는 3가지 언어를 제시한다. '방향 제시 언어', '공감 언어', '의미부여 언어'가 그것이다. 방향 제시 언어는 불확실성을 제거해주고, 공감 언어는 일하는 사람을 인간으로 대하는 배려를 보여주며, 의미부여 언어는 업무의 중요성을 설명한다.[92] 당신은 함께 일하는 후배 직원들에게 이런 언어를 얼마나 사용하는가?

많은 조직이 변화를 부르짖지만, 변화가 그리 쉽지 않은 것은 우리의 생각이 과거에 머물러 있기 때문이다. 언어도 수직적인 상명하복이 일상이던 과거에 아직 갇혀 있다. 조직이 변하려면 언어 습관이 바뀌어야 한다. 언어는 조직과 개인을 바꿀 수 있는 근본적이며 실질적인 도구다. 무엇보다 리더의 언어가 바뀌어야 조직이 바뀔 수 있다. 언어의 색깔은 영혼의 색깔이다. 무채색의 리더의 언어가 아름다운 무지갯빛으로 바뀌어야 조직의 미래도 장밋빛이 될 수 있다.


## ☑ 후배는 인정받는 말을, 선배는 존경받는 말을 듣고 싶어 한다


"성과도 안 나서 고민인데, 요즘 이 대리 때문에 더 스트레스를 받아. 걔는 지각하고도 미안한 마음도 없나 봐. 출퇴근하면 나한테 인사도 안 해. 이 대리를 어떻게 대하면 좋을까? 팀장이 팀원 눈치를 더 본다니까." 김 팀장과 차 한 잔 마시다가 들은 얘기다. 이 대리는 원래 하던 일을 그만두고 최근 입사해 김 팀장과 함께 영업을 하게 됐다. 비슷한 직급의 동료에 비해 나이가 많다. 그녀는 비슷한 직급의 동료들과 잘 어울리지도 않는다. 게다가 선배 직원들에게도 살갑게 다가서지도 못한다. 무표정한 얼굴이어서 주변 사람이 선뜻 말을 걸기도 어렵다. 가끔 그녀가 김 팀장에게 하는 말이 가관이다. "팀장님이신데 이것도 모르세요?" "그건 팀장님 일인데 왜 제가 해야 하나요?" 당돌하기 짝이 없다. 김 팀장은 그야말로 멘붕일 법도 하다.

하지만 후배 직원이 선배 직원에게 듣기 싫은 얘기가 있듯 선배 직원도 마찬가지다. 선배 직원도 이왕이면 후배 직원에게 듣기 싫은 말보다는 듣기 좋은 말을 듣고 싶어 한다. 기업에서 구성원을 상대로 설문 조사한 결과에 따르면 선배들이 후배에게 듣고 싶은 말과 듣기 싫은 말은 다음과 같다.

| 구분 | 후배에게 듣고 싶은 말 | 후배에게 듣기 싫은 말 |
|---|---|---|
| 기업 A (현대앰엔소프트) | "역시 선배님"(36%)<br>"제가 하겠습니다"(29%)<br>"이것 좀 가르쳐주세요"(26%) | "제 일 아닌데요"(67%)<br>"저도 지금 바쁜데요"(16%) |
| 기업 B (대전성모병원) | "선배는 배울 게 많은 사람입니다"(35.4%)<br>"제가 하겠습니다"(30.1%) | "제 일이 아닙니다"(50.3%) |
| 기업 C (한화그룹) | "존경합니다. 멋지세요. 본받고 싶습니다"(46%)<br>"가르쳐주세요"(12.6%)<br>"선배님이 편해요. 인간적이세요"(8%)<br>"밥 사주세요. 술 사주세요"(6.9%)<br>"도울 일 없나요"(6.9%)<br>"식사하세요. 쉬세요. 퇴근하세요"(5.7%)<br>"고맙습니다"(5.7%) | "잘 모르시잖아요. 이거 모르세요?"(24.6%)<br>"제 일 아닙니다. 바쁩니다"(15.9%)<br>무시당할 때, 대답 안 할 때(10.1%)<br>"알아서 할 테니 신경 쓰지 마세요"(7.2%)<br>"이것 좀 해주세요"(7.2%)<br>"다 못했어요"(4.3%)<br>"다른 선배들은 안 그러던데"(4.3%)<br>"선배는 안 친해요"(4.3%)<br>"몇 살이세요?"(4.3%) |

선후배 세대가 서로에게 듣고 싶어 하는 말에는 특징이 있다. 후배 세대는 인정을 받고 싶어 한다. 단지 나이가 어리고 직급이 낮다는 이유로 무시받는 게 싫다. 후배 세대는 어디서든 떳떳한 일원으로 공정하게 평가받기를 원한다. 선배 세대는 존경받고 싶어 한다. 나이와 직급에 맞게 대접받기를 원한다. 후배에게 격려의 말이 필요하듯이 선배도 똑같은 마음이다. 함께 일하는 선배에게 종종 힘이 되는 말을 건네 보는 것은 어떨까? 조금 어색하고 손발이 오그라들 수도 있을 것이다. 하지만 말 한마디가 큰 마력을 발휘할 수 있다. 직장생활이 훨씬 행복해질 수도 있다. 그게 어렵다면 적어도 선배가 듣기 싫어하는 말을 자제해보도록 하자.

김 팀장의 얘기를 들은 후 마음에 걸려 이 대리를 한 번 만나보기로 했다. 며칠 뒤 경력 상담을 명목으로 이 대리와 차 마실 기회를 만들었다. 그녀의 얘기를 찬찬히 듣자 하니 김 팀장에게도 적잖이 문제가 있음을 알 수 있었다. 김 팀장은 걸핏하면 자리를 비우기 일쑤고, 연락도 안 될 때가 많았다. 그녀는 김 팀장에게 빨리 배우고 싶은데 생각처럼 배우지 못해 마음이 조급했다. 이 대리는 성격 좋은 김 팀장과 가까워지려고 그녀 나름대로 편하게 얘기하다 보니 버릇없어 보일 수 있었을 거라는 얘기도 했다. 김 팀장과 이 대리의 입장을 다 알고 보니 서로에게 필요한 것은 힘이 되는 말 한마디임을 알 수 있었다. 이 상황은 그들만의 문제가 아니다. 많은 선후배 세대가 서로에게 따뜻한 말이 절실하다. 이제부터 선후배 세대가 서로 인정과 존중의 언어를 쓰도록 더 노력해보자.

## ☑ 100세 이하는 모두 존댓말을 쓰기

"존댓말을 써야 할지 반말을 써야 할지 잘 모르겠다."

"영어에 존댓말 그런 개념이 없어서 자꾸 이런 생각을 해야 하는 것이 부담스럽다."

"독일에서는 한쪽이 존댓말을 하면 반드시 다른 쪽도 존댓말을 한다."[93]

한 방송 프로그램에서 한국에 살면서 대화 중 존댓말에 어려움을 겪는 외국인을 대상으로 인터뷰한 내용이다. 우리나라만큼 서열에 대해 민감한 나라가 없을 것이다. 우리는 어디서든 누구든 나이와 직위에 따른 서열 구분을 해야 속이 시원하다.

위계적이지 않은 수평적 조직문화 조성을 위해 서울교육청에서 '수평적 호칭제' 도입 계획을 발표한 적이 있다. 계획이 발표되자 교육청에는 온종일 수평적인 호칭 사용을 반대하는 항의 전화가 빗발쳤다고 한다. 구성원은 물론 사제 간 호칭을 '~님'이나 '~쌤'으로 부르기로 했기 때문이다.[94] '~쌤'이라는 표현의 적절성에 대해서 갑론을박이 첨예했다. 그렇지 않아도 교육자의 권위가 땅에 떨어진 마당에 교권 추락을 부추기는 것 아니냐는 우려의 목소리가 컸다. 사제 간 선생님 호칭을 유지하고 학교 자율에 맡기는 것으로 일단락되었다.

우리나라의 서열 문화는 국민의 의식구조에 깊숙이 박혀있다. 과거에는 족보와 항렬을 따졌다면 요즘은 학벌이나 학년, 직업과 직위를 따진다. 낯선 사람과 처음 만났을 때 본능적이듯 서열에 따라 서로의 존재 설정을 한다. 적어도 나이를 따져야 직성이 풀린다. 사람을 소개할 때도 마찬가지다. 학교를 어디 나왔으며 직업이 뭔지 확인한다. 외국인과 명함을 교환하면 직업과 주소 정도가 전부다. 하지만 우리의 명함은 학위, 직위 등 서열을 알리는 정보가 핵심이다. 암묵적으로 서열을 인식하게 한다. 급기야 우리 몸에도 서열이 있다. 오른쪽과 머리를 존귀하게 여기는 존두(尊頭)와 존우(尊右) 사상이 그것이다. 머리카락이 빠질세라 머리도 빗지 않을 만큼 머리를 존중했다. 볼일을 본 후 오른손으로 밑을 닦지 않아야 하고, 어른들은 왼손으로 식사하는 것을 금기시했다. 신체에서 발보다는 손이, 항문보다 입이 더 서열이 높다.[95] 한국인의 서열 의식이 얼마나 강한가를 보여주는 단적인 사례다.

서열 의식은 시대 변화로 새로운 도전을 받고 있다. 수직적 관계보다는 수평적 관계에 더 익숙한 후배 세대의 영향이 크다. 그들은 권위적인 개인이나 조직에 거부 반응이 크다. 선배 세대는 직급이나 연차에 맞게 대접받고 싶어 한다. 직급이나 연차가 낮은 누군가가 자신에게 반말하는 것을 쉽사리 용납하지 못한다. 나이와 직급 중 무엇이 먼저일까? 한국인의 내면에 깊이 박힌 서열 의식이 복잡하게 작동한다.

무리하게 서열을 정리하면 누군가는 마음이 상하는 경우가 생기기 십상이다. 그래서 서로 겸손할 필요가 있다. 속한 조직의 관례와 원칙에 크게 반하지 않는다면 상호 존칭을 쓰는 것이 어떨까 싶다. 공적인 자리에서는 더 그렇다. 서로가 상대를 예우하는 것이다. 주역에 "나이 든다고 해서 덕이 두터워진 것이 아니라 성인의 도를 공부함으로써 덕이 생긴다"는 말이 있다. 사람은 나이가 많거나 직급이 높다고 해서 더 성숙한 것이 아니다. 사람은 배울 때만 유연해지고 겸손해질 수 있다. 나보다 남을 낮게 여기고 내가 먼저 낮아지는 모습이 성숙한 사람의 모습일 것이다. 한 연구에 따르면 모든 연령 집단에서 연령 차별 심각성 인식이 세대 갈등 인식에 영향을 미치는 것으로 나타났다. 즉 사람들은 연령 차별을 심각하게 받아들일수록 세대 간 갈등이 높아진다고 인식하는 것이다.[96] 100세 이하는 모두 서로 존댓말을 쓰기로 하는 건 어떨까? 세상이 지금보다 더 따뜻해지지 않을까?

## ☑ 세대 간 세련된 대화를 위한 6단계 모델[97]

급속한 변화로 인해 세대 간의 생활 방식, 사고방식의 차이는 언어의 차이를 낳았다. 세대 간 쓰는 언어와 문법의 차이로 다양한 갈등과 대립, 관계 약화를 가져왔다. 이러한 갈등을 해결하기 위해서는 세대 간의 의사소통은 더욱 세련될 필요가 있다. 선행 연구를 바탕으로 가족 내지는 구성원 간 바람직한 의사소통의 방법을 제시한 'HARMONY' 모델을 소개한다.

### 1. 일단 정지하기(Happy family by stop)

갈등과 차이를 경험할 때 또는 대화를 해야 하는 결정적 시기에 무의식적이고 즉흥적이며 감정적인 반응으로 대화의 장을 막지 않도록 우선 멈추고 대화할 준비를 하는 과정이다.

### 2. 다른 차이와 관점을 수용하기(Accept others)

서로 차이와 다른 가치가 있음을 인정한다. 서로 다름에 대한 인정은 이후 대화의 풍성함을 부르는 중요한 자세가 된다.

### 3. 마음으로 듣기(Reading in hearing)

귀를 기울이고 상대의 욕구를 들으며 상대방의 입장에서 공감하는 듣기 과정이다.

### 4. 내 느낌 말하기(Message of I)

상대를 비판하거나 분석하거나 비난하거나 진단하지 않으면서 내가 무엇을 어떻게 느끼고 필요로 하는지 표현하는 단계로 솔직한 감정이입을 가능하게 해준다.

### 5. 대안 나누기(Option sharing)

서로의 욕구를 충족할 만한 행동을 요청하고 나누는 과정으로 서로 대안들을 나누고 표현함으로써 함께 문제를 해결해나갈 목표에 초점을 맞춘다.

### 6. 새로운 행동 격려하기(New pattern)

초기 단계에서 듣기와 느낌을 말함으로써 관계를 돈독히 했다면, 이제는 과제에 초점을 맞추어 앞으로 어떻게 해야 할지를 구체적으로 정해나가야 한다. 대화에서 실제적인 해결이 없다면 문제는 또다시 드러나게 될 것이다. 따라서 전 단계에서 여러 대안을 나누었다면 이를 통해 중요한 하나의 과제와 목표에 직면하게 되면 이제 구체적으로 행동과 해결 전략을 짤 수 있도록 격려하는 것이다.

### 7. 감사하기(Yeast effect of thanks)

서로에 대한 감사와 애정의 피드백 표현은 자아 존중감을 높여 구성원들을 성장시키고 삶을 풍요롭게 하며 분위기를 따뜻하게 해 언제든지 마음을 열고 대화하게 한다.

관계란 일방적일 수 없다. 상호적이다. 때론 상대의 말 한마디에 마음 상하기도 하고 위로가 되기도 한다. "훌륭한 전달자는 모두 상대의 언어를 사용한다." 미디어 전문가 마셜 매클루언의 얘기다. 상대방의 입장을 배려하여 눈높이를 맞춘 언어가 최고의 언어가 아닐까 싶다.

### ☑ 요즘 것들에게 일의 의미를 부여하는 기술[98]

"내가 이런 일을 하려고 스펙을 쌓았나?"라고 묻는 요즘 것들의 눈높이를 충족시킬 만한 직무는 많지 않다. 업무의 가치와 의미를 따지면서 허드렛일에 예민한 반응을 보이는 요즘 것들을 위해 일에 대한 의미 부여가 필요한 대목이다. 보스턴대 마이클 프랫 교수에 따르면 일에서 의미를 찾는 경우는 3가지다. 하는 일이 내 가치나 믿음과 일치하고, 다른 사람에게 긍정적인 영향을 미치며, 회사의 비즈니스에 도움이 된다고 믿을 때다. 리더는 요즘 것들이 일에서 의미를 찾도록 연결 (Link), 기여(Contribute), 체험(Experience) 3가지를 도와야 한다.

**첫째, 일의 가치를 명료하게 하고 개인의 가치와 연결(Link)하게 한다.**

요즘 것들의 하는 일이 개인의 가치나 믿음과 연결된다고 느끼게 하기 위해서는 업무 가치와 개인 가치의 접점을 찾아야 한다. 3가지 방법이 있다.

하나, 회사의 가치에 맞는 직원을 채용해야 한다. 개인 가치는 교육으로도 바꾸기 어렵기 때문이다. 〈하버드비즈니스리뷰〉 2016년 12월호에는 채용의 중요성을 깨닫게 하는 의미 있는 기사가 실렸다. 다양한 업계의 경영자를 대상으로 회사에서 사람과 관련된 여러 가지 문제를 처리하는 데 드는 비용을 하루 단위로 추산해보도록 했다. 그 결과 '잘못된 채용'으로 인한 비용이 가장 큰 것으로 조사됐다.[99] 잘못된 채용으로 하루에 1만 달러 가까이 허비하는 것으로 나타났다. 반도체 장비 회사 램리서치코리아는 오로지 적성과 핵심 가치를 기준으로 신입 사원을 채용한다. '거꾸로 면접'이라고 해서 CEO가 가장 먼저 지원자를 인터뷰한다.

둘, 조직의 비전과 가치를 명확히 해야 한다. 미국 빌딩 전문 건축설계 회사 팀 하스가 좋은 사례다. 미션은 "우리는 어려운 이웃을 돕기 위

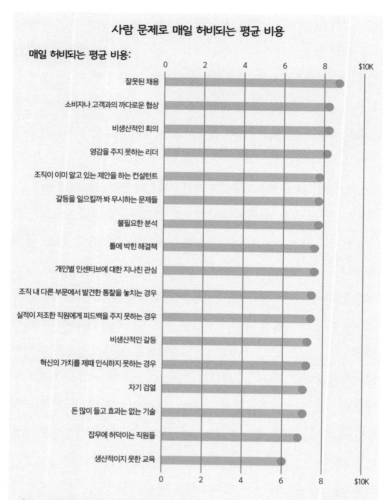

**사람 문제로 매일 허비되는 평균 비용**

매일 허비되는 평균 비용:

|  | 0 | 2 | 4 | 6 | 8 | $10K |
|---|---|---|---|---|---|---|
| 잘못된 채용 | | | | | | |
| 소비자나 고객과의 까다로운 협상 | | | | | | |
| 비생산적인 회의 | | | | | | |
| 영감을 주지 못하는 리더 | | | | | | |
| 조직이 이미 알고 있는 제안을 하는 컨설턴트 | | | | | | |
| 갈등을 일으킬까 봐 무시하는 문제들 | | | | | | |
| 불필요한 분석 | | | | | | |
| 틀에 박힌 해결책 | | | | | | |
| 개인별 인센티브에 대한 지나친 관심 | | | | | | |
| 조직 내 다른 부문에서 발견한 통찰을 놓치는 경우 | | | | | | |
| 실적이 저조한 직원에게 피드백을 주지 못하는 경우 | | | | | | |
| 비생산적인 갈등 | | | | | | |
| 혁신의 가치를 제때 인식하지 못하는 경우 | | | | | | |
| 자기 검열 | | | | | | |
| 돈 많이 들고 효과는 없는 기술 | | | | | | |
| 잡무에 허덕이는 직원들 | | | | | | |
| 생산적이지 못한 교육 | | | | | | |

출처: 타냐 메논(Tanya Menon), 레이 톰슨(Leigh Thompson)이 함께 쓴 책 〈Stop Spending, Start Managing: Strategies to Transform Wasteful Habits〉(Harvard Business Review Press, 2016)

해 존재한다"이고, 핵심 가치는 "엑스트라 마일(Extra mile)을 실천하라", "보고를 잘하라", "반드시 당일에 리턴 콜과 이메일을 하라"다.

셋. 직원 스스로 개인 가치를 구체화해야 한다. 리더는 요즘 것들이 미션과 가치를 찾도록 돕고, 이를 기반으로 경력 상담 및 대화를 수시로 해야 한다.

**둘째, 업무에 가치를 부여하고 기여(Contribute)하고 있다고 느끼게 한다.**

내가 하는 일이 다른 사람들에게 긍정적인 영향을 미친다고 믿을 때 일의 의미를 찾는다. 이를 위해 리더는 요즘 것들이 실제 다른 사람에게 기여한다고 느끼도록 도와야 한다. 물리학자 리처드 파인만은 제2차 세계대전 때 미국 정부를 위해서 비밀리에 특수 프로젝트를 맡아 엔지니어들을 이끌었다. 엔지니어들의 업무는 지겨운 계산 작업을 수없이 하는 것이었다. 작업은 형편없었고 실수를 남발했다. 파인만은 엔지니어들이 업무에 의미 부여를 하지 못한 것이 문제라고 판단했다. 그래서 엔지니어들에게 제2차 세계대전을 승리로 이끌 원자폭탄을 개발하는 역사적인 일을 하고 있다고 이해시켰다. 그러자 생산성이 10배 이상 향상되었고, 실수도 현저히 줄었다. 리더는 자신의 업무에 의미를 부여해 재해석할 수 있어야 하고, 요즘 것들이 업무를 의미 있게 재해석하도록 도와야 한다.

업무에 의미를 부여하는 방법으로 참신한 새 직함을 부여하는 것도 좋은 방법이다. 런던경영대학원 댄 케이블 교수는 10년에 걸친 연구를 통해 새로운 직함을 활용하는 방법은 직원들의 업무 태도를 개선하고 취업을 원하는 지원자 수를 증가시킬 수 있는 적절한 도구라는 것을 증명했다. 한 병원에서 직원들을 대상으로 창의적인 직함을 부여하는 실험을 했다. 전염병 전문가를 병원균 킬러, 예방 접종을 맡은 간호사는 민첩한 주사, X선 기술자는 뼈 수색대라는 명칭을 지어냈다. 연구팀은 이 실험 그룹에 속한 병원 직원들이 5주가 지난 시점을 기준으로 새 직함을 만들지 않는 통제 그룹 직원들보다 업무에 임하는 태도가 어떻게 달라졌는지를 조사했다. 그 결과 새 직함을 갖게 된 사람들은 감정적 소진 정도가 덜하고, 자신을 더 쓸모 있는 사람이라고 느꼈으며, 자신의 직업을 더 높이 평가했고, '심리적 안정감'을 더 많이 느껴 정보를 더 자유롭게 교환했다. 연구팀은 직함을 딱딱하고 형식적인 이름이나 조직 내 위계를 나타내는 용어보다는 자신을 드러내고 알리는 창의적인 수단으로 사용하는 게 좋다고 결론을 내렸다.[100]

### 셋째, 일의 본질을 파악하고 직접 체험(Experience)하게 한다.

내가 하는 일이 회사의 비즈니스에 도움이 된다고 믿게 하기 위해서는 내 의견이 실제 비즈니스에 반영되는 것을 체험하도록 도와야 한다. 필자는 인재개발(HRD) 분야에 발을 내디딘 후배 직원에게 이런 얘기를 종종 했다. 검사, 의사와 우리의 고객을 비교한다. 전문성이 높은 검사, 의사일수록 흉악범, 난치병 환자를 고객으로 만난다. 하지만 우리가 만나는 고객은 사회적으로 엘리트 계층이다. 우리는 심지어 그들을 가르치고 컨설팅을 한다. 교육을 통해 사람을 변화시키고 조직의 성과를 돕는 일을 한다. 후배 직원은 재해석한 업무에 대해 제법 설득력 있게 받아들였다. 큰 프로젝트에 관찰자로 참여하거나 조직문화 혁신 활동에 참여하거나 주니어보드에서 활동하는 것 등을 통해 요즘 것들이

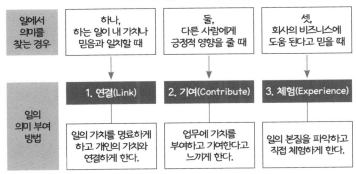

일의 의미를 부여하는 방법

| 일에서 의미를 찾는 경우 | 하나, 하는 일이 내 가치나 믿음과 일치할 때 | 둘, 다른 사람에게 긍정적 영향을 줄 때 | 셋, 회사의 비즈니스에 도움 된다고 믿을 때 |
|---|---|---|---|
| 일의 의미 부여 방법 | 1. 연결(Link) 일의 가치를 명료하게 하고 개인의 가치와 연결하게 한다. | 2. 기여(Contribute) 업무에 가치를 부여하고 기여한다고 느끼게 한다. | 3. 체험(Experience) 일의 본질을 파악하고 직접 체험하게 한다. |

큰 그림에서 자기 일을 보게 하는 것도 좋은 방법이다. 리더는 요즘 것들이 자율성을 가지고 권한을 부여받았다고 느끼게 하고 직접 체험하도록 도와야 한다.

요즘 것들에게 일에 대한 의미 부여를 하기 위해서는 전제되어야 할 3가지가 있다. 하나는 리더는 요즘 것들이 현실을 직시하도록 솔직하게 소통해야 한다. 업무의 명과 암을 명확하게 전달해야 한다. 다른 하나는 리더 스스로 업무에 몰입하고 동기부여가 되어 있어야 한다. 그래야 요즘 것들이 일에 대한 의미 부여에 수용적일 수 있다. 또 자신의 경험에서 우러나오는 스토리를 통해 일에 의미 부여를 할 수 있는 설득 프레임을 가지고 있어야 한다. 리더는 이야기꾼(Story Teller)이 되어야 한다.

# 세대 공존을
# 위한 길은?

## ☑ 세대 간 장벽 허물기[101]

짧은 시간 안에 인터뷰를 통해 조직의 문화를 파악하는 방법이 있다. '회의'와 '회식'에 대해 질문하는 것이다. 두 단어의 공통점은 '모인다'는 의미의 한자 '회(會)'를 쓴다는 것이다. 얼마나 잘 모이고 어떻게 소통하는지를 보면서 조직의 분위기를 짐작하는 게 가능하다. 회의를 보면 선후배 직원들 간에 생각을 자유롭게 얘기하는 수평적인 문화인지 살필 수 있고, 회식은 구성원끼리 평소 얼마나 잘 소통하는지 엿볼 수 있다. 그러나 회의를 주관한 선배에게 발언권이 집중되고 후배는 보고만 하는 수직적인 분위기의 조직이 여전히 많다. 요즘 회식을 꺼리는 후배 세대 직원들이 많은 것은 조직에서 선후배 세대 간 소통이 원활하지 않음을 방증하는 것이다. 조직 내 세대 간 소통을 가로막고 있는 보이지 않는 장벽이 있다. 그것을 알면 해결 방안도 찾을 수 있다. <u>선후배 세대 간의 장벽을 3가지로 요약할 수 있다.</u>

**첫째, '오해'의 장벽이다.**

"밀레니얼 세대는 대면 소통보다 온라인 소통을 원한다." 강의 때 밀레니얼 세대에 대한 이해 수준을 파악하기 위해 빠지지 않고 하는 O, X 퀴즈 중 하나다. 답은 X다. 밀레니얼 세대는 대면 소통보다 온라인 소통을 더 잘할 뿐이다. 리더십 교육기관인 창의적 리더십 센터(CCL: Center for Creative Leadership)의 조사에 따르면 밀레니얼 세대는 선배와 소통할 때 대면 소통(75%)을 선호했다. 이메일(16%), 전화(6%), 메신저(3%)와 비교가 되지 않는 수치다. Z세대도 마찬가지다. 델 테크놀로지스사가 세계 17개국 고등학생 및 대학생 1만 2,000명 이상을 대상으로 조사한 보고서에 따르면 Z세대가 직장 동료와의 소통 시 가장 선호하는 방식은 직접적인 대면 대화(43%)였다. 다음으로 전화(21%), 이메일(14%), 메신저 애플리케이션(12%) 순이었다.

후배 세대들은 평가 시즌에만 대화 시간을 갖는 게 아니라 평소에 대면 소통을 자주 하기를 원한다. 그들은 선배 세대와 비교해 소통의 환경이 매우 달랐다. 출생률을 보면 밀레니얼 세대가 1.5명이고, Z세대는 거의 1명에 가깝다. 산아제한 정책을 펼 정도로 출산율이 높았던 선배 세대에 비하면 대화할 기회가 적었다. 또 컴퓨터와 인터넷의 영향으로 온라인 소통에 익숙할 수밖에 없었다. 후배 세대는 상대적으로 대면 소통의 기회가 적었다. 그래서 진솔한 소통의 파트너를 찾으며 대면 대화를 원한다.

**둘째, '회피'의 장벽이다.**

IT 회사에 다니는 X세대 김 상무는 젊은 후배 직원들을 대하기 편치 않다. 얼마 전 이 사원과 단둘이 지방 출장을 가게 됐다. 4시간이 걸리는 거리를 꼬박 함께했다. 옆에 앉은 이 사원과 무슨 얘기를 해야 할지 몰랐다. 창밖을 바라보기도 하고 눈을 감고 잠을 청하는 척하기도 하고 별 대화 없이 시간은 더디 흐르기만 했다. 요즘은 후배 눈치 보는 선배가 의외로 많다. '괜히 얘기 잘못했다가 아재나 꼰대 취급받지는 않을까?' '본의 아니게 실수하지는 않을까?' 예전 같지 않게 신경을 쓰는 눈치다. 차라리 후배와 말을 섞지 않는 편이 낫다고 생각하는 선배 세대가 많다. 김 상무처럼 좀 불편해도 회피라는 방법을 택하는 것이다.

**셋째, '무관심'의 장벽이다.**

중견기업에서 직원들을 대상으로 '선배 세대와 원활한 소통을 위한 방안'을 찾는 워크숍을 한 적이 있다. 토론 분위기는 사뭇 진지했다. 하지만 해결 방안을 찾는 데 어려움을 겪었다. 15분 동안 쥐어짜듯 생각해낸 대안은 이러했다. "바꾸기엔 너무 늦었다", "참고 기다리기", "하고 싶은 얘기 조금만 참고 들어주기", "피하고 본다." 후배 세대가 선배 세대를 대하는 데 어려움을 겪고 있음을 느낄 수 있었다. 안타까운 점은 다른 세대를 이해하려는 적극적인 태도가 부족하다는 것이다. 생각보다 다른 세대에 애써 무관심한 사람들이 많다. 굳이 다른 세대를 이해하려고 하지 않는 것이다.

세대 간 소통의 장벽을 해결하기 위한 방안은 무엇일까? 먼저 '오해'를 '이해'로 바꿔야 한다. 후배 세대는 직장에서 더 많은 대화를 원한다. 그들과 대화하기 위해 선배 세대는 입 대신 지갑을 열어야 한다. 반면 후배 세대는 살갑게 다가오는 후배가 편하고 기특해 보인다. 그럼 선배는 자연스레 마음을 여는 것이다. 장 자크 루소의 말을 되새겨야 한다. "무지로 인해 길을 헤매는 경우는 없다. 그저 자신이 안다고 믿다가 길을 잃을 뿐이다." 또 '회피'하기보다 '스킬'을 배우고 터득해야 한다. 서로 다른 세대와 소통하는 방법을 찾아야 한다. 눈높이에 맞춰 상대가 쓰는 언어를 사용하기 위해 힘써야 한다. 마지막으로 '무관심'이 아닌 '관심'으로 다가가야 한다. 나태주 시인의 '풀꽃'이라는 시처럼 말이다.

"자세히 보아야 예쁘다. 오래 보아야 사랑스럽다. 너도 그렇다."

## ☑ 세대 공존을 위한 소통의 '퐁뒤' 원칙

퐁뒤(Fondue)는 치즈를 와인과 함께 끓여 빵을 찍어 먹는 것을 말한다. 알프스 인근에 사는 주민들이 겨울을 나며 먹는 음식이다. 단어의 어원은 '녹이다'라는 의미의 프랑스어 'fondre'에서 유래했다. 퐁뒤는 서양 음식으로는 드물게 여럿이 나눠 먹는 음식이다. 밥상 한가운데 찌개를 놓고 온 가족이 숟가락을 겨루는 우리 모습을 연상케 한다. 추운 겨울 가족이나 연인이 보글보글 끓는 퐁뒤 주위로 도란도란 모여 앉아 입김을 나누는 모습은 상상만 해도 즐겁다. 세대 간 공감은 이렇게 정을 나누는 소통의 시간을 평소에 얼마나 가지는가와 비례한다. 세대 간 소통을 위해서는 퐁뒤처럼 서로 마주하며 나눌 수 있는 매개체가 중요하다. 세대 공존을 위한 6가지 '퐁뒤(FONDUE)' 원칙을 실천할 때 세대 간 소통의 미각이 살아날 것이다.

### 1. 유연성(Flexibility)이다.

딱딱하고 차가운 빵 조각만 씹기보다 따뜻하게 데운 부드러운 치즈에 빵을 찍어 먹으면 풍미가 산다. 세대 간 소통도 마찬가지다. 부드러운 언행과 태도는 소통의 질과 품격을 높인다. 딱딱하고 사무적인 언어로 일관하기보다는 부드럽고 사적인 언어를 적절하게 사용하는 것이 효과적이다. 후배 세대가 쓰는 신조어는 물론 아재들이 쓰는 언어가 격의 없이 섞일 때 대화의 깊이가 더해진다. 딱딱하면 부서지기 쉽고 상처 주기 십상이다. 세대 간 소통은 와인에 녹인 치즈처럼 부드러워야 한다.

### 2. 개방성(Openness)이다.

조직은 끓는 치즈를 중심으로 마주 앉아 대화를 나누는 상황과 비슷하다. 조직은 비전이라는 공통의 맥락(Context)을 지향하며 각기 다른 텍스트(Text)가 조화를 이룰 때 발전할 수 있다. 구성원이 자신의 텍스트만 주장하고 공통의 맥락에 무관심하다면 그 조직은 오래가기 힘들다. 세대 간에도 공통의 목적을 위해 마음을 열고 하나가 되도록 노력할 필요가 있다. 자신의 텍스트만 내세우는 사람은 조직에 보이지 않는 적이다. 어느 세대를 막론하고 마음을 열어 서로의 다름을 이해하고 한 방향을 바라볼 수 있어야 한다.

### 3. 무경계(No Boundary)다.

아무리 퐁뒤 맛이 좋아도 함께하는 사람과 마음의 경계가 있다면 결코 즐겁지 않다. 세대 간 경계를 낮추기 위해서는 내가 먼저 소통의 문을 열어야 한다. 그리고 소통의 기회가 늘어날수록 경계하는 마음을 무장해제할 수 있다. 응고된 치즈가 녹듯 세대 간 마음의 온기가 서로에게 전해지면 마음의 경계를 허물 수 있다. 따뜻한 격려와 배려의 말 한마디가 서로의 마음을 오해에서 이해로, 회피에서 포용으로, 무관심에서 사랑으로 용해시킬 수 있다.

### 4. 실행(Doing)이다.

함께하는 사람들이 퐁뒤를 먹고 싶어 해도 누군가 메뉴와 장소, 시간을 정하고 실천하지 않으면 안 된다. 세대 공존도 마찬가지다. 세대 간 서로 화합하고 공존해야 한다고는 말하지만, 실행하지 않는다면 소용이 없다. 조직 차원에서는 다른 세대가 서로 공존할 수 있도록 장을 만들어야 하고, 개인 차원에서도 세대 공존을 위해 참여와 실행이 중요하다. 퐁뒤를 나누는 식사 자리의 분위기는 함께 만들어가는 것이다.


### 5. 이해(Understanding)다.

퐁뒤는 치즈를 녹여 빵에 찍어 먹는 치즈 퐁뒤 외에도 퐁뒤 부르고뉴, 퐁뒤 시누아즈, 소스 퐁뒤, 디저트 퐁뒤 등 다양하다. 마치 세대마다 특성이 다르듯 말이다. 사람마다 기호가 다르므로 내가 좋아하는 퐁뒤를 타인에게 일방적으로 강요할 수는 없다. 세대 공존을 위해서도 다른 세대의 기호와 특성을 이해하는 것은 필수적이다. 이해는 상대에 관한 관심에서 비롯된다. 상대에 대한 이해 못지않게 중요한 것이 자신에 대한 이해다. '메타인지'라고 하는 것이다. 다시 말해 내가 뭘 알고 뭘 모르는지 스스로 아는 것이다. 자신이 속한 세대는 물론 선후배 세대에 대해 이해해야 온전한 소통이 가능해진다.


### 6. 설명(Explanation)이다.

퐁뒤는 종류마다 맛이 다를 뿐 아니라 같은 종류의 퐁뒤도 레시피에 따라 맛이 다르다. 퐁뒤를 맛있게 먹고 싶다고 자신이 원하는 레시피를 정확하게 설명해야 한다. 그래야만 기호에 맞는 퐁뒤를 맛볼 수 있기 때문이다. 상대에게 자신의 상황을 정확하게 설명하지 않으면 상대가 제대로 알 수 없다. 원활한 소통을 위해서는 선후배 세대 간 정확한 메시지 전달이 중요하다. 무관심과 침묵보다는 불편을 감수하더라도 용기를 내어 의견을 전해야 한다.

추운 겨울에 냉기를 몰아내기 위해 와인을 넣어 끓인 치즈에 딱딱한 빵을 찍어 먹듯이, 세대 간 따뜻한 공존과 화합의 온기를 나누기 위해 소통의 '퐁뒤' 원칙을 실천해보면 어떨까? 청년은 미래를 말하고, 중년은 현재를 말하며, 노년은 과거를 말하면서 살아간다고 한다. 하지만 우리는 모두 뒤섞여 현재를 살아갈 수밖에 없다. 서로 마음의 온도를 높인다면 세상도 그만큼 따뜻해지지 않을까? 세대 간 공존과 화합은 어렵고 거창한 담론이 아니다. 지금 내 옆에 있는 다른 세대와 빵 한 조각을 나누며 진심으로 상대를 내 마음으로 초대하는 것에서 시작된다.

## ☑ 세대 공존 모델 만들기

《손자병법》모공편(謀攻篇)에 '선승구전(先勝求戰)'이라는 말이 나온다. "먼저 이겨놓고 전쟁을 한다"는 의미다. 선승구전의 원칙으로 승리하는 군대의 유형을 5가지로 제시하는데, 그 첫 번째가 "상하가 같은 꿈을 꾸고 있는 조직은 승리한다(上下同欲者勝)"라는 것이다. 가정이든 회사든 국가든 상하가 같은 꿈을 꿔야 승리할 수 있다. 선후배 세대가 하나가 되어야만 한다. 미국의 세대 문제 전문가인 토레스 길은 21세기에 인류가 직면하게 될 주요 화두 중 하나로 '세대 간 공존'을 강조했다.[102] 세대 갈등은 비단 우리나라뿐 아니라 세계적인 과제다. 어떻게 세대 갈등을 해결하고 세대 공존을 이뤄낼 것인가는 세계적으로 당면이슈인 셈이다. 우리나라에서는 더 특별하다. 대한민국에서 세대 갈등

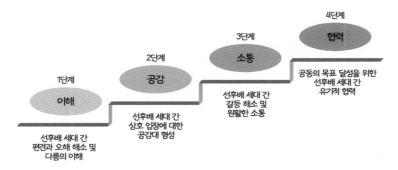

세대 공존을 위한 4단계

1단계
이해
선후배 세대 간
편견과 오해 해소 및
다름의 이해

2단계
공감
선후배 세대 간
상호 입장에 대한
공감대 형성

3단계
소통
선후배 세대 간
갈등 해소 및
원활한 소통

4단계
협력
공동의 목표 달성을 위한
선후배 세대 간
유기적 협력

은 지역 갈등, 계급 갈등과 함께 3대 갈등에 해당하는 핵심 문제이기 때문이다. 또 세대 갈등의 골이 이미 깊어서 해결이 더 시급하다. 세대 갈등을 해소하고 세대 공존을 이루기 위해서는 그동안의 개인이나 가족 차원의 노력을 뛰어넘어 국가 차원에서도 접근할 필요가 있다.

세대 공존은 개념이 크고 높은 차원의 얘기다. 그래서 소통 액티비티나 세대 공감 교육 프로그램 같은 1~2가지 이벤트로 금방 세대 공존을 이룰 수 있는 것이 아니다. 세대 공존을 위한 구체적인 방법을 찾고 논의를 확장해 가기 위해서는 우선 세대 공존에 대한 단계를 이해할 필요가 있다. 세대 공존은 세대 이해, 세대 공감, 세대 소통, 세대 협력의 순으로 단계에 따라 이뤄진다. 세대 공존은 이런 4단계 활동의 결과로 도달할 수 있는 이상적인 최종 모습이다.

1단계는 세대 간 상호 이해에서 출발한다. 선후배 세대가 서로 오해와 편견을 줄이고 서로 다름을 이해해야 비로소 세대 공존의 실마리를 찾을 수 있다.

2단계는 세대 간 서로에 대한 이해가 깊어져 공존의 필요성에 대해 공감대를 이루는 것이다.

3단계는 선후배 세대가 단점은 포용하고 강점은 존중하면서 적극적으로 소통하는 것이다. 수동적인 태도에서 벗어나 적극적으로 갈등을 해결하려고 노력하는 것이다.

4단계는 공통의 목적을 이루기 위해 각자 맡은 역할에 최선을 다하면서 선후배 세대가 서로 중지를 모아 협력하는 것이다. 이러한 4단계의 활동이 원활하게 이뤄질 때 비로소 세대 공존이 가능해진다.

세대 공존은 국가의 근간을 이루는 가계(가족), 기업, 정부의 경제 주체는 물론 정치, 언론이 다음과 같이 제 역할을 수행해야 가능하다.

**첫째, 개인이나 가족 차원에서는 과도한 가족주의를 경계하고 가족의 정서적 기능을 강화할 필요가 있다.**

우리나라는 최근 핵가족화가 심화하고 1인 가구가 증가하면서 전통적 가족 규범이 약해지고 있다. 그 빈자리를 대체할 새로운 가족 규범도 제대로 형성되지 않으면서 세대 갈등은 세대 단절로 발전하는 형국이다. 이제 내 자식 중심주의나 가족 이기주의가 사회 통합에 장애가 됨을 인식하고, 건전한 기부 문화 정착을 통해 사회적 불평등이 대물림되는 구조를 개선하기 위해 힘써야 한다. 한편 가족은 학교 교육과 사교육에만 자녀를 떠맡길 것이 아니라 가정교육이 살아나 자녀의 정서적, 인격적 성숙을 도모해야 한다.

**둘째, 기업 차원에서는 세대 간 특성 이해와 세대 간 협력을 통해 시너지를 창출해야 한다.**

많은 조직에서 밀레니얼 세대가 차지하는 비중이 절반 가까이 되지만, 조직의 문화, 일하는 방식, 리더십은 여전히 선배 세대 중심이다. 후배 세대가 일하기 좋은 조직 풍토를 조성하는 것이 가장 시급한 과제다. 그러기 위해서는 선후배 세대가 서로의 특성에 대해 이해하는 것이 전제되어야 한다. 그리고 선후배 세대가 사업의 아이디어를 자유롭게 개진할 수 있도록 개방적이고 수평적인 문화를 만드는 것이 중요하다. 세대 간 이해, 공감, 소통, 화합은 급변하는 플랫폼 전성시대에 조직이 경쟁력을 갖는 데 필수적인 요소이다.

**셋째, 정부 차원에서는 노인과 청년의 복지 균형과 세대 공존을 위한 프로그램 다양화가 필요하다.**

정부는 세대 간 갈등과 오해를 조장하는 노인과 청년 대상의 복지 정책에 균형을 유지할 필요가 있다. 특정 세대에 편향적인 정책으로 분열과 갈등을 조장하지 않기 위해 주의해야 한다. 그리고 세대 공존을 국민 통합을 위한 중요 과제로 설정하고 세대 공존을 위한 프로그램을 다양화하고 심화해야 한다. 정부는 기업의 일자리 창출을 돕는 시장 친화적인 정책을 펴면서도 민간에서 미처 손길이 닿지 않거나 해결하기 힘든 과제를 챙겨야 한다.

**넷째, 정치 차원에서는 세대 갈등을 조장하는 것을 자제하고 세대 공존을 위한 정치적 공론의 장을 모색할 필요가 있다.**

국론 통합을 주도해야 할 주체인 국회가 득표의 극대화를 위해 국민을 세대에 따라 편 가르기를 하고, 세대 간 갈등을 조장하는 관행에서 벗어나야 한다. 세대 간 공존을 정치 공론화해 국민을 한뜻으로 모아 하나가 될 수 있도록 분위기를 조성해야 한다.

**마지막으로, 언론 차원에서는 국민의 눈과 귀로서 알 권리를 충족하기 위해 힘써야 한다.**

세대 갈등의 프레임을 만들어내기보다는 세대 공존 분위기를 조성할 필요가 있다. 또 세대 갈등의 현상을 사실대로 정확하게 기사화하면서 세대 간 편을 가르는 것을 삼가야 한다.

'공유지의 비극(The Tragedy of the Commons)'이라는 것이 있다. 미국 캘리포니아대의 생물학자인 개릿 하딘(Garrett Hardin)이 1968년에 〈사이언스〉에 소개하면서 알려졌다. 개인의 이익과 공공의 이익이 충돌할 때 개인의 이기심 때문에 모두가 파국을 맞는다는 것이 골자다. 내용은 이렇다. 한 마을에 목초지를 공동으로 운영하는데 누구나 비용을 들이지 않고 자유롭게 소를 놓아 풀을 먹일 수 있다. 누구의 소유도 아니기 때문에 주민들은 자기의 소에게 풀을 먹이기 위해 이기적으로 된다. 이내 목초지의 풀은 사라지고 황무지가 된다. 결국 손해는 고스란히 주민들의 몫이 된다. '세대 간 도둑질'도 이와 비슷한 말이

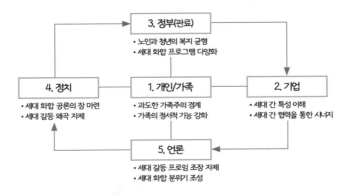

**세대 공존을 위한 역할**

**3. 정부(관료)**
- 노인과 청년의 복지 균형
- 세대 화합 프로그램 다양화

**4. 정치**
- 세대 화합 공론의 장 마련
- 세대 갈등 왜곡 자제

**1. 개인/가족**
- 과도한 가족주의 경계
- 가족의 정서적 기능 강화

**2. 기업**
- 세대 간 특성 이해
- 세대 간 협력을 통한 시너지

**5. 언론**
- 세대 갈등 프로임 조장 자제
- 세대 화합 분위기 조성

다. 미래에 후배 세대가 누릴 것을 아껴두지 않고 선배 세대가 지금 다 써버리는 것이다. 인류가 직면하고 있는 각종 환경 파괴와 에너지 고갈 문제가 대표적인 예다. 세대 공존은 정부나 기업이 해결해줘야 할 거창한 담론일 수도 있다. 하지만 개인이나 가족이 '나(가족)만 아니면 돼' 식의 잘못된 이기심을 내려놓은 데서 시작되는 것이다. 세대 공존은 세대 간 신뢰와 성숙한 시민의식이 전제되지 않으면 불가능하기 때문이다.

### ☑ 세대 공존을 위한 7가지 요소

우리는 세대 공존에 무관심하다. 실제 이뤄지는 활동을 보면 금방 짐작할 수 있다. 그나마 이뤄지는 활동도 특강이나 워크숍 정도로 일회성 이벤트가 대부분이다. 그래도 다행인 건 최근 밀레니얼 세대에 관해 관심이 높아진 점이다. 기성세대와 다른 특성을 보인 밀레니얼 세대로 인해 조직관리와 경영에 어려움을 겪고 있기 때문이다. 하지만 세대 공존을 주제로 한 활동은 여전히 미미하다.

조직 차원에서 세대 공존을 위해 어떻게 해야 할까? 더욱 체계적인 활동을 위해서 다음의 7가지 요소를 고려해야 한다. '세대 공존을 위한 7P'가 바로 그것이다.

'세대 공존을 위한 7P'는 '큰 그림(Big Picture)'과 '작은 실천(Small Action)'의 두 차원에서 접근할 수 있다. 먼저 세대 공존의 효과성과 지속성을 높이기 위해 '큰 그림(Big Picture)' 차원에서 방향성을 명확히 해야 한다. 이를 위해서는 다음의 3가지가 필요하다.

**첫째, 세대 공존의 궁극적인 목표(Purpose)를 설정해야 한다.**

세대 공존은 목표가 무엇인가에 따라 방향과 결과가 달라질 수 있다. 세대 공존의 목표는 3가지 유형으로 구분할 수 있다. 첫 번째 유형은 조직의 비전 및 핵심 가치와 연계하는 것이다. 예컨대 비전이나 핵심 가치에 포함된 화합, 소통, 인화 등의 관련 키워드와 연계해 방향을 정할 수 있다. 두 번째 유형은 조직 문화 및 일하는 방식과 연계하는 것이다. 예컨대 '수평적 조직 만들기'라는 조직문화 개선 활동의 일환으로 세대 공존을 다룰 수 있다. 세 번째 유형은 조직 단합 차원에서 진행하는 방법이다. 예컨대 대표적인 방법의 하나가 '직원 한마음 체육대회' 같은 것이다.

세대 공존을 위한 7P

**Purpose**
(유형1) 비전 및 핵심 가치 연계
(유형2) 조직문화 및 일하는 방식 연계
(유형3) 조직 단합(한마음)

**①People**
세대 화합 위원회,
밀레니얼 위원회,
세대 간 매개자 양성

**②Place**
자율 좌석제,
우연한 만남의 공간 확대
(Chance Encounter),
스스로 공간 설계,
임원실 축소 및 제거

**③Program**
세대 이해 특강, 세대 공감
및 갈등 해결 워크숍, 화합
한마당, 세대 간 교류, 토크
콘서트, 최신 기기 활용
코칭, 역멘토링, 다른 세대
문화 체험, 세대 간 결연
맺기

**④Promotion**
세대 공감 이벤트,
디지털 IQ 높이기,
신조어 퀴즈,
세대 이해 유튜브 홍보
영상

**Performance**
개인/부서/조직 차원 진단
(세대 인식/공감 지수, 몰입 지수 등)

**Principle**
직급 단순화, 호칭 폐지, 경어 사용, 세대 화합 실천 룰 제정
예) 스웨덴 '얀테라겐'

**둘째, 세대 공존의 구체적 원칙(Principle)을 설정하는 것이다.**

세대 공존을 실천하기 위해 임직원이 지켜야 할 약속을 정하는 것이다. 예컨대 세대 공존을 위해 '수직적 조직문화 타파'를 목표를 정했다면, 직급 단순화, 호칭 폐지, 경어 사용 등의 원칙을 제정하는 것이다. 스웨덴의 '얀테라겐'처럼 원칙을 구체적인 행동 규범으로 만들 수도 있다.

### 얀테라겐(Jantelagen)[103]

당신이 특별하다고 생각하지 마라.

당신이 좋은 사람이라고 생각하지 마라.

당신이 더 현명한 사람이라고 생각하지 마라.

당신이 더 나은 사람이라고 생각하지 마라.

당신이 더 많이 안다고 생각하지 마라.

당신이 더 우월하다고 생각하지 마라.

당신이 무엇이든 잘한다고 생각하지 마라.

우리를 비웃지 마라.

모두가 당신을 배려해야 한다고 생각하지 마라.

우리를 가르칠 수 있다고 생각하지 마라.


**셋째, 세대 공존의 성과(Performance)를 모니터링이다.**

세대 공존을 위한 모든 활동이 잘 진행되고 있고 효과가 있는지 확인하기 위해 지속적이고 장기적인 진단이 필요하다. 세대 공존의 개선 여부를 측정할 수 있어야 비로소 관리할 수 있기 때문이다. 진단 결과는 개인, 부서, 조직 차원에서 진행 상황을 점검하고 향후 개선의 방향을 논의하는 데 유용하게 활용할 수 있다. 진단 도구는 세대 인식 지수, 세대 공감 지수, 꼰대 지수 등 목적에 맞게 도입할 수 있다.


이상 3가지 거시적 차원의 세대 공존을 위한 '큰 그림(Big Picture)'을 명확히 했다면, 다음으로 미시적 차원의 '작은 실천(Small Action)'을 병행해야 한다. 이를 위해서는 4가지가 필요하다.


**첫째, 세대 공존을 전담할 사람(People)과 조직을 꾸리는 것이다.**

'세대 공존 위원회'가 전반적인 세대 공존의 활동을 기획하고 주관한다. 또 밀레니얼 세대로 구성된 '밀레니얼 위원회'를 통해 사업과 조직 변화를 위한 아이디어를 수렴한다. '세대 간 매개자'를 양성해 활동을 지원하는 것도 방법이다. 무엇보다 세대 공존을 성공적으로 실천하기 위해서는 CEO의 역할이 중요하다. CEO가 '세대 공존 위원회'의 리더가 되어야 하며 그렇지 못하더라도 적극적인 후원자 역할을 해야 한다.

**둘째, 세대 공존을 유도하는 공간(Place) 구조를 만드는 것이다.**

예컨대 서열화된 좌석 배치 대신 자율 좌석제를 시행하는 것이다. 또 우연한 만남(Chance Encounter)의 횟수를 높이는 공간 구조를 조성하거나 공간을 디자인할 때 구성원의 의견을 적극적으로 수렴하는 것도 효과적이다. 세대 간 벽을 허물기 위해 임원실을 축소하거나 제거하는 것은 매우 상징적인 조치일 수 있다. 실제 R사의 경우는 사장 및 임원실을 없애고 직원과 함께 뒤섞여 일한다. CEO의 열린 소통 덕에 임직원 사이가 더 가까워지는 계기가 되었다.

**셋째, 세대 공존을 위한 프로그램(Program)을 실행하는 것이다.**

가장 일반적으로 시행하는 방법은 '교육'이다. 세대 이해 특강, 세대 이해 및 공감 워크숍, 갈등 해결 워크숍 등이 대표적이다. 그 외에도 각종 화합 한마당 및 세대 간 교류, 토크 콘서트, 최신 기기 활용 코칭, 다른 세대 문화 체험, 세대 간 결연 맺기 등 다양하다. 특히 최근에는 사원급 직원이 경영이나 사업에 직접 아이디어를 내는 역멘토링을 도입하는 조직이 늘고 있다.

**넷째, 세대 공존을 위한 메시지를 홍보(Promotion)한다.**

모든 세대를 위한 세대 공감 이벤트, 기성세대를 위한 디지털 IQ 높이기, 역사, 가치관 등 선후배 세대의 차이를 느끼도록 돕는 세대 이해 퀴즈, 각종 미디어나 유튜브를 활용한 세대 이해 등이 있다. 최근에는 비용 효율성이 높은 온라인 환경을 활용하는 빈도가 높아지고 있다.

앞에서 살펴본 세대 공존을 위한 7가지 요소를 고려해 세대 공존 프로젝트를 실시한다면 성공 확률을 보다 높일 수 있을 것이다. 하지만 세대 공존을 위한 모든 활동은 조직과 개인이 처한 맥락과 특성에 맞게 도입해야 한다. 일회성 이벤트에 그치지 않고 좀 더 체계적인 세대 공존 활동의 전개를 위해 '세대 공존을 위한 7P'를 효과적으로 적용했으면 한다.

## ☑ 꼰대 문화를 벗고 애자일 문화로 거듭나기

불확실성이 커질수록 기업은 위기감을 조성해서 변화를 꾀하고자 한다. 우리나라 대부분의 기업 총수나 CEO는 예외 없이 늘 그렇게 해 왔다. 근래 들어 변한 게 있다면 강도가 더 세졌다는 점이다. 최근 주요 그룹의 신년사에서 '생존', '변화'라는 키워드가 빠지지 않는 것을 보면 확인할 수 있다. 눈에 띄는 건 낯선 듯 낯설지 않은 '애자일'을 강조하는 기업이 늘고 있다는 점이다. 변화하지 않으면 생존할 수 없다는 인식이 커지고 있다는 증거다. 사실관계는 둘째 치고 재빠르게 변화하지 않으면 힘들다. 클라우스 슈밥의 표현을 빌리자면, "과거에는 큰 물고기가 작은 물고기를 잡아먹었다. 하지만 지금은 빠른 물고기가 느린 물고기를 잡아먹는다"는 것이다.

애자일이란 무엇인가? '민첩한, 재빠른, 유연한'을 뜻하는 영어 단어 'Agile'이다. 짧은 주기의 반복적인 실행으로 변화에 적극적으로 대응하는 소프트웨어 개발 프로세스다. 정해진 계획이나 일정을 고수하기보다 개발 환경이나 주기에 따라 유연하게 대처하는 업무 처리 방식이다. 소프트웨어 분야뿐 아니라 다른 영역에서 글로벌 선도 기업들이 앞다퉈 도입하면서 이미 실리콘밸리에서는 대세가 되었다. 전 세계 기업을 대상으로 실시한 한 조사에 따르면 애자일 기법을 전혀 사용하지 않는 기업은 12%에 불과하다. 또 다른 조사에 따르면, 매출 10억 원 이상의 대기업 82.4%가 애자일 방법론 중 하나인 '린 스타트업(Lean Startup) 기법'을 사용하고 있다. 린 스타트업은 '스크럼(Scrum)'과 함께 대표적인 애자일 방법론의 하나다. 애자일 방법론은 1970년대 목표에 의한 관리(MBO), 1980년대 생산성(Productivity), 1990년대 전사적 품질관리(TQM), 2000년대 식스 시그마(Six-Sigma)를 잇는 새로운 차세대 경영 기법으로 주목받는다.

맥킨지에 따르면 애자일을 실천하는 글로벌 리딩 기업은 5가지 특징을 보인다. '조직 전체의 공유된 비전', '권한 위임된 팀의 네트워크', '빠른 의사 결정과 학습 사이클', '열정을 일으키는 역동적인 사람 중심 모델', '차세대 기술의 활용' 등이 그것이다.[104] 우리 조직은 과연 몇 개나 해당하는가? 최근 일하는 방식의 혁신에 대한 우리나라 기업들의 논의가 어느 때보다 활발하다. 하지만 국내 100개 기업 중 77%가 글로벌 기업 대비 하위권에 속하는 수준이다.[105] 비효율적인 회의와 보고, 상습적인 야근, 남성 중심 기업 문화 등이 발전에 걸림돌이 되고 있다. 조직의 성장에 발목을 잡고 있는 것은 다름 아닌 '꼰대 문화'다.

꼰대 문화는 산업화를 이끈 성공 DNA가 미처 과거와 결별하지 못해 생긴 폐해다. 꼰대 문화의 특징은 3가지로 정리할 수 있다.

**첫째, 과거의 기준과 성공에 얽매어 있다.**

특히 교육은 아직 산업화 시대의 시각에 머물러 있다. 얼마 전 몇몇 기업에서 신입 사원 교육 프로그램으로 물의를 빚은 적이 있다. 등반, 해병대 캠프 등 군대식 프로그램이 발단이 되었다. 그동안 논란거리가 되지 않고 잘해오던 교육이 왜 갑자기 문제가 되는 것일까? 시대가 변하고 세대가 바뀌었기 때문이다. 새로운 디지털 문명의 세계관에 익숙한 요즘 후배 세대 신입 사원에게는 정신 무장을 유도하는 권위주의 시대의 군대식 교육이 적합하지 않기 때문이다. 시대에 뒤떨어진 구태의연한 프로그램으로 인식한다. 그들은 자유주의 시대에 맞게 업무 적응에 실질적으로 도움을 주는 직무 교육을 원한다.

**둘째, 무한 경쟁이 낳은 이기주의다.**

산업화를 이끈 전통 세대와 베이비붐 세대는 평균 출산율이 6명이 넘었다. 출생과 동시에 많은 또래와의 경쟁이 숙명이었다. 무한 경쟁에서 이긴 사회 엘리트층은 사익 추구에 몰두하며 각종 부정부패를 저질렀다. 그 시절 무한 경쟁에 익숙한 이기주의의 어두운 그림자가 현재까지 드리우고 있다.

### 셋째, 권위주의에 사로잡혀 있다.

탈냉전, 탈물질, 탈전통의 새로운 시대로 바뀌었음에도 기득권의 권위주의적인 태도와 갑질은 여전하다. 때론 갑질을 넘어 계급질로 극단화되기도 한다. 하지만 권위 없는 권위주의는 수평적, 자유주의적 사고에 익숙한 후배 세대가 가장 경계하고 청산해야 할 적폐로 인식하고 있음을 알아야 할 것이다.

구글, 아마존, 자포스 등 실리콘밸리 선진 기업의 애자일 문화를 우리 상황에 맞게 접목하려면 어떻게 해야 할까? 이를 위해 필요한 요소를 3가지 키워드 '애자일(愛自一)'로 정리해보고자 한다.

### 첫째는 몰입(愛)이다.

일에 애착을 가지는 것이다. "어떻게 하면 일에 몰입할 수 있을까?"라는 질문에 집중하는 것이다. 주 52시간 근무제에 맞춰 주어진 업무 시간 내에 업무를 효과적으로 수행하기 위해서는 몰입할 수 있는 업무 루틴이 필요하다.

**둘째는 자율(自)이다.**

직무에 대해 자율성을 가지는 것이다. 다시 말해 업무에 대해 통제 감을 느끼는 것이다. 애자일 기업은 "어떻게 하면 자발적으로 일하게 할까?"를 고민한다. 조직은 활동을 제한하는 각종 규범을 최소화하고, 리더는 직원에게 권한을 위임해야 한다. 또 직원은 자기 동기부여를 통해 업무 과제나 목표를 책임감 있게 수행해야 할 것이다.

**셋째는 수평(一)이다. 한자 '한 일(一)' 모양처럼 수평적인 조직을 만드는 것이다.**

애자일 기업을 만들기 위해서는 "어떻게 수평적인 조직을 만들까?"를 고민해야 한다. 빠른 실행을 위해서는 보고, 결재 등 위계 구조에서 발생하는 비효율을 최소화할 필요가 있다. 중요한 것은 새로운 도전을 두려워하지 않고 실패를 통해 배우는 창의적 조직문화를 조성하는 것이다.

몰입, 자율, 수평의 3가지 애자일 키워드는 과거의 향수에 젖어 있는 꼰대 문화에서는 실현 불가능하다. 최근 사회적으로 '꼰대'라는 단어가 자주 회자하는 것은 꼰대 문화가 한계에 다다랐음을 알리는 신호다. 린 스타트업(Lean Startup)이나 스크럼(Scrum)처럼 애자일 방식을 조직에 맞게 적용할 필요가 있다. 환경에 맞춰 몸의 색깔을 바꾸는 카멜레온처럼 새로운 기회와 풍요의 시대에 맞게 애자일 문화로 변신해야 한다. 골리앗처럼 우둔하고 근시안적이기보다 날씬하고 날렵한 다윗 같은 조직이라야 생존할 수 있다.

# 그들은 무엇을 남겼고 우리는 무엇을 남길 것인가?

후배 세대도 얼마 지나지 않아 어김없이 더 젊은 후배 세대를 맞이하게 될 것이다. 그때 선배들이 과거에 자신에게 했던 말과 행동을 이해하게 될지도 모른다. 그리고 선배들의 말을 똑같이 따라 할 수도 있다. "요즘 애들은 버릇없어"라고 말이다. 이 책으로 후배 세대가 선배 세대의 입장을 더 이해할 수 있다면 더 바랄 게 없을 것이다. 미처 여기서 다루지 못한 세대에 대한 더 많은 다양한 논의는 독자의 몫으로 남긴다. 우리나라에서 '세대'에 대한 논의는 '계급'이나 '지역' 갈등과 함께 가장 첨예한 이슈다. 서로 다른 세대를 이해하고 간극을 좁히는 논의는 선진국의 위상에 걸맞은 사회 통합을 위해 중요한 일이다.

세대와 관련해 더 성숙하고 건설적인 논의를 위해 다음 3가지는 염두에 됐으면 한다.

**첫째, 세대 구분을 맹신하지는 말아야 한다.**

우리가 혈액형, 별자리, 띠, 성별 등 다양한 기준에 따라 사람을 분류하는 건 어디까지나 인간에 대한 이해를 높이기 위한 목적이다. 나아가 효과적으로 소통하기 위한 것이다. 하지만 인간을 어떻게 분류하든 완벽하지는 않다. 세대에 대한 분류도 마찬가지다. 서로 다른 세대에 대한 이해를 높이는 목적으로 활용했으면 한다. 특정 세대라고 해서 꼭 어떤 특성을 보일 것이라고 낙인찍거나 결정론적으로 판단하는 것은 위험할 수도 있다. 인간은 환경과 상황에 따라 얼마든지 변할 수 있고 개인차도 심하기 때문이다. 따라서 세대에 따라 사람을 구분하는 것을 서로의 차이를 확인하는 것으로 그치지 않고, 소통의 실마리를 찾는 유용한 도구로 삼았으면 한다.

**둘째, 세대 갈등이 역기능만 있는 건 아니다.**

세대 갈등은 역기능뿐 아니라 순기능도 있다. 세대 갈등은 선배 세대가 만들어놓은 사회의 부조리와 모순을 표면화하기도 한다. 선배 세대의 고정관념과 타성에 대해 주의를 환기할 수도 있다. 또 함께 개선책을 모색할 수 있는 분위기를 조성할 수도 있다. 선배 세대와 후배 세대가 적절한 긴장을 유지해야 견제와 균형을 통해 더 발전할 수 있다. 하지만 경계해야 할 것이 있다. 세대 갈등에 대한 불만을 가득 쏟아내면서 정작 무엇을 어떻게 바꿔야 할지 의견이 빈약하면 문제다. 되도록 객관적인 데이터와 근거로 논의를 하고 적어도 몇 개의 대안을 얘기할 수는 있어야 한다. 그래야 소모적인 다툼으로 끝나지 않고 서로 가까워질 수 있다.

**셋째. 후배 세대에 더 나은 미래를 물려줘야 한다.**

기득권을 가진 선배 세대의 이기심으로 환경 파괴, 연기금 부족, 기회의 불평등 등 다양한 세대 간 문제를 낳고 있다. 급속 성장의 한계일수도 있다. 후배 세대에게 오늘보다 더 나은 내일을 물려줘야 하지만, 현실은 거리가 멀어 보인다. 종종 이런 문제의식을 느낀 청년들을 향해세대 프레임에 갇혀 엉뚱한 방향으로 분노한다고 말하는 학자나 전문가를 보면 정말 '꼰대'스럽기 그지없어 보인다.[106] 후배 세대가 물려받은세상은 세대 간 형평성의 문제가 심해 보인다. 하지만 후배 세대에서는이 사슬을 끊어야 하지 않겠는가?

1960년에 52.4세에 불과했던 우리나라 국민의 평균수명은 2016년기준 82.4세로 60년도 안 돼 30세가 늘었다. 적어도 한두 세대가 늘어난 셈이다. 지금은 유사 이래로 가장 많은 세대가 섞여 살고 있다. 어쩌면 세대 차이와 그로 인한 세대 갈등은 당연한 일일지도 모른다. 우리가 세대 갈등을 세대 협력으로 승화하고 국민의 역량으로 결집한다면, 또 한 번 세계적으로 유례없는 세대 대통합과 성장을 이뤄낼 수도 있지 않을까? 우리는 후배 세대에 더 나은 세상을 물려주기 위해 무엇을해야 할까?

높은 산으로 둘러싸인 골짜기에 살기 좋은 한 마을이 있었다. 그곳에서는 선조로부터 전해 내려오는 전설이 하나 있었다. 언젠가는 이마을에서 큰 바위 얼굴을 꼭 닮은 위대한 인물이 나리라는 것이었다. 주인공 어니스트는 그 위대한 인물을 만나기 위해 마을을 떠나지 않고 살아간다. 《주홍글씨》로 유명한 너새니얼 호손의 단편소설 〈큰 바위 얼굴〉의 내용이다.[107] 어니스트가 기다리는 인물은 어쩌면 시대가 요구하고 우리가 학수고대하는 진정한 어른의 모습과 비슷하지 않을까? 어니스트는 노인이 되도록 마을에 살면서 네 명의 인물을 만난다. 하지만 기대와 달리 그들은 큰 바위 얼굴과는 거리가 멀었다. 마치 우리 주변에서 위대한 인물을 찾아보기 힘들듯이 말이다.

어니스트가 소년 시절에 처음 만난 인물 개더 골드(Gather Gold)는 '부자'였다. 그는 돈이 너무 많아 계산할 수 없을 정도로 갑부였다. 하지만 큰 바위 얼굴과 매우 다르게 이마가 좁고 눈은 작고 날카로웠으며 입술도 매우 얇았다. 그리고 인색했다.

어니스트가 청년 시절에 만난 인물은 올드 블러드 앤드 선더(Old Blood and Thunder)라는 '늙은 군인'이었다. 장군은 의지가 강했지만, 인자한 구석이 없이 엄한 표정이었다. 그에게서 큰 바위 얼굴의 지혜와 사랑이라고는 찾아보기 힘들었다.

어니스트는 40~50대 중년 남자가 되어서 올드 스토니(Old Stony)라는 '정치가'를 만난다. 그는 훌륭한 혀를 가진 사람이었다. 열정이 넘치고 이마도 넓었다. 하지만 따뜻한 미소는 찾아보기 힘들었다. 그가 원하는 것은 오직 악수뿐이었다. 대통령이 되는 것 외에는 어떤 것도 중요하지 않았다. 늘 피곤한 모습이었다.

어니스트가 노인이 되어 느지막이 만난 인물은 '시인'이었다. 그는 앞의 세 사람과 다르게 강력한 힘을 가지고 있었다. 하지만 그는 그가 쓴 시처럼 삶이 훌륭하지는 않았고, 위대한 꿈을 꿨지만 꿈과 현실은 괴리가 컸다고 고백한다.

반면 어니스트는 나이가 들수록 점차 큰 바위 얼굴을 닮아갔다. 어릴 적에는 선량하고 마음씨 착한 아이였다. 그때 그에게는 큰 바위 얼굴이 유일한 스승이었고, 일과를 마치면 몇 시간 동안 바라보았다. 청년이 되어서는 어떤 사람보다 생각이 깊어졌다. 그는 어떤 책에서도 얻을 수 없는 훌륭한 지혜가 있었다. 중년이 되어서는 세상 모든 사람을 위한 선한 소망이 있었다. 자신의 길을 가면서도 항상 이웃을 도울 준비가 되어 있었다. 또 누구도 언급한 적이 없는 새로운 생각이 늘 그의 입에서 흘러나왔다. 노년이 되어서는 지혜가 넘쳤다. 마치 천사를 친구로 삼은 듯 그의 말과 행동은 아름다웠다.

세상은 네 명의 인물을 성공한 사람처럼 생각할지도 모른다. 하지만 어니스트야말로 우리가 그렇게 만나고 싶어 하는 이상적인 인물의 전형이다. 우리는 누구나 이 시대가 원하는 큰 바위 얼굴과 같은 진정한 어른이 나타나기를 기대한다. 하지만 스스로 큰 바위 얼굴을 닮은 사람이 되려고 얼마나 노력하는가? 우리가 모두 그런 마음이라면 세상은 얼마나 아름다울까? 어니스트처럼 말이다. 소설은 어니스트에 대해서 이렇게 표현한다.


"이 사람이 세상 속에서 살아가고 있기 때문에 매일 세상은 조금씩 더 나아졌다."

# 주석

1   〈중앙일보〉, "이념 갈등 위에 젠더 갈등, 현 정부서 6배로", 2019. 4. 17

2   〈조선일보〉, "'두유 노우 Kkondae?'...英BBC 오늘의 단어로 '꼰대' 소개", 2019. 9. 25

3   〈동아일보〉, "직장인 10명 중 9명 "입사 후 후회한 적 있다"", 2019. 6. 25

4   〈하버드비즈니스리뷰〉, "휴가 중 이메일은 기업문화를 망치는 가장 빠른 길", 2018년 1~2월호, 30~31쪽

5   구자숙 외, "기업조직에서의 세대격차 – 세대 간 상호지각을 중심으로", 〈한국심리학회지: 사회 및 성격〉 14(3), 2000.11, 15~17쪽

6   허두영, 《요즘 것들》 (씽크스마트, 2018), 145쪽

7   〈하버드비즈니스리뷰〉, "배우는 법에 대해 배우기", 2016년 3월호, 126쪽

8   팀 페리스, 《지금 하지 않으면 언제 하겠는가》 (토네이도, 2018), 260~261쪽

9   〈전기신문〉, "누구나 꼰대가 될 수 있다", 2018. 8. 10. 재구성

10  〈한겨레〉, "'꼰대' 지수 1위는 '답정너 부장님'", 2019. 5. 2.

11  공자, 《논어》 (홍익출판사, 2016), 157쪽

12  〈하버드비즈니스리뷰〉, "권력이 당신을 타락시키지 못하게 하라", 2016년 10월호, 142~146쪽

13  〈하버드비즈니스리뷰〉, "MBA 출신 CEO들은 다른 CEO들보다 자기 잇속만 차리는 경우가 많다?", 2016년 12월호, 26~27쪽

14  〈전기신문〉, "리더십이 통하지 않는 이유", 2018. 10. 19. 재구성

15  〈전기신문〉, "요즘 것들이 함께 일하고 싶은 리더", 2017. 10. 30. 재구성

16  〈하버드비즈니스리뷰〉, "새 아이디어 들으면 24초, 24분, 24시간 동안 비판하지 마라", 2017년 4월호, 22~23쪽

17  〈전기신문〉, "요즘 것들을 위한 특별한 리더십, 엄마 리더십(Mothership)", 2017. 8. 28. 재구성

18  건국대학교 홈페이지 참고, 〈드림건국〉 130호, 2019. 10. 23. https://chn.konkuk.ac.kr/do/MessageBoard/ArticleRead.do?forum=people&sort=6&id=5b33bd6

19  존 H. 젱거, 조셉 포크먼, 《탁월한 리더는 어떻게 만들어지는가》 (김앤김북스, 2005), 239~251쪽

20  Tracy Maylett, Matthew Wride, 《The Employee Experience》 (WILEY, 2017), p9

21  Tracy Maylett, Matthew Wride, 《The Employee Experience》 (WILEY, 2017), p54~55

22  〈하버드비즈니스리뷰〉, "직원 경험 함께 만들기", 2018년 3~4월호, 104~107쪽

23  〈전기신문〉, "세대갈등은 왜 일어나는가?", 2018. 8. 31. 재구성

24  박재흥, "세대명칭과 세대갈등 담론에 대한 비판적 검토", 〈경제와사회〉, 2009.3, 14쪽

25  한국사회학회 편, 《한국사회의 세대문제》 (나남, 1994), 8쪽

26  김현숙, "현대소설에 표현된 '세대갈등' 모티브 연구", 〈상허학보〉 6, 2000.8, 403~404쪽

27  안대회, "고전 작품에 나타난 세대간 소통 양상", 〈국어국문학〉(164), 2013. 8. 70~71쪽

28  황상민 외, "한국인의 라이프스타일과 세대의 심리적 정체성 – "세대 차이" 연구를 위한 심리학적 모델", 〈한국심리학회지: 사회 및 성격〉 18(2), 2004.07, 33~34쪽

29  이호영 외, "디지털 세대와 베이비붐 세대 비교연구", 〈정책연구〉 13-49, 202쪽

30   조성남 외, "한국의 세대관련 연구에 나타난 세대개념의 구분과 세대갈등을 이해하는 방법에 관한 일 고찰", 〈사회과학연구논총〉 9, 2002.12, 53쪽

31   박경숙 외, "세대 간 소통 및 화합방안 마련을 위한 조사 연구", 사회통합위원회, 2012.08, 15쪽 그림 '세대갈등의 메커니즘' 재구성

32   함인희, "세대갈등을 넘어 세대공존을 향해", 〈계간 사상〉, 2000.3, 199쪽

33   이창호, "세대 간 갈등의 원인과 해결방안", 한국청소년학회 학술대회 2002, 2002.06, 134~135쪽

34   한나 L. 우블, 리사 X. 왈든, 데브라 아르비트, 《밀레니얼 세대 인사관리》(시그마북스, 2018), 97~98쪽

35   John F. Helliwell, Richard Layard and Jeffrey D. Sachs, 〈World Happiness Report 2019〉, p35

36   〈아시아경제〉, ""집 · 결혼 포기하니 행복해요"…미래보다 현재에 집중하는 2030", 2018. 8. 28

37   〈전자신문〉, "20 · 30대 주도 카셰어링, 연평균 100% 고성장…"차 소유 아닌 공유시대"", 2017. 11. 12

38   〈하버드비즈니스리뷰〉, "일터에서의 행복을 원한다면 일터 밖의 삶을 가꿔라", 2017년 4월호, 16쪽

39   〈베리타스알파〉, "좋은 직장은 필수, 베이비붐(73.5%) vs 밀레니얼(46.4%)", 2019. 5. 15

40   〈한국일보〉, "[노멀크러시] 2030 "월급 300만 원과 연 1회 해외여행이면 성공한 삶"", 2018. 1. 6

41   박정현 외, "글로벌 5개국 20대의 가치관 비교", 〈LGERI 리포트〉, 2015. 1. 14, 31쪽

42   〈조선일보〉, "사상 최악 취업난에도 신입 사원 퇴사 늘었다", 2019. 5. 22.

43   〈하버드비즈니스리뷰〉, "사람들이 직장을 떠나는 이유", 2016년 9월호, 20~21쪽

44   〈노컷뉴스〉, ""스낵 없어도 좋아"…밀레니얼 세대 '방해 안 받는 사무실' 선호", 2016. 6. 21

45   〈글로벌이코노믹〉, ""베이비붐 세대는 '생산성', 밀레니얼 세대는 '창의성' 우선"", 2018. 9. 3

46   이혜정 외, "Y세대의 일과 삶의 균형-세대별 일의 가치를 통해 본 의미 및 역할", 〈노동정책연구〉 13(4), 2013.11, 18쪽

47   〈전기신문〉, "워라밸에 대해 뭔가 오해하고 있지는 않은가?", 2018. 6. 22. 재구성

48   https://m.jobkorea.co.kr/GoodJob/Tip/View?News_No=14487&schCtgr=0

49   〈아주경제〉, "법정근로시간 단축, '잘된 일' 50%…지난해 대비 9%P 하락", 2019. 4. 6

50   〈머니투데이〉, "'주 52시간' 시행에도…직장인 63.5% "주말 근무 한다"", 2019. 4. 11

51   〈하버드비즈니스리뷰〉, "일 + 가정 + 공동체 + 나 자신", 2014년 9월호, 126~129쪽

52   스튜어트 프리드먼, 《와튼스쿨 인생특강》(비즈니스북스, 2013), 93쪽

53   게리 켈러 외, 《원씽》(비즈니스북스, 2013), 91쪽 그림 '일과 삶의 균형 잡기'

54   한국개발연구원, "KDI 경제전망 2019년 상반기", 제36권 제1호, 42쪽

55   〈조선일보〉, "주 72시간 '996' 근무 논란인데, 中 최고 부자 마윈 "8시간만 일할 사람 필요 없다"", 2019. 4. 13

56   http://www.dtoday.co.kr/news/articleView.html?idxno=248868

57   대한상공회의소, 맥킨지컨설팅, "한국기업문화의 근본적 혁신을 위한 제언", 2018. 5. 15

58   〈하버드비즈니스리뷰〉, "사람들을 움직이게 하는 업무 공간", 2014년 10월호, 92쪽

59   대한상공회의소, "국내 기업의 회의 문화 실태와 개선해법", 2017. 2

60 〈헤럴드경제〉, "직장인 절반 회사서 가장 답답할 때는 불합리한 지시 받을 때", 2016. 5. 6

61 〈전기신문〉, "멘토링보다는 마더링하라", 2019. 1. 11. 재구성

62 〈하버드비즈니스리뷰〉, "인터넷은 지식수준을 과대평가하게 만든다", 2015년 7~8월호, 27쪽

63 〈하버드비즈니스리뷰〉, "판단이 빠른 사람이 카리스마도 더 강하다", 2016년 3월호, 26~27쪽

64 김우성, "소비자 구매의사 결정에 나타난 세대 차이", 〈마케팅관리연구〉 Vol.17, No.4, 2012, 132쪽

65 〈매일경제〉, "한쪽은 취업난 반대쪽은 신입 사원 퇴사 러시... '입퇴양난' 시대", 2018. 4. 27

66 〈하버드비즈니스리뷰〉, "행복의 덫: 직장에서 스스로 불행에 빠지는 법", 2017년 9~10월호, 126쪽 글에서는 행복의 덫은 우리를 속박하고 불행에 빠뜨려 결국 성공을 가로막는 해로운 업무 태도와 방식으로 정의하고 가장 흔한 3가지 행복의 덫으로 야망의 덫, 의무의 덫, 과로의 덫을 제시함. 책에서는 미래의 행복에 집중하느라 현재의 행복을 놓치는 것으로 행복의 신기루라는 용어로 재정의함

67 〈한국일보〉, "'퇴근후엔 백화점 문화센터로' 주52시간 이후 매출액 27% 늘어", 2018. 10. 16

68 〈전기신문〉, "세대별 다른 공간 경험이 소통 방식의 차이를 만든다", 2019. 2. 1. 재구성

69 박길성, "왜 세대인가", 〈계간 사상〉, 2002.9, 26쪽 표 '한국현대사 세대 지형' 재구성

70 〈전기신문〉, "세대 간 생각의 속도가 다르다", 2019. 3. 15. 재구성

71 최재붕, 《포노 사피엔스》 (쌤앤파커스, 2019), 168쪽

72 〈하버드비즈니스리뷰〉, "사람들을 움직이게 하는 업무 공간", 2014년 10월호, 90쪽

73 조성일 외 "디지털 시대의 중심에서 아날로그를 다시 생각한다", 〈POSRI 이슈리포트〉, 2018. 2. 14, 7쪽

74 〈전기신문〉, "세대 간 화합 X세대가 주도하라", 2018. 12. 21. 재구성

75 〈전기신문〉, "선배 세대와 소통하는 7가지 방법", 2018. 9. 28. 재구성

76 〈한겨레〉, "'꼰대' 지수 1위는 '답정너 부장님'", 2019. 5. 2.

77 조 지라드, 《최고의 하루》 (다산북스, 2004), 84쪽

78 〈하버드비즈니스리뷰〉, "상사가 미우십니까?", 2016년 12월호, 122~126쪽

79 〈전기신문〉, "나이 많은 부하 직원과 소통하는 방법", 2018. 5. 25. 재구성

80 〈이투데이〉, "신입 직원 10명 중 4명은 '30대'", 2019. 1. 7

81 〈하버드비즈니스리뷰〉, "당신 회사의 직원들은 진정으로 자유롭게 말할 수 있습니까?", 2016년 1~2월호, 90~106쪽

82 〈전기신문〉, "수평적 조직문화가 과연 가능할까?", 2018. 11. 9. 재구성

83 한규석 외, "한국인의 선호가치 변화 – 수직적 집단주의에서 수평적 개인주의로", 〈한국심리학회지: 사회 및 성격〉, 1999, Vol. 13, No. 2, 293쪽

84 찰스 햄튼 터너 외, 《21세기 초일류기업으로 가는 기업문화혁명》 (자작나무, 1995), 128쪽

85 〈더벨〉, "삼성전자가 '밀레니얼 커미티'를 만든 이유", 2019. 5. 14

86 칩 콘리, 《일터의 현자》 (쌤앤파커스, 2019), 101쪽

87 〈중앙일보〉, "중소·중견기업 10곳 중 7곳 중·장년 채용, 경영성과에 도움", 2019. 5. 24

88 〈서울신문〉, "쓴데레, 리즈시절, 현피... 이게 뭐지?", 2017. 1. 10

89  〈뉴스1〉, "'롬곡옾눞' '띵작'···청소년·노인 모두 "신조어로 세대차이", 2018. 10. 9

90  김환 외, "신조어를 활용한 사회적 현상 아카이빙 방안 연구", 〈기록학연구〉 (52), 2017. 4, 330쪽

91  〈전기신문〉, "요즘 것들에게 일의 의미를 부여하는 방법", 2018. 4. 27. 재구성

92  〈하버드비즈니스리뷰〉, "격려의 과학", 2017년 7~8월호, 147~151쪽

93  〈SBS 스페셜〉 548회 '왜, 반말하세요?', 2019년 4월 14일 방송분 참고

94  〈한겨레〉, "'쌤, 님이라고 부르세요'··· 서울교육청, 수평적 호칭제 도입", 2019. 1. 8

95  이규태, 《한국인의 의식구조 1》 (신원문화사, 2001), 233~235쪽

96  정순둘 외, "연령주의와 연령통합이 세대갈등인식에 미치는 영향-연령집단별 비교를 중심으로", 〈한국사회복지학〉 68(4), 2016. 12, 20쪽

97  채경선, "가족 간의 HARMONY 대화모델에 관한 연구", 〈문화교류연구〉 2(3), 2013. 12, 69~87쪽

98  〈전기신문〉, "리더의 언어는 달라야 한다", 2018. 3. 30. 재구성

99  〈하버드비즈니스리뷰〉, "'사람 문제'에 대한 가격 매기기", 2016년 12월호, 25쪽

100 〈하버드비즈니스리뷰〉, "창의적인 직함은 직원들에게 활력을 불어넣는다", 2016년 5월호, 18~19쪽

101 〈전기신문〉, "세대 간 장벽 허물기", 2018. 11. 30. 재구성

102 함인희, "세대갈등을 넘어 세대공존을 향해", 〈계간 사상〉, 2000. 3, 188쪽

103 신필균, 《복지국가 스웨덴》 (후마니타스, 2011), 344쪽

104 https://www.mckinsey.com/business-functions/organization/our-insights/the-five-trademarks-of-agile-organizations

105 대한상공회의소, 맥킨지컨설팅, "한국기업문화의 근본적 혁신을 위한 제언", 2018. 5. 15

106 이재경, "세대갈등의 양상, 원인, 대안 모색-한국의 렌트(추구)사회를 중심으로", 〈경제와사회〉, 2018. 6, 32쪽

107 〈전기신문〉, "'큰 바위 얼굴'을 닮은 사람", 2019. 4. 5. 재구성

# 참고도서

게리 켈러 외,《원씽》, 비즈니스북스, 2013

김종률,《회사인간 회사를 떠나다》, 스리체어스(threechairs), 2017

김학주,《중용》, 서울대학교출판부, 2009

너새니얼 호손,《큰 바위 얼굴》, 넥서스, 2013

단테,《단테의 신곡 상, 하》, 가톨릭출판사, 2013

론 카루치,《리더십 세대차》, 위즈덤하우스, 2007

마커스 버킹엄 외,《유능한 관리자》, 21세기북스, 2011

맬서스,《인구론》, 동서문화사, 2016

박경숙 외,《세대갈등의 소용돌이》, 다산출판사, 2013

박문호,《그림으로 읽는 뇌과학의 모든 것》, 휴머니스트, 2013

박재흥,《세대차이와 갈등: 이론과 현실》, 경상대학교출판부, 2017

박재흥,《한국의 세대문제: 차이와 갈등을 넘어서》, 나남, 2005

박종훈,《지상 최대의 경제 사기극, 세대전쟁》, 21세기북스, 2013

브래드 카쉬 외,《넥스트 리더십 3.0》, 글로세움, 2016

성백효,《최신판 논어집주》, 한국인문고전연구소, 2017

송호근,《그들은 소리 내 울지 않는다》, 이와우, 2013

송호근,《한국, 무슨 일이 일어나고 있나》, 삼성경제연구소, 2003

송호근 외,《위기의 청년세대》, 나남, 2010

스튜어트 프리드먼,《와튼스쿨 인생특강》, 비즈니스북스, 2013

신필균,《복지국가 스웨덴》, 후마니타스, 2011

아거,《꼰대의 발견》, 인물과사상사, 2017

아이라 샬레프,《똑똑한 불복종》, 안티에고, 2018

야마다 레이지,《어른의 의무》, 북스톤. 2017

야마구치 슈,《쇠퇴하는 아저씨 사회의 처방전》, 한스미디어. 2019

염상섭,《삼대》, 문학과지성사. 2004

우석운 외,《88만원세대》, 레디앙. 2007

이규태,《한국인의 의식구조 1, 2, 3, 4》, 신원문화사. 2002

임정훈,《꼰대탈출백서》, 우리교육, 2016

전상진,《세대 게임》, 문학과지성사, 2018

전영수,《이케아세대 그들의 역습이 시작됐다》, 중앙북스, 2013

정철,《꼰대 김철수》, 허밍버드, 2017

제이콥 모건,《제이콥 모건의 다가올 미래》, 비전코리아, 2016

제프 고디니어,《X세대가 세상을 구한다》, 홍익출판사, 2009

조 지라드, 《최고의 하루》, 다산북스, 2004
조영태, 《정해진 미래》, 북스톤, 2016
조영태, 《정해진 미래 시장의 기회》, 북스톤, 2018
존 젠거 외, 《탁월한 리더는 어떻게 만들어지는가》, 김앤김북스, 2005
존백 외, 《게임 세대 회사를 점령하다》, 세종서적, 2006
줄리 리스콧-헤임스, 《헬리콥터 부모가 자녀를 망친다》, 두레, 2017
찰스 햄프든 터너 외, 《기업문화혁명》, 자작나무, 1995
최샛별, 《문화사회학으로 바라본 한국의 세대 연대기》, 이화여자대학교출판문화원, 2018
최유석, 《세대 간 연대와 갈등의 풍경》, 한울아카데미, 2016
최재붕, 《포노 사피엔스》, 쌤앤파커스, 2019
최현숙, 《할배의 탄생》, 이매진, 2016
칩 콘리, 《일터의 현자》, 쌤앤파커스, 2019
카를 만하임, 《세대 문제》, 책세상, 2013
테일러 피어슨, 《직업의 종말》, 부키, 2017
토마스 쿤, 《과학혁명의 구조》, 까치, 2013
팀 페리스, 《지금 하지 않으면 언제 하겠는가》, 토네이도, 2018
프랜시스 쿤로이더 외, 《세대를 뛰어넘어 함께 일하기》, 슬로비, 2015
한나 L. 우블 외, 《더미를 위한 밀레니얼 세대 인사관리》, 시그마북스, 2018
한비자, 《한비자》, 휴머니스트, 2016
한민, 《개저씨 심리학》, 세창미디어, 2018
허두영, 《요즘 것들》, 사이다(씽크스마트), 2018
홍성수, 《말이 칼이 될 때》, 어크로스, 2018
EBS 다큐프라임 우리집 꼰대 제작팀, 《우리 집 꼰대》, 에픽캔, 2016

〈DBR〉, "꼰대, 현자가 되다", 2018년 5월 제249호
신한은행, 〈2019 보통사람 금융생활 보고서〉

Jacob Morgan, 《Employee Experience Advantage》, Wiley, 2017
Malcolm Harris, 《Kids These Days》, Little Brown, 2017
Sharna Goldseker, Michael Moody, 《Generation Impact》, Wiley, 2017
Tracy Maylett, Matthew Wride, 《The Employee Experience》, Wiley, 2017